并购大师

MERGER MASTERS

[美]
凯特·韦林（Kate Welling）
马里奥·加贝利（Mario Gabelli）
著
／
戚克栴 恺林 等
译

中信出版集团｜北京

图书在版编目（CIP）数据

并购大师 /（美）凯特·韦林，（美）马里奥·加贝利著；戚克栴等译. -- 北京：中信出版社，2020.10（2020.11重印）
书名原文：Merger Masters
ISBN 978-7-5217-1642-9

Ⅰ. ①并… Ⅱ. ①凯… ②马… ③戚… Ⅲ. ①企业—投资 Ⅳ. ① F275.1

中国版本图书馆 CIP 数据核字（2020）第 039116 号

MERGER MASTERS: Tales of Arbitrage by Kate Welling and Mario Gabelli
Copyright © 2018 Kate Welling and Mario Gabelli
Published by arrangement with Columbia University Press
Through Bardon-Chinese Media Agency
博达著作权代理有限公司
Chinese Simplified translation copyright © 2020 By CITIC Press Corporation
ALL RIGHTS RESERVED
本书仅限中国大陆地区发行销售

并购大师

著　者：[美]凯特·韦林　[美]马里奥·加贝利
译　者：戚克栴　恺林　等
出版发行：中信出版集团股份有限公司
　　　　　（北京市朝阳区惠新东街甲 4 号富盛大厦 2 座　邮编 100029）
承　印　者：三河市中晟雅豪印务有限公司

开　本：787mm×1092mm　1/16　　印　张：20.75　　字　数：320 千字
版　次：2020 年 10 月第 1 版　　　　印　次：2020 年 11 月第 2 次印刷
京权图字：01-2019-4482
书　号：ISBN 978-7-5217-1642-9
定　价：68.00 元

版权所有·侵权必究
如有印刷、装订问题，本公司负责调换。
服务热线：400-600-8099
投稿邮箱：author@citicpub.com

目　录

译者序　001
自　序　007

第一部分
套利者的视角

第 01 章　盖伊·怀瑟-普拉特　003
　　　　　更激进，更自由

第 02 章　杰弗里·塔尔　021
　　　　　数字是一切的准绳

第 03 章　马丁·格鲁斯　034
　　　　　有纪律的专注

第 04 章　保罗·辛格　043
　　　　　没有损失，没有借口

第 05 章　迈克尔·普莱斯　057
　　　　　向智者学习

第 06 章　彼得·舍恩菲尔德　071
　　　　　努力发现"价值差距"

第 07 章　约翰·保尔森　081
　　　　　为了获得持续的回报，这需要第六感

第 08 章　保罗·古尔德　090
　　　　　培养批判性思维和逆向思维的习惯

第09章 乔治·凯尔纳 097
你必须为事实所驱使,而不是被自大牵着走

第10章 罗伊·贝伦和迈克尔·香农 107
避免失败

第11章 卡伦·费尔曼 120
探究动机

第12章 约翰·巴德 131
如果你不演化,将会被淘汰

第13章 克林特·卡尔森 143
你不能以面值来买入任何东西

第14章 詹姆斯·迪南 157
最好的套利者能料想到三四步之后的"棋局"

第15章 德鲁·菲格多 169
有限度的风险

第16章 杰米·齐默尔曼 182
事件驱动投资下的价值投资

第17章 基思·穆尔 196
保守的风险套利策略,却可以获得持续的复利回报

第二部分
来自另一侧的观点——CEO们

第18章 威廉·斯特里茨 209
现在推动一切的关键词是股东价值

第19章 保罗·蒙特罗内 229
当出了问题,有两种类型的人。有人指责别人,还有人看着镜子。我是那个照镜子的人

第 20 章　彼得·麦考斯兰　246
　　风险套利者和激进投资者都是投资于一项潜在的交易，而我们则是与交易做斗争的人

附录一　风险套利决策树　271
附录二　交易案例　275
附录三　关于写作方法的说明　283
缩略语与华尔街术语　287
人名索引　291
译者致谢　301
作者致谢　303

译者序

古人云：授人以鱼不如授人以渔。

巴菲特说："给人一条鱼，他只能吃一天。教他如何套利，他可以享用终生。"（Give a man a fish and you feed him for a day. Teach him how to arbitrage and you feed him forever.）

足见套利有多么重要！

为什么会翻译这本书？

自 2013 年我离开工作 12 年的中金公司，创立专门从事并购顾问与价值投资的望华资本（Merger China Group）以来，每年 5 月的第一个周末，我都会到位于美国中西部的奥马哈小城，参加沃伦·巴菲特主持的伯克希尔·哈撒韦公司股东大会。巴老毕业于哥伦比亚大学商学院，也算是我的正宗学长。

很快，我发现那个周末在奥马哈不只有大会，还有各种更有意思的小会。其中首屈一指的，恐怕是哥伦比亚大学商学院组织的与著名价值投资经典《价值投资：从格雷厄姆到巴菲特的头号投资法则》同名的投资研讨会[①]，该会议的长期赞助者、风趣的"共同"主持人及"最佳"嘉宾，就

---

① 该研讨会由哥伦比亚大学商学院组织，其名字源自哥伦比亚大学著名价值投资教授布鲁斯·格林沃尔德等撰写的同名价值投资经典性名著。——译者注

是马里奥·加贝利。他是 GAMCO 投资公司[①]的创始人，也是本书的第二作者。

马里奥·加贝利是华尔街的红人。在街上[②]，他被称作"超级马里奥"（Super Mario），是 CNBC（美国消费者与商业频道）等知名财经媒体的常客——每年巴菲特股东大会的午休期间，会场大屏幕播放的嘉宾采访都会有他。在《价值投资：从格雷厄姆到巴菲特的头号投资法则》一书中，加贝利的传奇故事与投资方法，排在巴菲特之后，在其他十余位当代价值投资大师之前。值得一提的是，他和太太雷吉娜·M. 皮塔罗都毕业于哥伦比亚大学商学院，而雷吉娜还是另一本并购套利经典《交易……交易……还有更多交易》（Deals ... Deals ... And More Deals，以下简称《交易》）的作者。

就是在这个会上，我见到了马里奥，并听他用独有的幽默，不断地"引爆"全场笑声。是的，他很聪明，所以很幽默！后来，2018 年春天，当得知他作为共同作者的《并购大师》即将出版时，我就开始了持之以恒的追逐。直至 2018 年 11 月，在该书英文版推出之际，我和中信出版集团签约并开始着手翻译这本书。

为什么这本书是价值投资的经典之作？

巴菲特曾把自己投资公司的"宇宙"简单地分为三类：第一类是通常的低价股（巴菲特称之为 General）；第二类是并购套利类（巴菲特称之为 Work-out），也就是这本书的内容；第三类是控制（Control），即通过控制企业，采用协同效应或其他方式把企业变好，实现投资增值。

关于巴菲特的第一类低价股投资及第三类战略协同投资，国内已有诸多的投资与战略整合书籍出版，而唯有第二类并购套利却似乎始终蒙着神秘的面纱。从巴菲特用 Work-out（直译为解谜、算出、发生、健身等）一词，而没有用其实质的"套利"一词，就可看出巴菲特对这种方案的珍惜

[①] GAMCO 投资公司的投资服务主要通过其子公司加贝利资产管理公司（Gabelli Asset Management Company，简称 GAMCO）提供。——编者注
[②] 华尔街从业者习惯把华尔街简称为"街"。——译者注

与倍加爱护。

如果从世界上第一个股票交易所——荷兰阿姆斯特丹证券交易所开始计算,股票交易始于1602年,距今有400多年的历史。但并购套利业务却始终蒙着神秘的面纱。套利交易也只是局限在华尔街的小圈子里,这些人不见媒体,不对外宣讲,甚至不对外筹集资金,直至20世纪60年代末至80年代。这期间发生了两件事情,揭开了并购套利的神秘面纱。

一是本书采访的第一位并购大师——盖伊·怀瑟-普拉特,于1969年开创性地撰写了《风险套利》(Risk Arbitrage)这本书,这也是他在纽约大学的硕士毕业论文。借用加贝利的话,"这是第一本向圈子——当时紧密组织的类似兄弟会的风险套利者群体——之外的专业人士揭示套利者'黑魔法'的读物"。二是后来被证明是内幕交易罪犯的伊万·博斯基,于1985年出版了《并购狂热》(Merger Mania)一书。这本书的副标题极其吸引眼球——"华尔街不为人知的赚钱秘密"。当然,在博斯基因为内幕交易罪锒铛入狱之后,这本书完全失去了信誉。但是,博斯基为了募集资金进行所谓"并购套利",高调在媒体面前曝光与炒作,最终身陷囹圄,整个过程令并购套利受到华尔街乃至全球资本市场的高度关注,最终沦为几乎完全透明与收益平庸的金融工具。在中国,30多年前的博斯基事件在前几年也有了类似的中国版本——上海泽熙事件。

但是,无论是沃伦·巴菲特,还是马里奥·加贝利,还是这本书中所描述的诸多套利大师,他们所从事的交易都是已经公告的并购交易,并通过严谨的原则、扩大的投资基数、深入的交易研究,获得稳定、可持续、市场中性的超出无风险利率的收益。这为这本书的20位被采访者,以及原著附录三的132个案例[1]所证明。

为什么这本书珍贵又有趣?

这本书的内容完全源自采访实录。作者韦林事后通过文献、公告与新闻进行核实、验证与整理。每个人的采访,都会借助加贝利团队几十

---

[1] 本书因篇幅原因,只保留了英文版132个案例中时间最近的10个案例。——译者注

年里"小猪罐子存钱"（piggy-banking）式积累的套利交易经验，确定该并购大师从事的著名交易或有感而发的交易，作为重点采访话题。这使这本20人的采访录，成为一部史诗级的华尔街并购套利交易史。仅就采访20位并购套利领域的标杆式人物，并让他们就这个一度讳莫如深的话题开始讲述真实发生的故事而言，就是一个伟大的成就。如果没有"超级马里奥"在华尔街——尤其是价值投资与并购套利领域的教父级地位，没有GAMCO公司投入整个公司资源支持这本书的出版，这些采访是无法实现的。

实录，决定了这本书是在讲真实的故事。而执笔的作者是世界上最有影响力的投资刊物《巴伦周刊》执行编辑出身，其文笔轻松、活泼，却又优雅、纪实，于是，阅读这本书就成为愉快之旅。例如，你会看到：

开创性《并购套利》论文的作者盖伊·怀瑟-普拉特如何与中国家电巨头美的集团在收购德国库卡的过程中打遭遇战；

杰弗里·塔尔如何从世界上第一个创立计算机化相亲平台的哈佛大学本科生，成长为20世纪90年代即获利数亿美元的并购套利者；

保罗·辛格如何通过投资濒于破产的德尔福公司债权，实现了长达近十年每年75%的年均复合增长率，后来又如何因投资三星物产与韩国政府交恶，直至眼看着朴槿惠及三星集团的李在镕被打入囚牢；

迈克尔·普莱斯如何通过冷电话（Cold Call）来确定自己要投资一家仓库装满了泰国矿渣的公司，而矿渣是钽，一种他之前从未听说的耐火稀有金属；

约翰·保尔森如何从投资陶氏化学的并购标的罗门哈斯公司，转为把交易对手方陶氏化学从几乎破产的险境中解救出来；

还有交易的另一方，目标公司的管理层，如何看待与应对套利者，例如，彼得·麦考斯兰如何率领团队引入欧洲的白衣骑士[①]，战胜"熊抱式"野蛮人及"唯利是图"的套利者，实现两倍多的退出价格。

……

[①] 指公司或个人，以合理价格收购目标公司，使其免于被恶意收购。——译者注

除此之外，由于这本书很新（英文版在 2018 年底才出版），其中的故事都已更新到最新的进展，主人公们依然活跃在各自的领域。例如，韦斯切斯特资本管理公司的罗伊·贝伦就曾在投资一家全球领先半导体芯片公司的并购交易时，与我及我们望华资本的团队讨论过中国国家市场监督管理总局的反垄断审查及其对交易风险与成功概率的影响。当书里的人物与现实生活或工作联系在一起的时候，你会有一种奇妙的感觉，尤其是这部作品还是一部史诗级的著作。

当然，还有一点，书中的每一个字都经过我的校译，因此，基于 20 多年的华尔街与中国资本市场工作经验以及业余财经作家经历，我可以尽力做到的是，每一个字既符合英文原著，符合金融行业的基本原理与知识（难懂的部分会加译者注），又符合中文的阅读习惯，通俗易懂。

戚克栴

望华资本创始人、CEO（首席执行官）及 CIO（首席投资官）

2019 年 10 月于北京华贸

自 序

为什么要写这本书？

在我 50 多年的金融生涯中，尚未找到比并购套利更好的原则，可以作为投资专业的基础。事实上，并购套利可以教会你做交易需要的绝大多数技巧。

试想一下，华尔街跳动的心脏——周而复始、推陈出新的交易过程。寻找交易的管理者在进行公司和行业研究。他们聘请各种顾问。他们雇用投资银行家来告诉自己：如何为交易融资；如何搭建交易架构；如何洞察国内与国际动态；如何应对美国联邦贸易委员会（FTC）、欧盟、中国、巴西等其他国家的监管机构。他们还咨询法律顾问。然后，假如一笔有前景的交易扫除了所有障碍而且价格看起来不错，管理者还须考虑货币结构，处理税收问题，等等。顺便说一下，还要与目标公司的管理层处好关系，以整合业务，实现协同效应。除此之外，如果某些公司出了问题或者当整个经济经历阶段性衰退时，重组的机会又出现了，而这些机会需要许多相同的技能。周而复始，反复冲洗。

风险套利者，俗称"套利者"，必须能够评估所有这些交易风险。因此，如果有人想进入投资行业——真的想了解现代兼并收购（mergers and acquisitions，简称 M&A）技术，并购套利原则是一个很好的起点。正如沃伦·巴菲特在他 1988 年致投资者的信中智慧地指出:"给人一条鱼,他只能吃一天。教他如何套利,他可以享用终生。"

什么是风险套利?

什么是套利呢?这种做法可以追溯到古代,甚至远古。当第一次有商人意识到,同一商品在不同的市场中(经常是地理位置相距遥远)的价格会存在小的差异,并且试图通过在低价市场买入,在高价市场卖出,而获得收益,这就是套利。不难理解,数千年来,从事这个行当的精明交易者,倾向于用法语单词——arbitrageurs("套利者")来形容自己,而不是直白地用其英语同义词——scalpers("黄牛")。

在美国,特别是第一次世界大战后,历史学家口中的华尔街"第二波"并购交易浪潮,推动产业实现纵向一体化,自此这个词经常被称为"风险套利"或"并购套利"。套利,最常被华尔街人描述为,通过买卖交易已公布的重大公司事件——兼并、资本结构重组、资产出售、重组、回购股票、清算等——的证券来获得利润,并控制如果预期事件最终并未发生情况下投资者的风险。由于并购的结果与股票市场走势无关,而且套利者可以通过对冲头寸套期保值,消除市场风险,所以就现代市场而言,套利是一个市场中立[1]的策略。

本杰明·格雷厄姆和套利有什么关系?

尽管在进入哥伦比亚大学商学院之前,我就知道自己想进入投资行业,但我并不知道如何进入,或以什么形式进入。所以,我在哥伦比亚大学选了一门叫作证券分析(Security Analysis)[2]的课,由罗杰·默里授课。默里教授是价值投资大师——本杰明·格雷厄姆和戴维·多德在哥伦比亚大学的继承者。众所周知,沃伦·巴菲特将其作为投资者的大部分成功,

---

[1] 指与市场走势无关。——译者注
[2] 证券分析课程由价值投资的鼻祖——本杰明·格雷厄姆在哥伦比亚大学商学院创立并与戴维·多德共同教授。巴菲特在哥伦比亚大学商学院读书时,上过格雷厄姆的证券分析课。后来,该课由罗杰·默里教授。——译者注

归功于本杰明·格雷厄姆。巴菲特坦言，虽然在上格雷厄姆的证券分析课之前，他已经是一个不错的投资者，但他补充说，学会运用本杰明·格雷厄姆所说的"市场先生"时常粗暴的情绪波动带来的好处，造就了他无与伦比的成功。这些市场过度情绪化的行为，为耐心的投资者创造了安全边际（以显著低于内在价值的股价）买入股票，并在暂时的狂躁情绪将股价推至远高于其价值时，抛出股票获利。而细致的证券分析和资产估值课程，可以引领投资者实现这样的路径。我上瘾了。

如今，我发现自己经常被金融电视频道介绍为交易投资方面的权威。我是GAMCO投资公司——一家400多亿美元上市资产管理公司和共同基金公司——的创始人，这家公司的成功，使我的具有专利知识产权的带催化剂的非公开市场价值［Private Market Value（PMV）with a Catalyst］™成为一种分析方法的标准。40年来，GAMCO独立管理的客户账户资产，实现了年均15.5%左右的复合增长率，尽管其中有四五年曾低于这一复合增长轨迹线。

鲜为人知的是，我在1985年创立了第一只套利对冲基金，比我的第一只共同基金早一年。名字很简单，叫作加贝利套利基金（Gabelli Arbitrage Fund），资金规模仅略高于900万美元——而GAMCO现在管理着将近50亿美元的套利策略投资。原来的加贝利套利基金，则更名为加贝利联合基金（Gabelli Associates Fund, GAF），已增长至超过2.3亿美元，是我们目前套利对冲策略管理的超过14亿美元资产中的一部分。在我们吸取了1987年的惨痛教训后，GAF一直无杠杆地运作，在33年的历史中，实现了每年7.6%的复合增长率。

另一个经常被忽略的事实是，我的带有催化剂的非公开市场价值分析方法实际上是基于本杰明·格雷厄姆的经典价值投资策略形成的，并对其进行了延伸，即额外增加了交易动态、风险分析及货币时间价值敏感性，它源自我对风险套利原则可产生的、持续的、与市场回报无关的复合增长魔力的认知。所以，尽管我们早期的套利对冲基金年均复合增长率明显低于我们多头股票策略设定的10%实际回报率加通货膨胀率的目标，但风险也更低。事实上，像我们这种保守的并购套利策略能够以低风险比低回报的货币基金获得更好的绝对回报。从长期来看，我们可以获得风险套利溢价。从历史上看，该溢价较国债回报率溢价 400~500 个基点（basic point，即 0.01%）。

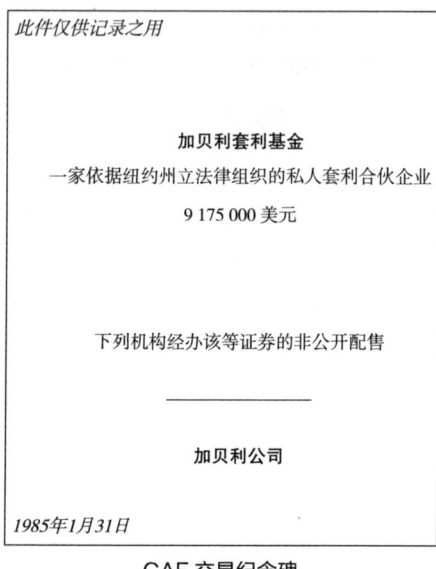

```
此件仅供记录之用


          加贝利套利基金
一家依据纽约州立法律组织的私人套利合伙企业
          9 175 000 美元


     下列机构经办该等证券的非公开配售
              ─────


            加贝利公司

1985年1月31日
```

GAF 交易纪念碑

资料来源：GAMCO 公司。

几乎在我的套利基金成立之初，我们就开始给有限合伙人写信，详细说明我们投资的风险套利交易案例——我们为什么购买，门槛利率是多少，风险和回报率是多少，投资的理由是什么，等等。我一直认为，我们应该是透明的，像在鱼缸里工作。客户应该知道我们是如何做事的。所以，我们会就基金的交易进行沟通。我们的月度信函，总是给投资者提供至少一个我们认为能清晰说明成功路径的详细交易案例（部分交易案例的节选请见本书的附录二）。早在1985年，美国证券交易委员会（SEC）就有规则要求我们披露信息——13F，要求持有 1 亿美元及以上资产管理规模的机构提供季度报告——13D，作为公司，必须在拥有某公司 5% 股份的任何时候，提交备案文件。因此，我们不会在致客户的信函中泄露许多秘密。另外，我同意巴菲特的观点，即应该给个人投资者提供成为套利者所需的知识和工具。

揭开面纱

　　此前，这一努力在1999年出版的《交易》一书中，达到顶峰。该书作者是雷吉娜·M.皮塔罗和保罗·维奇内利。该书简明且案例丰富，出过三版英文版，并被译成日文和意大利文。这部权威之作灵巧、全面地揭开了即使在21世纪之初，仍笼罩着神秘面纱的华尔街兼并收购套利机制。

　　在本书中，皮塔罗（我很幸运能娶她为妻），GAMCO的董事总经理，利用她的人类学硕士学位、哥伦比亚大学MBA（工商管理硕士）学位，以及关于雷曼兄弟的研究成果，并出色运用了存在于多种文化中但有不同版本的一个古代寓言，生动地推演出复利的真正数学奇迹。由此，她揭示出复利是风险套利"黑魔法"的源头。这个寓言故事讲的是一个农民做了好事，通过谦虚地向统治者请求每日得到与已拥有大米数量相同的大米作为奖励——即每日所拥有的大米数翻一倍，在一个月的时间里，他让统治者破产。随着每天的翻倍，单粒大米很快增长至一天超过十亿粒大米。正如《交易》一书中所说，"没有任何一种投资方式，比风险套利更明显地具有复利的魔力，它使风险套利成为投资者投资组合中必不可少的组成部分"。实际上，我无法更多地强调，如果你能不打破创造绝对收益的成功链，并在此基础上持续复合增长，那么你可以在一个较长的时期内通过并购套利赚很多钱——即使你是从看起来像小米粒那样小的规模的资金开始的。

　　《交易》在很大程度上利用了我们整个风险套利团队的集体智慧和协作努力，并充分地使用了我们数百宗交易的专有研究成果。我们的目的是在盖伊·怀瑟-普拉特开创性的其纽约大学毕业论文《风险套利》的基础上更进一步。该论文写于1969年，是第一本向圈子——当时紧密组织的类似兄弟会的风险套利者群体——之外的专业人士揭示套利者"黑魔法"的读物。1985年，伊万·博斯基出版的《并购狂热》一书，如同其副标题那样，通过爆炸性地揭露"华尔街不为人知的赚钱秘密"，简单地向普通投资者推广了这一原则。但后来，人们发现博斯基其实漏掉了自己最黑暗的秘密——内幕交易。此后，该书完全失去了信誉。

　　皮塔罗则采取了完全不同的策略，她清晰而冷静地引导读者，一步步地通过"飞行员清单"（pilot's checklist），专业地研究分析了20世纪末——甚至任何时期，一些最大交易（详见附录一）的原则。此外，这本书可读性极强，为各种各样的投资者，揭示了GAMCO套利团队如何在并购套利中成功地运用策略；解释了成功的秘诀，即如何在已公布的交易中赚取低风险回报，确切地说，赚取怎样的利差；还说明了在风险套利中，创造持续、（与市场）不相关绝对回报所需的步骤。

这并不复杂

这就是我为什么要出版这本书。我想抓住过去那些成功的风险套利者的精髓——让他们教授这门技艺，谈论他们每天运用的艺术和科学因素，例如他们怎样努力搞清楚哪些交易会失败，他们如何赚钱，他们为何偶尔会赔钱，以及在交易失败的情况下他们如何做，等等。然后，我也希望了解交易的另一面——一些出色的公司管理者，他们有时与套利者或激进投资者结盟，有时后者则是他们的猎物。我想探寻在交易过程中，他们如何与套利者打交道；如何应对套利者带来的无数问题；如何展开防御和进攻；如何有时通过套利者来实现公司进一步的目标，但有时却试图避免被套利者滥用，因为套利者的短期利益目标可能与高管们的公司长期目标相矛盾。

下一个问题是，为什么让独立投资杂志《韦林在华尔街》（Welling on Wall St.）的编辑和出版商凯特·韦林来写这本书？而不是与往常一样，让内部的人写这本书呢？答案可以追溯到——对今天许多华尔街人而言——"古老"的历史。凯特和我是在20世纪70年代末认识的，当时我创立公司不久。我已经见过她的老板，艾伦·埃布尔森，并开始向他发送一系列报告，这些报告是我一直在做的，内容涉及一些未得到充分关注的资产投资项目，目的是唤起人们对我的新公司的研究兴趣。1979年新年的时候，我给艾伦寄了一份关于克里斯公司[①]的研究报告，同时在旁边也加了一个注释：

---

① 一家创立于1874年，生产系列豪华游艇的公司。——译者注

艾伦，请见我最新的低估资产故事第七篇，关于克里斯公司。我希望你能发表它。首先，这是一个很有价值的投资项目。其次，我的客户名单很长。最后，其实也许是最重要的，我知道，如果你发表它，会付"供稿者"50美元，我希望可以拿到这笔钱。

记住，在20世纪70年代末，你可以花35 000美元买一个出租车车牌，甚至在纽约证券交易所（New York Stock Exchange, NYSE）买一个席位，价格也差不多。

我运气很好。当时担任《巴伦周刊》总编辑的埃布尔森，根据克里斯公司的故事发表了一篇专题文章，并发出一份邀请，要我在《巴伦周刊》曼哈顿下城科兰特街22号的老旧办公室接受午餐采访。当我如约而至时，有五六个《巴伦周刊》的编辑和作家，包括凯特·韦林、拉里·阿莫、雪莉·拉佐和埃布尔森，坐在长桌边，他们不断地用问题来"拷问"我。而我，则向面前的沙拉撒胡椒面儿。1979年3月，凯特·韦林编辑并发表了这篇采访。而且，最终我的文章所言应验了。此后，从1980年1月开始，埃布尔森让我每年参加《巴伦周刊》圆桌会议。我和凯特开始频繁接触。

我发现凯特很了解市场，能即时抓住市场动态，并且对股票的走势也很了解。她其实不是典型的华尔街记者，她不仅掌握最新的市场动向，还做研究。无论当时还是现在，她都对市场非常了解，这很难得。1999年，当她和威登公司（Weeden&Co.）合作推出《韦林@威登》（Welling@Weeden）时，我们仍保持联系，因为她在格林尼治，我在那儿有办公室，我们经常一起吃早餐或午餐。2012年，她完全独立出来，开始在东长岛出版《韦林在华尔街》杂志。我成了她忠实的订阅读者和支持者。所以，当我开始考虑写这本书时，为了让人们准备好迎接我所预见的下一波并购重组浪潮，我想请一位了解市场的优秀作家来撰写。我知道凯特可能认为这些内容是有争议的，但当我说："嘿，凯特，你想写一本关于风险套利的书吗？"她说："哇！很感兴趣。"

书中有什么？

事实上，与凯特所坚持的回忆录写法有所不同，我不仅坚持自己的想法，也乐于兼收并蓄。因此，我欣然地获得了胜利，确保本书关于并购套利的内容包括：故事、回忆录、战略和战术，尤其是并购业务中长期笼罩着不必要神秘面纱的人性问题。书中描述了17位成功的套利者，他们迷人且多元化，没有两个人是相似的——无限变化的交易及其复杂性吸引了各式各样的人。此外，他们实现风险套利的方式不同，从低风险、保守、已公布的交易，到主动的激进主义者。如同大家都赞同的约克资本管理公司的詹姆斯·迪南所说（本书第14章）："如果你热爱投资并热爱人类心理学，那么风险套利是一项极其美妙的业务。"

同样不寻常的是第二部分——公司高管的"三重奏"。他们的简传构成本书的特别部分，也就是最后三章。发人深省的采访使本书增加了交易"另一侧"对交易撮合与风险套利影响的相关内容。他们还对资本市场现状、金融资本主义在现代社会的演变等进行了深刻的思考。所有这一切都非常及时，因为"第五波"里程碑式的并购浪潮正在蓬勃孕育发展，并开始席卷全球市场——如果算上20世纪60年代那一波虚张声势的综合性企业集团推动的浪潮，当时我作为新手分析员曾跟踪过他们的交易策略。根据我的判断，未来十年，股票市场每年可能产生6%、7%或8%的收益，利率可能适度上扬——在这种环境下，风险套利将产生良好的名义回报率和绝对回报率。

我相信，我们将见证金融工程所推动的并购活动激增。随着美国公司税的变化，公司将知道它们可以做什么，能够使用多少杠杆，私募股权（基金）将找到为交易融资的方式（他们总能找到）。此外，在未来几年的并购浪潮中，私募股权基金和战略买家将大量重返市场，而这波浪潮将更加全球化。总之，几乎没有什么时候是比现在更好的时机，让投资者把注意力集中于套利者的世界。沃伦·巴菲特的睿智判断——给个人投资者提供成为套利者所需的知识和工具，几乎没有比这更及时的真知灼见了。

公司的固有本性是成长，而大公司现在拥有丰富的货币——股份——可用于并购。人们已经开始在各个板块看到这样的交易，并将会看到更多的交易加速进行。当然，我们听到人们在问："这项交易对作为收购目标的公司来说是好事吗？这对公司员工有好处吗？"这是不同角度的问题，尤其是考虑到股东以外的其他公司选民[①]。然而，被收购目标公司的现有股东可以获得现金及/或收购货币——股份，他们也可以套利卖出。所以，交易对目标公司的现有股东还算不错。金钱永远是流动的。无论在哪里，只要投资者认为他们可以获得更好的回报，资金就会流向这些策略和战略。下图显示了2002—2017年的全球交易规模。

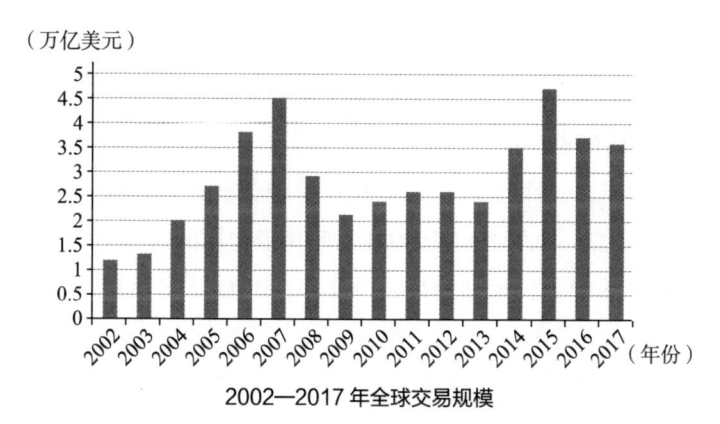

（万亿美元）

2002—2017年全球交易规模

资料来源：GAMCO公司，数据来自汤森路透。

错误将会发生

尽管如此，没有其他办法，每一笔交易都必须根据其自身特点被独立评估。2000年，在互联网泡沫鼎盛时期，美国在线网站对时代华纳的并购就是一个经典的案例。该交易对标的公司的现有股东可能是不利的，因为美国在线的股票估值太高了。我记得这笔交易是在一个1月的早晨宣布的，当时我在开《巴伦周刊》的圆桌会议。我们持有标的公司时代华纳的头寸，尽管其市值很大。我说，"嘿，这可不适合我"。但由于在交易公布后，时代华纳股价上涨，我们借机退出我们持有的大量头寸。在这时我们利用了自己的基础研究方法，确定出售时代华纳。

---

① 意指公司其他利益相关方。——译者注

随后，我们在时代华纳股价下跌时，又重新构建了仓位。不久，公司变更了管理层，杰夫·比克斯开始了漫长的重组过程——剥离时代公司、剥离时代华纳有线，剥离美国在线，并与一个潜在的买家——AT&T（美国电话电报公司）的兰德尔·斯蒂芬森联姻。现在全球约有75亿人口，60年前，地球上只有25亿人口。现在很多人拿着智能手机，而手机上有很多应用软件，可以观看播客、短故事、短视频等，电视变得可"移动"。那么为什么内容和传输不能结合呢？为这些新的"行走的观众"设计的叙事理念与以前将截然不同。如果你还在做30～40分钟的电视节目，那么你就"死定"了。现在，你必须在10分钟内讲完一个故事，世界在改变。

加贝利并购套利团队所从事的典型风险套利交易，是那些可以借助GAMCO对低估值资产进行长期深入研究而形成独特竞争优势，确定交易最终估值的情形。这个团队在GAMCO管理合伙人拉尔夫·罗科的领导下，已运营了近25年的时间。1999年对哈德逊通用的收购（详见《交易》）就是一个典型的例子。长话短说，由于GAMCO认定哈德逊通用是一个资产型公司，二级市场交易价格相较于私人市场价格有很大折扣，所以，在任何购买意向被宣布之前很长时间，我们就在客户股权账户建仓并持有了其49.5%的股票。当1998年11月，哈德逊通用的管理层提出以1亿美元，或每股57.25美元进行要约——这个价格较要约前的交易价格仅有5%的溢价，加贝利套利团队意识到这是一个低报的虚价。于是，他们在风险套利账户买入了更多的股份。即使在要约消息公布后，股价上涨到每股56.375美元的水平，仍提供了很有吸引力的风险收益机会，即潜在的下降空间以公布前每股54.625美元为底，只比当时的二级市场交易价格低1.50美元，而潜在的升值空间则是巨大的。

事实上，通过分析哈德逊通用公司资产负债表上的三项主要资产，加贝利的分析师认为其每股值75美元。所以加贝利套利团队建了仓，并坐等竞标战开始。很快，截至1999年2月，哈德逊通用吸引了四个追求者，并最终花落德国汉莎航空公司，价格是每股76美元——比加贝利团队在三个月前购买的价格溢价35%。这个结果完美地说明了，为什么我一直认为，管理层领导的杠杆收购可能是最为恶劣的内幕交易。如果管理团队参与了一个收购团体，你可以想象这里面必定隐藏了宝藏。

理论前的实践

在盖伊·怀瑟-普拉特突破性的MBA论文于20世纪70年代在华尔街流传之前，我并未读过任何关于风险套利的正式理论。但自获得第一份经纪工作不久，我就开始接触交易投资的实战。1967年，我从哥伦比亚大学商学院毕业后，直接进入勒布罗兹公司任分析师。当时，迈克尔·斯坦哈特刚刚离开，创立了斯坦哈特-法恩-伯科威茨公司。该公司是较成功的早期对冲基金之一，而我继承了斯坦哈特在勒布罗兹的研究领域，尽管当时他留下的文件很少。

我接手了斯坦哈特的行业——耐用消费品（如汽车、生产工具、农业机械），以及综合性集团（如海湾西方石油公司、ITT工业集团和德事隆集团）。当时我主要跟踪它们如何做并购交易。大约一年后，在一个周日——1968年7月28日，MCA公司被兼并进入西屋公司的交易宣布了。资深合伙人约翰·勒布让我看一下这个交易。自此以后，我开始密切地与勒布以及公司的套利部门进行合作。直至20世纪70年代我加入威廉·维特公司之后，我们仍保持着联系。所有那个时代的套利者，像卡尔·伊坎，都会给我打电话询问我关于交易的问题，甚至伊万·博斯基。

让散户进来

1975年劳动节期间，美国证券交易委员会下令终止固定经纪佣金制度。自此，风险套利作为一个策略的吸引力明显加大了。此前，由于套利者依靠频繁、微薄的利差获利，风险套利策略只对那些不需要支付佣金的交易所成员单位而言有利可图。在劳动节后，佣金快速下滑，使个人投资者[1]——或者像我这样的小公司——可以参与获得利差。由于名义利率在20世纪70年代末猛增，利差也相应地变"肥"。所以，当1977年我创立加贝利公司的时候，就利用公司的部分资本金做套利交易，赚取仅与具体

---

[1] 国内称散户投资者。——译者注

交易挂钩的持续、低波动、与市场不相关的回报。这既是因为我们具有研究背景，又是由于我理解综合性集团的运作模式。幸运的是，这样做的效果很好，既保存了资本，又对上升的利率进行了对冲——因为套利回报相对于无风险利率的4~5个百分点溢价是持续的。换言之，套利溢价收益几乎永远比短期利率高4~5个百分点。所以当短期利率上升时，4~5个百分点的溢价维持不变，名义套利回报与利率一道上升。

20世纪60年代，理解综合性集团如何运作，可以帮助你理解那些被综合性集团控股运营的小而激进的公司可能会去买比自身大许多的公司的案例；理解它们如何获得"货币"，即被用来做交易的高估值股权；理解如何与监管机构打交道，尽管当时监管机构并不像今天这样成型。综合性集团的时代，在1969年就基本结束了。那一年化学银行成功地拒绝了索尔·斯坦伯格的突袭。当时，有一些会计政策上的反作用力，还有一些新的监管制度在70年代改变了市场的动态格局。尽管如此，综合性集团时代的市场格局与交易，为我们今天从事的风险套利提供了基本线索。

并购交易市场在后来的几十年里发生了巨变。20世纪80年代，债务融资支持的恶意收购激增。那是属于绿票讹诈[①]和杠杆收购、T. 布恩·皮肯斯、高杠杆（石油、银行、医药和航空行业）并购、高收益或垃圾债券以及德崇证券"高度信任函"的时代，是交易投资人获得意外收益的时代。但随着时间的推移，市场繁荣因80年代末对内幕交易的公开起诉而止步。1989年，市场顶峰时期联合大陆控股公司管理层失败的收购，把市场带入了熊市。进入90年代，随着一轮横向行业整合的浪潮，许多套利机会再次涌现，并在互联网泡沫中达到顶峰。在泡沫破裂后，21世纪初出现衰退，更多的不良资产公司重组，有的则是通过破产法庭宣布破产。足智多谋的套利者在这一轮重组中获利。最近，在"后金融危机时代"的超

---

① 绿票讹诈（Greenmail）由green（美元的俗称）和blackmail（讹诈函）两个词合成而来，指的是某个或几个投资者大量购买目标公司的股票。其主要目的是迫使目标公司溢价回购上述股票。为了防止被收购，目标公司以较高的溢价实施回购，类似于给付赎金，以促使上述股东放弃进一步收购的打算。——译者注

低利率环境中，所谓的事件驱动策略[1]主导了交易市场。

在整个过程中，GAMCO风险套利团队长期、单一地专注于在交易中产生持续的低风险回报。他们还非常机警地利用了套利者（无论出于什么理由）被迫出清所有仓位的少数机会。例如，在1987年10月的市场危机，或1998年的长期资本管理公司恐慌，以及2008年的巨大金融危机中，在这些情况下，那些过度紧绷的套利者不得不出清所有的持仓，交易利差可以产生50%、60%甚至100%的回报——这些是绝好的利用流动性来获得利差的机会。

分析优势

虽然，律师们总认为他们在所有事情上都有优势——我也承认，自己是分析师出身，所以难免有一定偏见——但毫无疑问，在我的心目中，分析师在风险套利方面有优势。在市场最恐慌的时候，跟踪一个行业或公司很长时间的分析师，借助其积累叠加的知识，可以给一只股票估值，包括理解私募股权公司或其竞争对手如何考虑其业务，是否可能收购它，以及如果收购了如何在5~10年内退出。分析师还具有战略眼光，他们会自然地考虑剔除一些成本，挖掘协同效应。每个行业有不同的特色，而分析师对所处行业的时代特色颇为了解：他们随时准备好剥离、收购和清算等资本运作——他们关注的清单可以很长。这就是为什么我们要把研究和套利相结合。然而，有一个风险套利策略是GAMCO套利团队从不用的，我们从不投资破产公司的债务，即试图用几分的价格去买面值一元的东西。我们意识到这是一个十分不同的细分领域，需要耗费大量的律师时间——这是所谓并购套利宝石的一个特殊切面。

相反，GAMCO套利团队更喜欢跟踪特定的个人和机构。对我们而言，了解哪些公司倾向于剥离公司是有价值的——它们有的是为了有效的税收结构；有的是看清楚了谁会购买这些资产，而交易有利于避税，并且剥离后的公司将获得更高的估值。我们跟踪像爱德华·布里恩这样的投资者，

---

[1] 指通过利用由于公司重大事项（收购兼并、管理层换届等）造成的价格差异来从中赚取利润的策略。——译者注

他在丹尼斯·科斯洛夫斯基交易失败之后购买了泰科公司，并完美地将其分拆后出售。现在布里恩拥有杜邦公司，并试图完成同样的"魔术"。我们跟踪这些人是因为他们有实战经验，并理解进行剥离的好处。然后我们关注他们剥离的公司，因为我们知道，在某个时间点，这些公司会被人再度收购。

约翰·马隆是我们追踪的另一个很好的例子，不只是由于他收购公司，还由于他在开始收购之前就努力理解，谁是这个资产合乎逻辑的最终买家。很久以前马隆把他的第一家有线电视公司以闪电般的速度卖给AT&T，那时的AT&T与现在大不相同。后来，大约一年半前，他又把DIRECTV公司卖给了兰德尔·斯蒂芬森掌管的"新"AT&T。现在，马隆持有的一家有线电视公司——自由拉丁美洲，激起了我的好奇心。这家公司在拉丁美洲各国都拥有有线电视运营商，可以想象，在某个时间点，它们将进行整合。

确实，在入行50年之后，交易产生的机会仍不断地在清晨使我从床上跳起来。总有事情有价值，即使在今天我们居住的这个有趣世界。当然，担忧也是有的——永远都有，如同本书中的一些套利者所提及的那样，他们必须仔细地构建投资组合。他们不得不担忧是否每个人都在做某类交易，是否要用垃圾债来为持仓融资，是否他们——或其他人——都使用了太高的杠杆。他们担忧欧洲人在做什么交易，或是担忧税负倒置的避税问题，现在他们担忧与中国相关的交易，限制资本外流是暂时的吗？这会阻止交易吗？反之，美国是否会用关税报复？无论如何，今天我再次审视风险套利决策树，实际上，自1999年以来，发生的唯一改变是关于监管的一些细节问题（监管问题的细节请见本书附录一）。

那么，在这些所有的不确定之中，你如何赚取非市场相关的收益，并在全球范围内实践呢？与20世纪60年代、70年代或80年代不同，当时很少有外国公司购买美国的资产，而现在已经是全球化的市场。你会见到很多横跨欧洲的交易，你会看到亚洲公司购买全球资产。这些交易需要被复盘。对我来说，好消息是——如同巴菲特说他自己一样（这也适用于其他人）——为了成为好的投资人，你不需要有好的"手眼"协调能力，你只要能从知识的积累与叠加中获得智慧即可。

另外,作为投资人,你必须跨出自己的舒适边界,进入不断演进的数据时代,并尝试其他新鲜的事物。你必须改变。我们刚刚召开了第41届汽车配件研讨会,会议主题是自动驾驶汽车。未来,将没有汽车主人,甚至将不再有道路。有可能未来的汽车可以快速地轻轻浮起,像无人机一样飞翔。这是我们必须努力复苏美国IPO(首次公开募股)市场的原因之一。因为IPO对整个体系都有益,而资本则可以流向更新、更有创意的领域。噢,我跑题了。

我喜欢诺贝尔文学奖获得者鲍勃·迪伦所写的一首歌名,"时间正在改变"(*The Times They are A-Changin'*)。你可以把这句话同样用于华尔街、政治与全球关系。改变孕育着机遇。所以,我感谢凯特,我们一起帮助投资者们为下一轮的市场热潮和并购套利做好准备。

马里奥·加贝利
GAMCO 投资公司创始人、董事长、CEO 和 CIO
2018 年 3 月

第一部分
套利者的视角

第 01 章

盖伊·怀瑟 – 普拉特

更激进，更自由

抓到休斯敦天然气公司那帮家伙的现行是真正激励我的事情。每当我发现公司董事会有损害股东利益的欺诈行为时，我都会激动地去追踪他们……我不是一个消极的人，被动地坐在那儿，处理着每一宗风险套利交易——我已无法忍受这样的生活。所以，在 20 世纪 90 年代，我就开始追踪美国那些与股东利益背道而驰的管理者。

怀瑟 – 普拉特公司（Wyser-Pratte & Co.）的办公室坐落在洒满金色阳光的纽约州韦斯切斯特县的东北角。访客必须绕过数英里[①]起伏的丘陵，

[①] 1 英里约等于 1.609 千米。——编者注

沿着蜿蜒的双行线公路，穿过精心重建的谷仓和崭新建筑，到达卫兵山路。在那里，车在不时的颠簸中缓行至只有三车道的乡村公路，驶过后扬起的尘土，笼罩了前行的道路。终于，在一个邮箱标识的后方，沿着狭窄的砾石车道上坡，惊险地掠过山沟与古雅的小屋，露出深陷在山坡里一栋棕红色谷仓改装的办公室。办公室的入口则在另一侧的远端，沿着陡峭的石阶上行，经过网球场，就可以看到一面单向透明、视野开阔的巨大落地窗，俯视着整片起伏的牧草地，以及提醒闲人不要靠近的警示牌。

很明显，盖伊·怀瑟-普拉特，并未忘记早先在海军陆战队的体能训练。尽管已经70多岁[①]，但他依然高大、严厉、身材挺拔，且有一副宽宽的肩膀。他从摞满文件的书桌后站起身来，迎接远道而来的客人。随后，他开始自豪地介绍自己漫长职业生涯中那些令人难忘的故事。纪念品和照片挂满了一整面墙，填满了几大本剪贴簿，记录着这位"资本市场兰博"近50年来数不尽的交易场景。静谧不时被来自开放式办公室另一侧的电话铃声打断。闪烁的报价屏幕和新闻传送的声音，打破了田园风光的宁静，真实地证明了盖伊·怀瑟-普拉特及他名下的资产管理公司（大约管理2.5亿美元资产），仍在积极地参与华尔街的风险套利。

对怀瑟-普拉特而言，这是一门家族生意。他的父亲尤金在匈牙利出生，于1929年在巴黎创立了怀瑟-普拉特公司。"他曾为一个家族朋友运营的奥地利银行工作，是银行驻巴黎的代表。当时他们以最传统的方式做套利——在便宜的市场买资产，然后以溢价在其他市场出售。""他生活得相当不错，和我奥地利出生的母亲享受着巴黎的咖啡文化，当时的圈子包括格特鲁德·斯坦[②]，弗朗西斯·斯科特·菲茨杰拉德[③]那些人。"然后，第二次世界大战爆发了。1940年6月21日，盖伊出生于法国薇姿。当时，法国正陷入德国纳粹的手中。1946年，他随家人移民美国。"我听说父亲一直工作到战争前夜。之后，我不太知道他在干什么。我怀疑和'地下'工作有关，他从不谈及此事。"当他们乘船从勒阿弗尔港离开的时候，搭

---

① 此处原稿有笔误，写成了20世纪70年代。——译者注
② 美国小说家、诗人，曾在巴黎设立沙龙，在文学艺术界有广泛的人际网络。——译者注
③ 美国作家，编剧。——译者注

乘的是美国军舰胡德号，舰上塞满了从欧洲载誉而归的美国士兵。

"多么伟大的国家！"

怀瑟－普拉特记得，在穿过埃里斯岛[①]后，他和父母踏上第一大道。"每一个人都在微笑和庆祝。我说：'多么伟大的国家。每一个人都过得很愉快。'但我父亲耸耸肩说：'今天是圣帕特里克节（St. Patrick's Day）[②]。'"怀瑟－普拉特补充道，"人们在酒吧门口嬉笑着进出，我觉得很有意思，当时还不到六点。"怀瑟－普拉特家的孩子们当时并未意识到这次旅行意味着什么。"我当时没有意识到我们将定居美国。我们后来在圣莫里茨酒店住了三个月。一天，我父亲走进伦拜耶[③]——我中午总在那儿——他对我说：'我买了一栋房子。'我想，这意味着我和在法国的朋友和玩具们再见了。打那儿以后我再也没有回去过。"

老怀瑟－普拉特在华尔街重建了他的套利业务。盖伊、他的两个哥哥和他们的父母都成了美国公民。在成年之后，他才得知，父亲有"一些关于法国的伤心故事。虽然后来为了业务需要，他也会去出差"。"他是一个倔强的人。"盖伊承认。在依靠海军国防生奖学金（Naval ROTC scholarship）从罗切斯特大学毕业时，盖伊是年级里唯一加入海军陆战队的学生。这个"爱好娱乐的兄弟会男孩"，很快在1963年2月降落于冲绳，任第三海军陆战队第三侦察营的排长。他曾两次申请到越南服役，但均未如愿。1966年6月，他以上尉的身份复员。交叉的军官剑、戎装照片、悬挂在办公室的老式招募宣传画——"如果你想战斗，加入海军陆战队吧"——都毫无疑问地显示，怀瑟－普拉特对自己的兵役生活津津乐道。

但是，老怀瑟－普拉特令这个年轻军官从未忘记他们的家族生意。"我父亲坚持给我订《华尔街日报》，即使在营地，我也会抽时间阅读。"当他结束在海军陆战队的服役，并说想用退伍军人的福利去读 MBA 时，他老派的父亲回复说："好啊。你晚上读 MBA，白天为我工作。"盖伊尽职尽

[①] 美国纽约附近的小岛，1843年间是移民检查站。——译者注
[②] 每年的3月17日，是为了纪念爱尔兰守护神圣帕特里克。——译者注
[③] 纽约一家豪华的冰激凌西点餐厅。——译者注

责地遵守了约定，并且很快发现他的第一份工作十分有趣。"父亲在欧洲有各式各样的合作伙伴。他希望我和他们熟悉起来。他给我安排工作时说：'带上你的行李箱，马上离开。'很好玩！但使命很难。他让我和所有的家族联系人保持联系。"遗憾的是，他的"初期培训"时光很快就结束了。盖伊回忆道："我在巴黎享受着一段浮华少年的幸福时光。一天，父亲给我发来信息说：'回家，我们要合并了。'我说：'我不回去。'他打来电话说：'那我就切断你的财务来源。'我说：'好吧。我现在就回去。'"

1967年7月，怀瑟-普拉特公司和贝奇公司（Bache & Co.）合并，这既可使前者的风险套利业务获得更多的资金来源，又可给后者的经纪公司带来套利交易的高收益——在后来的许多年里，风险套利成为这家合并后公司利润贡献的主力。"当时哈罗德·贝奇负责运营。他让我作为父亲的二把手。"盖伊很快习惯了工作与学校的往复循环。"这样很好。我们的办公室在百老汇大道50号，就在纽约大学商学院上课的教堂街边上。和诸多兼职教授及华尔街人一样，我下班后直接去上课。1969年6月，我的硕士毕业论文，就是写风险套利的。"

盖伊的论文技术含量很高。该文既解释了并购套利的理论，也包含了如何投资证券套利和退出，在华尔街掀起了轩然大波。在此之前，套利工作始终笼罩着神秘的色彩。这篇论文的影印件在华尔街被手手相传。直至1971年5月，其修订版本才被纽约大学金融研究所的期刊发表。韦斯切斯特资本的罗伊·贝伦说，他最早向业内的不少人打听套利行业时，得到的答案是，"你必须读盖伊·怀瑟-普拉特的文章"。贝伦依照建议，经过苦苦搜寻，终于在纽约大学出版社的一个角落找到了这本刊物，并如饥似渴地读完。到1982年，《风险套利》已成为当时"异端邪教"套利投资的经典之作，并由纽约大学商学院的所罗门兄弟金融机构研究中心出版。2009年，盖伊·怀瑟-普拉特对该书进行了更新，包含在"威利投资经典系列"中重新出版。

揭开面纱

为什么怀瑟-普拉特要揭开他父亲的老本行以及华尔街整个套利团

体的面纱？他解释说，部分是因为其实这行当并不难。"之前没有人写过套利——而我有世界上最好的老师，就是我父亲。他是我能找到的最好的例子，我直接把他教的写成了书。父亲是一个数学天才。虽然我在读大学时物理和数学成绩很好，但我并没有像他那样审视数字，是他教会了我。"怀瑟-普拉特拥有某种使命感。"我离开海军陆战队时是上尉船长，一个骄傲的家伙，知道吗？我想自己将在华尔街遇到业内的'船长们'。但当见过一些与我父亲竞争的套利者后，我真对他们不以为然。他们缺乏特点且毫无骨气，令我吃惊。我无法接受背后陷害这样的行为，我从小受过的教育与培训即是如此。"事实上，盖伊回忆道："在工作6个月后，我已准备好重新回到海军陆战队。但父亲说：'再撑一段时间，你就明白了。'"现在，背负着超过半个世纪的套利经验，他自己的儿子——杰米也在公司工作，很明显，怀瑟-普拉特在曾自认是文化"异域"与不友好的行业里找到了一条发展之路。部分原因是他借助自己书的出版，帮助行业演进，去除了业内的阴暗面。"我受够了所有这些所谓秘密，以及那些有着阴暗欧洲背景的家伙的神秘勾当。我是海军退伍军官，没那么阴暗。"

在我的追问下，怀瑟-普拉特补充道，"我说话必须谨慎，尽管我不是纽交所交易厅套利银团的成员。这些家伙以前经常交换内幕信息，由'兔子'邦尼·拉斯克以及其他类似的交易员组织银团"。"兔子"拉斯克1927年进入华尔街，1939年成为纽交所成员，1968年成为拉斯克、斯通和斯特恩公司的资深合伙人。他于1969年至1971年担任"主板"[①]主席。但他从未因内幕交易罪被起诉，更不消说被定罪了。然而，在20世纪80年代狂热并购潮末期的内幕交易调查中，拉斯克的名字戏剧性地出现了。如同詹姆斯·B.斯图尔特在其获普利策奖的纪实作品《贼巢》中所记述的那样，高盛风险套利负责人罗伯特·弗里曼和基德尔·皮博迪的投资银行家马丁·西格尔被定罪，部分是基于一盘磁带。该磁带录下了以下内容：当弗里曼说拉斯克告诉他有个交易陷入了麻烦时，西格尔回答说，你的"兔子"有个好鼻子。怀瑟-普拉特继续说："这帮家伙实际上是这样干的。当高

---

① 指纽交所。——译者注

盛做一笔交易,而罗斯柴尔德公司没有参与,罗斯柴尔德公司就可以交易股票,而高盛给它提供信息。反之亦如此。我不想参与这样的事情。此外,我有自己的大厅交易员,一个非常机敏、聪明和在大厅里行动敏捷的人。那时候,如果有人挤作一团,就意味着有情况,他会向我报告这些情况。我可以像其他人一样猜出这些交易。我不愿意惹上内幕交易可能导致的麻烦。"

有魅力的人

1971年,老怀瑟-普拉特想要退休。他面临的挑战是,如何说服约翰·莱斯利,时任贝奇公司的董事长,同意这个自负的31岁年轻人接管公司的套利业务。事实上,怀瑟-普拉特说,是克拉克·克利福德(美国国防部前部长,华盛顿律师,哈里·杜鲁门及其后总统的长期顾问)的干预,自己才得以继承父亲的工作。盖伊回顾说,克利福德给贝奇公司的董事长打电话说,"约翰,我认识这个年轻人。他了解这个业务。你必须给他试一试的机会"。克利福德在1969年离开五角大楼回到律师事务所时,怀瑟-普拉特是他反垄断业务的客户。而克利福德后来成了怀瑟-普拉特的客户。"有一天,克利福德给我打电话说:'我知道你写了一篇论文,你过来一趟。'所以我就去了他在华盛顿的办公室。他充满了魅力!"

自此,两人长期保持着紧密的联系,直至1998年,91岁的克利福德去世。怀瑟-普拉特继续说:"第一次见面的一周后,他通过邮局给我寄来一张支票,大约50万美元,说'把它投掉'。"克利福德在1968年曾因加入公职而出售国防类股票产生大量亏损,当时是林登·约翰逊总统让他掌管五角大楼。怀瑟-普拉特解释说:"我们为他做套利交易,弥补了他的历史亏损,并利用了他所有的税收亏损结转,所以他没有付一美分的税。他欣喜不已。"这并不奇怪。后来,克利福德向贝奇公司说了这个年轻人的好话。"打那儿以后,"怀瑟-普拉特自豪地说,"风险套利成为贝奇公司有史以来最赚钱的业务。每一年,莱斯利,之后是接替他的哈里·雅可布,会在临近年底时找到我问,'你今年会赚多少钱?'因为他们会用套利业务的利润支付整个公司的奖金。我当时有8个员工,而公司其他部门有12 000人。有很长时间，我们赚大钱。"事实上，从20世纪70年代早期开始，每年怀瑟-普拉特的盈利比贝奇公司任何人都多的故事就成为小报金融版的主要内容。（作为较早公开交易的经纪公司之一，贝奇公司必须向股东报告员工的工资奖金情况。当然这令华尔街的老牌保守银行十分懊恼。）

在整个20世纪70年代，并购交易以及那些交易的套利者，以越来越高的频率出现在报纸的头条上。新颖、积极、灵活的交易结构，敌对出价、两层报价、白衣骑士以及管理层超额奖金等，纷纷进入公众的视野。并购交易兴起的原因一方面是长期难熬的熊市使"漂亮的50年代"不再为继，而60年代的快速增长也结束了，很多公司的股价跌到了有吸引力的水平。公司在华尔街购买资产甚至比自己投资建厂更便宜。另一方面的原因是，在长达十年的持续熊市中，并购往往是华尔街上被围困公牛们[①]的唯一游戏，他们从一只谣言股票跳到另一只谣言股票。

并购狂热

在日益狂热的气氛中，交易吸引了越来越多好奇的金融记者的追踪，套利者发现已经难以像20世纪70年代那样在雷达之外操作了。尤其是随着激进的新来者、不知羞耻的自我推销员伊万·博斯基在80年代的到来。博斯基接受过律师、会计师和证券分析师培训，他用老婆家的钱把自己装扮成一个风险套利者。为了吸引有限合伙人的资金，博斯基打破了套利者圈子的不成文规定——禁止寻求曝光度。为了取悦记者，他写了一本面向大众的书——《并购狂热》，并宣扬套利是"华尔街不为人知的赚钱秘密"。此举令许多竞争对手对他产生了无尽的仇恨，并给他取了一个绰号叫作"小猪"，尽管只是在背地里这样叫。1977年10月的一天，老牌套利者们惊呆了，当他们打开新一期的《财富》杂志时，发现一篇从第266页开始的文章，配有一大张彩色照片——微笑的套利者暴发户紧贴着电话的一端，电话的另一端则连接到标题——"杀戮巴布科克和威尔科克斯

---

① 指华尔街上因长期熊市而缺乏交易及投资机会的投资人。——译者注

（Babcock & Wilcox）。这篇由埃莉诺·约翰逊·特蕾西撰写的新闻报道，描写了在联合技术公司和 J. 雷·麦克德莫特公司之间对一家老式锅炉制造商的投标竞购战。

文章一口气叙述了四个"无所畏惧的年轻套利者如何在今年最大的企业收购战中赚取了 3 000 万美元"的故事，并把他们称作"四骑士、年轻一代套利者公认的领袖，尽管文章谨慎地指出他们四个人并非"在一起工作"。博斯基在文章中夸口说，在开业不足两年的时间里，他在所投的 90% 交易中都是赢家。文章作者几乎一口气花言巧语地说道，博斯基具备一系列难得的素质，这使他可以在风险套利领域表现出色，包括教育、经历和抱负，以及每晚只睡四个小时。根据《财富》杂志的这篇文章，在第一次要约报价公开披露时，博斯基大胆地以每股 40 美元的价格收购了巴布科克的大量股权，并视其是"一笔好买卖"。

套利四骑士

伊万·博斯基
盖伊·怀瑟–普拉特
理查德·罗森塔尔
罗伯特·鲁宾

1977 年 10 月《财富》杂志报道的套利四骑士

这本杂志对其他几个"骑士"的着墨很少。高盛的罗伯特·鲁宾[①]只简短地表示，在他做套利业务的 11 年间，"总的来说"，是成功的。他同时也机敏地承认自己"偶尔"在单笔套利交易上亏损超过 100 万美元。理查德·罗森塔尔，所罗门兄弟公司的合伙人与执委会成员，显然更加谨慎，《财富》连引述他的一句话都没有，只有关于他基本简历的几句话。还有盖伊·怀瑟–普拉特，除了基本简历信息，并提到他的论文之外，《财富》记者重复了最新小报报道的怀瑟–普拉特令人眼热的奖金，并报道

---

① 后来他在克林顿政府时期担任美国财政部部长。——译者注

说，贝奇公司的这位套利业务负责人在交易悬而未决时，去缅因州的玛莎葡萄园和布思湾港度过了"工作假期"，并留下他的合伙人在纽约，为担忧自己投入的资本风险而苦恼。《财富》杂志报道，"怀瑟－普拉特在9月3日（要约到期日）三周之前就停止为贝奇公司买入该股票了，最终以每股15美元成功结算。他最终获得了贝奇公司在套利业务上所持的最大仓位（大约1 500万美元）"。而鲁宾在要约到期前仅有四天的时间里，购买了10万股巴布科克的股票，价格是每股59.75美元，当时利差已经很窄，但交易风险也大幅度降低。（麦克德莫特承诺在几个月后以每股65美元购买该股票。）

光鲜的反面

《财富》杂志这篇抢眼的文章触发了投资者进入风险套利世界的热潮。资金和潜在的投资组合高手纷纷涌入这个领域，渴望分享看似唾手可得的利润。接下来，完全可以预见的是，套利利差显著缩小，业务盈利大幅度下跌，尽管不断有交易涌入市场。正如怀瑟－普拉特在他的论文中所解释的那样，"套利投资回报率是该特定利差需求的直接函数。当只有五六个套利者时，他们愿意以不低于25%的年回报率进行一笔交易。当愿意接受20%回报率的新玩家到来时，将压缩其他人可获得的利润。新玩家会抬高标的公司的价格，同时降低收购方的价格，把那些需要更高回报的人排除在外，或者迫使他们'离开'市场"。

这篇"四骑士"文章并非怀瑟－普拉特与博斯基唯一一次亲密接触。在华尔街相对较小但不断演变的套利社区中，有某种关系是不可避免的，而且他们两个人还是偶尔的网球伙伴。怀瑟－普拉特说，是《华尔街日报》的一名记者，无意间阻止了他被拽入博斯基的内幕交易诉讼泥潭。

我运气好。因为我写了这本书，所以博斯基坚持要和我的办公室搭一条私人电话线。我们甚至会偶尔碰面。他的妻子西玛和我相处得很好。但有一天，《华尔街日报》的普丽西拉·迈耶来到了我在贝奇公司的办公室。我们聊各种交易，她给我设了个套，显然我有些幼稚。她说："你知道吗，小猪说……"她指的是伊万，我回答："是的，小猪，这就是他看待这件事的方式。"然后我说："当然，你不会引用我的话。"我认为她答应了，她当时说："绝对的。"但第二天，在《华尔街日报》上，我读到"怀瑟说小猪……"我试图道歉，拨通了私人电话，他狠狠地摔了电话，然后把线拔了。那是 1986 年。我打了一个外线电话，他说："你被删除了！"然后挂了电话。我知道关于他的下一件事是，他戴着测谎器，试图向政府提供足够的证据来证明其他人的内幕交易，以减轻自己的处罚。

也许这不是偶然的，在怀瑟-普拉特的办公室里，有一个引人注意的古董挂在办公室的隐秘角落，是一个镶框的泛黄的《纽约邮报》首页，日期是 1989 年 11 月 15 日。页面居中是一个目光游离、白发苍苍、胡子拉碴的男人，标题大字是"看看监狱将伊万·博斯基变成了啥样……"编辑还颇费心思地放了一张两年前这位"衣冠楚楚的华尔街大亨"头像，以防任何读者忘记博斯基当初在华尔街的风度。

当怀瑟-普拉特进入执掌贝奇公司套利业务的第二个十年时，充斥新资金的市场使他对利差越来越薄的传统套利业务失去了兴趣。事实上，他承认"有些厌倦了仅做风险套利。我不是一个消极的人，被动地坐在那儿，处理着每一宗风险套利交易，我已无法忍受这样的生活"。当他开始做交易时，怀瑟-普拉特指出，"如果无杠杆回报率达不到 35%~40%，风险套利者就不会参与"。"即使是那些（低回报的）交易，你也会大汗淋漓，因为司法部门可能在最后一刻介入，让每个人都发疯。我不喜欢被别人的一时冲动所左右，所以我开始想方设法去实现自己的价值观。"在 20 世纪 80 年代的并购狂潮中，越来越多的"愚蠢资金"流入风险套利领域，而怀瑟-普拉特则越来越勤奋地专注于创建自己的激进投资者的业务。

对抗企业

怀瑟-普拉特早在 1974 年，与丹佛的大西联合公司的交手中，就开始尝试激进主义了。当时怀瑟-普拉特的风险套利部门已经持有了大量大西联合的子公司——大西糖业的优先股。而大西糖业严重拖欠股息,怀瑟-普拉特就开始研究其母公司,发现"集团很赚钱。于是我写了一封信,要求他们支付欠我们的优先股息,但他们拒绝了,于是我在特拉华州联邦地方法院起诉。一周后,我收到了一张支票,金额是他们欠我们的所有股息。我说:'啊哈。如果你反抗这些公司,你看会发生什么。'这让我进入了激进投资者的业务"。

他解释道,传统的风险套利者利用承担风险的能力和企业估值的专业知识,在看似有利可图的公司交易中持有股票,并确保这些交易有足够的回报和流动性。而激进股东套利者则用同样的技巧和资源来更进一步。他们会发现那些不合格公司管理层创造了"价值差距"的情况,并动用自身的资源来促进改变。

怀瑟-普拉特显然为自己的军旅生涯和坚定的民主资本主义信仰而自豪,他坚定地举起了维护股东权利的棍棒。当他发现一个被低估的公司,而且公司只为管理层和内部人士服务,而不为股东的利益服务时,他就收购股权,并迫使管理层改进股东回报。恶意收购、兼并、分拆、股份回购等,怀瑟-普拉特很快就因使用任何方便的武器来实现目标而闻名。

并非他早期所有的激进行动,都像大西联合那样如此迅速或令人满意地结束。他与格伯产品公司的主席在1977年股东大会上的公开辩论中就一无所获。这家婴儿食品公司董事会粗暴地拒绝考虑安德森·克莱顿公司的收购要约——尽管要约价格比格伯产品的交易价格高出很多。怀瑟-普拉特在股东会的抗议行动上了全国性报纸的头条,他后来提起的诉讼,也同样引起了全国性的注意,尽管格伯产品当地的法官否决了这起起诉。怀瑟-普拉特说,格伯产品事件的广泛宣传,鼓励了其他激进股东开始挑战公司管理层。他欣赏地继续说,虽然好打官司,但他激进的风险套利模式不时被证明是笨拙的,至少对贝奇公司而言,尤其是怀瑟-普拉特在贝奇公司(后来的保诚贝奇公司)董事会上的言行,"事实上,当我有激进行动时,经常令他们发狂"。

怀瑟-普拉特引用美国运通公司1979年对出版公司麦格劳希尔的主

动要约作为例子。这是当时最贵的要约之一，大约 8.3 亿美元。这家信用卡公司的开口出价基本是这家出版商二级市场交易价格的两倍。但出版商的董事会简单地拒绝了要约。这一次，怀瑟-普拉特没有起诉，而是成立了"股东保护委员会"，并力图证明大多数股东赞成出售。该策略被马丁·利普顿贬低为"儿童运动"。马丁是知名的并购律师，在本案中代表麦格劳希尔方。怀瑟-普拉特回忆说，马丁的诉讼威胁，吓得委员会成员中的其他人"像收缩的帐篷一样折叠起来"。不过，委员会的崩溃并没有阻止怀瑟-普拉特，他在麦格劳希尔的年度股东会上，指责这家出版商主席对股东的"傲慢漠视"。这个前海军陆战队员采用了类似军事行动的方法，但并非每次冲锋都是成功的。总体而言，他的不懈攻击给股东、专业投资者、律师和金融媒体都植入了一个强烈的基本理念，即股东利益不能被简单地扫到地毯下面，隐藏起来，置之不理。

激怒保诚贝奇公司

怀瑟-普拉特津津有味地回忆说，1984 年起诉休斯敦天然气公司时，他"真的"激怒了贝奇公司的董事们。海岸州府公司的创办人奥斯卡·怀亚特那年 2 月向休斯敦天然气公司提出了一项并购建议，而休斯敦天然气公司拒绝了这项提案，并向求购者发出绿票讹诈（以高溢价回购其在休斯敦天然气公司的股份）。"每个套利者都被套住了，包括我在内，"怀瑟-普拉特回忆道，"就在那时，拉扎德公司的一个法国投资银行家，给我发了一封信，证明拉扎德的客户 Transco 公司，愿意出比海岸州府更高的价格，但休斯敦天然气公司的董事长甚至不允许这封信进入他的会议室。"那封信，加上对休斯敦天然气公司为保护管理层使用绿票讹诈伎俩发自内心的厌恶，令他无法忍受。于是，他在休斯敦联邦地方法院起诉了休斯敦天然气公司。

这起诉讼以休斯敦天然气公司董事长 M. D. 马修斯先生的失败而告终，怀瑟-普拉特在这件事发生近 35 年后，笑着说："我永远不会忘记它。"在搜集证据的过程中，"我们曾在现场抓住他们与除了可能收购休斯敦天然气公司的 Transco 公司之外的其他人在起草中止协议[①]，地点在第一波士顿总部地下的临时办公室。但休斯敦天然气公司董事会从未批准过任何此类中止。当这件事曝光后，他们解雇了马修斯。遗憾的是，剩下的竟成了历史。休斯敦天然气公司成了因特诺斯公司的一部分，而因特诺斯公司后来演变成了，你猜是谁？坏蛋，安然公司（Enron）[②]"。

在马修斯被解雇后，怀瑟－普拉特继续说："保诚贝奇公司的董事会主席乔治·鲍尔是个小独裁者。他来到我的办公室说：'我希望你现在就和休斯敦解决这件事。'原来，他们有另一个买家——因特诺斯。但首先，这个诉讼必须解决。所以我消停下来。无论如何，抓到休斯敦天然气公司那帮家伙的现行是真正激励我的事情。每当我发现公司董事会有损害股东利益的欺诈行为时，我都会激动地去追踪他们。"

那时，怀瑟－普拉特显然对保诚贝奇公司的管理层已不感兴趣了。在那十年杠杆收购引发的并购狂潮中，他忙于套利交易。他懊悔地说，他没注意到保诚贝奇公司的其他业务部门在整个 80 年代产生了大量的恶性活动。由保诚贝奇公司避税业务部门包装和推广的欺诈交易，腐蚀了数以千计的零售经纪商，而这些经纪商骗走了客户的毕生储蓄。这些损失合计达数十亿美元，并使保诚贝奇公司的管理层陷入"背后暗算、撒谎、挪用公款、掩盖事实"的套路，正如库尔特·艾兴瓦尔德在其所著《岩石上的蛇》（Serpent on the Rock）一书封面上所说的那样。但在 1990 年，公司的法律裂缝开始出现，尽管保诚贝奇公司及其母公司一直在努力阻止受害客户起诉。各州的证券监管机构要么提出指控，要么进行调查，甚至美国证券交易委员会和司法部那些昏昏欲睡的监管人员也开始被唤醒。到 8 月，保诚贝奇公司的主席鲍尔已经与保诚的高管们保持着近乎绝交的关系。但当他接到命令，削减怀瑟－普拉特风险套利部门的可用资金时，他丝毫不敢犹豫，怀瑟－普拉特回忆道，尽管鲍尔曾在当年早些时候对别人说，风

[①] 中止协议是指目标公司与潜在收购方达成协议，收购方在一段时间内不再增持目标公司股票。如果收购方出售这些股票，目标公司也有优先购买的选择。——译者注
[②] 安然公司因财务造假与证券欺诈于 2001 年宣告破产。该案件还导致其会计师事务所，曾是世界五大会计师事务所之一的安达信关闭。——译者注

险套利部门是公司赢利的关键核心。

怀瑟－普拉特的可用资本突然削减到2 500万美元，他被迫裁减多个岗位，他的利润表也开始亏损"流血"。到12月中旬，鲍尔预计保诚贝奇公司当年将损失2.5亿美元（而那一年，该公司已不可能从资本匮乏的风险套利部门获得救助）。他发出了一份备忘录，宣布进行大规模重组。最值得注意的是，保诚贝奇公司的风险套利部门被关闭，其负责人怀瑟－普拉特，一个在贝奇公司工作20年的老兵，立即被锁在办公室之外。"他们想要形成这种印象：我要对他们的损失负责，是套利业务导致了所有的损失。"怀瑟－普拉特说，"但这不是真的。他们让我把头寸卖掉。真相会大白于天下，只是人们在事后才会慢慢知道。他们所有损失的真正来源是充满欺诈的合伙份额，他们是一帮可恶的蛆虫。"

事实上，又过了四年时间，1994年底，曼哈顿的联邦检察官才最终对该公司提起刑事诉讼，指控其在整个20世纪80年代，销售的能源收入合伙份额都带有欺诈行为。该指控还伴随了一个延期起诉协议，实际上将该公司缓刑三年。经过三年多的不断否认，保诚贝奇公司最终承认触犯了法律，并同意将罚款增加到7亿美元以上。美国证券交易委员会以及各州和私人律师最终赢得了额外的判决。但据艾兴瓦尔德的书记载，保诚贝奇公司及其母公司保诚保险在滥用法律制度方面取得了显著的成功，这使其不必支付与欺诈行为造成客户损失相称的罚款。

对怀瑟－普拉特来说，他突然被驱离保诚贝奇公司后，"有一段时间很难。他们试图阻止我建立自己的风险套利业务。他们不给我任何我的记录，试图阻止我获得历史业绩所需的数据。但我设法重建了这一切。这对他们而言真是个坏消息。幸运的是，我的一些下属仍在那里工作，他们每晚都带着装满记录的背包离开办公室，这样我们就可以重建我们的历史业绩"。怀瑟－普拉特说，他最终可以整理一本几英寸[①]厚的书来记录他的业绩。随着美国证券交易委员会做出裁决，"这些对我们已经足够了"。

[①] 1英寸为2.54厘米。——编者注

更激进，更自由

与此同时，贝奇公司一位在欧洲有丰富经验的前投行同事，自愿为怀瑟－普拉特筹集资金。"他出去为我们的欧元合伙套利基金筹集资金，基金做得很好，主要是做风险套利交易。在离开贝奇公司之后，我在1991年2月1日又恢复了怀瑟－普拉特公司。"随着自己的公司名字出现在门上，怀瑟－普拉特"觉得做激进投资者要自由得多。从1991年到今天，我做了一百多个激进投资者套利交易。这些交易比我职业生涯早期所做的传统风险套利交易有趣得多。我不是一个被动的人，只是坐在那儿，被动地大汗淋漓地处理着每一个风险套利交易——我再也无法忍受了。于是我开始追踪那些在美国不为股东谋利的管理者"。由于他从不羞于机智地让媒体注意到他的激进行为，怀瑟－普拉特的做法最终引起了一些欧洲朋友的好奇。怀瑟－普拉特注意到，在公司治理民主化方面，海外公司至少落后于美国十年，甚至二十年。

怀瑟－普拉特说，现在他发现在欧洲有比在美国更多成熟、可产生利润的风险套利机会。在法国，他乐于激怒那些"古老的帝国"——经营规模庞大、表现不佳的综合性企业集团，以"任人唯亲，'智'胜法国国税局"为特色。在德国，他经常被引用的话是，"赚钱不是一种罪恶"。在整个欧洲大陆，他一直与根深蒂固来自集团内部的人士做坚决斗争。他受到了警察、证券公司和海关官员的骚扰，被禁止参加社交聚会，还被给予各种有创意的称号。其中，"资本主义的兰博""金融界的约翰·韦恩"[①]和"施华蔻"（对海湾战争英雄的敬称）是他最上得了台面的绰号。

除此之外，怀瑟－普拉特的投资模式总是从识别被低估的证券开始，他分析战略、管理、资产组合、公司治理、股东冲突等问题，或其他一系列影响股票价格的全球和本土因素。然后，怀瑟－普拉特使用可比公司分析和相关的财务数据统计，来估算公司没有这些负担情况下的估值，并计算出他的激进投资者套利"利差"，即该估值与公司当前市场价格之间的差距（而不是在更传统的风险套利中，以公布交易为中心的收购溢价与实

---

① 美国演员，有"公爵"之称的西部牛仔明星。——译者注

际市场价格之间的差额）。这个"价值差距"代表了激进投资者发起的期望改变奏效后可能获得的潜在回报。

怀瑟-普拉特自豪地说，他迄今为止最好的激进投资者套利交易，似乎需要无尽的等待。这源自2000年，怀瑟-普拉特将激进投资者行动带入德国时建立的关系，"当时我在追踪德国莱茵金属公司——一家大型的国防承包商。它由洛克林家族控制。公司需要国际投资者进入他们的市场，关注他们，于是我买了这只股票。当时，公司股价低迷不振，在每股8欧元左右徘徊。一年后，我以每股18欧元的价格卖出。德国媒体称之为本土市场十年内'最佳金融交易'之一"。

当然，没什么可嗤之以鼻的，怀瑟-普拉特在那一年与莱茵金属公司的监事会主席维尔纳·恩格尔哈特建立了关系，后来产生了更高的回报。怀瑟-普拉特说，两人保持着联系。2003年，当时已退休的恩格尔哈特到纽约和他共进晚餐时说："我还有一个项目给你。我以前在法国边境的一家叫作IWKA的公司工作。我认识这家公司的主席。他太有钱了，由于不需要钱，所以工作不太努力。这家公司的宝藏是机器人部门。你应该把其他业务都卖掉。"

当时，IWKA主要为汽车市场提供工程服务和产品，股价在11～12欧元之间。"但维尔纳告诉我，它的价值是股价的三倍。"怀瑟-普拉特回忆道。他很快积累了5%的股份，并宣布期待与IWKA管理层合作，实现价值最大化。他回忆说，在接下来的几个月里，"我与公司管理层会面，我们一起喝酒吃饭"。然后，在年度股东会召开之前，IWKA说它在出售三家公司，但不包括此前怀瑟-普拉特要求他们放弃的表现不佳的包装业务。于是他威胁说，如果IWKA在一年内不放弃该业务，他将发起委托书争夺战[①]。IWKA的回应是立即雇用了高盛。怀瑟-普拉特则雇用了一位老朋友——塞巴斯蒂安·弗赖塔格。弗赖塔格公司（Freitag & Co.）是德国领先的企业财务顾问公司。按照怀瑟-普拉特的说法，弗赖塔格很快"击

[①] 委托书争夺战即投票代理权争夺，英文为Proxy fight，是指第三方通过股东选举的方式，来改变现有董事会成员的做法，以达到特定目的，通常发生在并购案双方谈判无法达成共识时。——译者注

败了高盛的那帮家伙"。IWKA 的 CEO 在 2005 年的年度股东会上宣布辞职，"这只是所有台球一个接一个滚动的开始。然后，董事长辞职了，董事会的其他成员也辞职了"。随着公司继续出售非核心业务，怀瑟－普拉特增加了他在公司的股份。2007 年底，IWKA 宣布了自 2005 年以来的首次分红，给了怀瑟－普拉特以 24.51% 的年均回报率退出的机会。

库卡的胜利与失败

然而，这并不是怀瑟－普拉特在 IWKA 或库卡的终结——当时该公司已更名为库卡，以反映库卡牌机器人生产设备业务的实力。尽管改名了，但怀瑟－普拉特和弗赖塔格对公司将机器人销售到汽车行业之外的速度并不满意。于是，他们又招聘了新的管理层。弗赖塔格则"找到了另一个投资集团加入并占据了 25% 的股权"，怀瑟－普拉特在 2009 年 2 月重建了 10% 的仓位，两家投资集团在 9 月控制了公司董事会。

自此，怀瑟－普拉特说："长话短说，这只股票从 11 欧元飙升到 85 欧元，驱动因素包括强劲的盈利增长、毛利率提升及战略收购。"2015 年 3 月，怀瑟－普拉特出清了自己的股票。那时，他对这笔交易十分满意。"库卡现在是欧洲卓越的机器人制造商，全球三大机器人公司之一。德国所有的汽车制造商都使用它的机器人。现在它还为许多其他行业生产机器人。然而，如果我们没有迫使公司原先的管理层出售其他部门，那公司可能就倒闭了。我们用出售换来的现金进行重组，获得了巨大的成功。"

然而，库卡故事的终曲，让怀瑟－普拉特表达出复杂的感情。在他从库卡退出股份并辞去董事职务不久，来自中国的美的集团获得了 10% 的股份。怀瑟－普拉特说："我能看得很清楚。如果库卡是一家美国公司，我会设法阻止交易。"[①]

他给库卡的 CEO 打电话并写信说："他们需要机器人。在文明世界的国家中，他们的人均机器人渗透率是最低的！"但是，当美的很快宣布每股 115 欧元的压倒性收购报价时，他被挡在了一边。今天，尽管怀

[①] 此处为原文作者采访的内容，显示了被采访者对中国优秀企业的不了解与不理解。——译者注

瑟－普拉特对库卡的买家心存想法，但作为务实的资本家，他依然禁不住说："从 11 欧元到 115 欧元！多么伟大的旅程！"

在怀瑟－普拉特回忆他的传奇生涯中，所赢得或失去的交易、朋友时，那些给人留下最深刻印象的，并非倒下的金字招牌，而是他对华尔街、华盛顿以及世界各地公司和市场中，惊人多元化的人物动机和弱点的深刻洞察，以及他大胆地运用这些洞察的意愿。他还反复强调责任、荣誉和公平交易，作为一个运用"海军陆战队方式"的高调倡导者，这意味着当他经营自己主业，或者说任何生意时，都要采取机动灵活的作战原则，如同《海军陆战队方式：利用机动作战领导获胜的组织》(*The Marine Corps Way*：*Using Maneuver Warfare to Lead a Winning Organization*，贾森·A. 斯坦塔马利亚、文森特·马蒂诺和埃里克·K. 克莱蒙斯，2005 年）书中所说的那样。他将这些原则与父亲留给他的对交易利差的深刻理解结合起来，尝试使用大胆突袭的方式来迷惑和震慑对手，瞄准对手弱点，压倒防御，形成了激进投资者在全球进行激进套利的制胜策略。

第02章

杰弗里·塔尔

数字是一切的准绳

我过去常常觉得自己就像是在贩毒,不是说我觉得自己在兜售大麻,而是因为这两件事都需要不断地做研究。我用投资组合中的5%进行了试验。我做了各种各样疯狂的事,创造了各种证券。我们不知道它们是否可以用来套利。但我会尝试一下,如果效果不好,我就叫它"垃圾套利"。而如果确实有效,我就叫它"套利"。情况总是在不断变化的。

杰弗里·塔尔那栋充满艺术气息的公寓位于曼哈顿上西区的圣雷莫。而在电梯门刚向两侧滑开时,他就打开了门,公寓的私人入口也随即展现在眼前。塔尔身着舒适的卡其裤和高尔夫球衫,家里的西施犬正围在他的脚边狂吠。比起在华尔街呼风唤雨的大师们,一头白发的他给人的第一印象更像是一位富裕的退休人员。但考虑到距离塔尔关掉他的风险套利合伙公司已经超过了 20 年，这或许也就不足为奇了。他的风险套利公司非常成功，同时也是第一家将计算与套利策略成功结合起来的公司。此外，谨慎而谦逊的塔尔从来都不是一个招摇过市的人，也不会去吹嘘他那令人瞠目结舌的回报率（他经营的风险套利合伙公司自 1981 年 1 月 16 日成立直至 1985 年，年平均回报率达到 30%）。因此，当塔尔在 50 岁干净利落地关闭了他的风险套利合伙公司并和朋友们开始环球旅行时，甚至没有新闻报道这件事。他告诉自己的妻子，他没有雄心壮志成为"墓地里最富有的人"。

即便在 20 年后，塔尔依然非常不希望他在风险套利领域的成就引起不必要的关注，而是希望将我的注意力转移到他的宠物狗或者他在母校哈佛大学和耶鲁大学资助的多个教授职位和奖学金上。他还曾为耶鲁大学管理过资金。当聊完这些话题，塔尔追溯了更久远的过去，回忆起世界上第一个计算机化的相亲平台"配对行动"（Operation Match），这是他和他的一个好朋友在哈佛大学读本科的时候创造的，本来只是抱着随便试试的想法。在这件事上，塔尔对于兜售这种行为并未觉得有任何不妥，无论是当初还是现在。

但是风险套利就另当别论了。当塔尔于 1968 年初来到华尔街时，风险套利虽然利润丰厚，但仍是一项神秘的后台业务，大部分是由几家经纪公司的交易柜台在做。直到塔尔在 1981 年成立风险套利合伙公司时，情况也没有太大改变。这家对冲基金在实际和战术上都有充分的理由去努力保持谨慎。特别是在成立初期，那时税盾的可用性还未被 1986 年颁布的《税收改革法》大幅度削减。而公司丰厚的阿尔法收益[①]来源于塔尔将他的数学才能应用到了税法上。税法上存在着漏洞，它们会造成税负损失，抑或给基金公司避免无限期延迟实现收益的机会。他利用了这些漏洞，从而使其利润在几乎免税的情况下实现复利增长。

[①] 指相对于大盘指数获得的超额收益。——译者注

幸运的家伙

风险套利合伙公司在很多交易中都创造了优秀的业绩纪录，然而现在，时间的流逝和一次自行车事故造成的脑硬膜下血肿已经模糊了塔尔脑中关于那些交易的细节。但他可以清楚地回想起自己创造这份业绩时所带来的乐趣。杰弗里·塔尔坦率地承认，他是一个幸运的人，有幸能同时拥有聪明才智以及识别自己处于正确时机与地点的能力。同样，在需要抓住对自己有利的形势时，他也拥有必要的计算技巧和赌博本能。

塔尔的运气来得很早。他是一个来自小镇的孩子，数学能力超强，高中时在家乡缅因州参加过精算比赛并获得了最高奖。这让他获得了哈佛大学和耶鲁大学提供的奖学金。一个学生曾向他吐露心声，告诫他不要去耶鲁："纽黑文是宇宙的腋窝[①]。"于是塔尔去了位于剑桥市的哈佛大学。他补充道："而且，哈佛给了我更多的钱。"

塔尔主修数学，他说："因为我总是希望发挥自己的长处。"大学一年级之后，他在纽约的国家伤亡保险局实习。塔尔开玩笑说："这份工作我是打着鼾做的。直到很久以后，我才发现精算师其实就是有个性的会计师。"尽管如此，塔尔还是在那个夏天有了改变他一生的重大发现。"我习惯了使用这些大型的'IBM（国际商业机器公司）机器'，这是当时的叫法，那时它们还不叫'计算机'。"这位数学专业的学生马上就被它们的数字运算能力所吸引。

塔尔在大三那年的春天回到了校园，他和他的同学沃恩·莫里尔对所有大学男生长久以来的诉求——寻找约会对象，很感兴趣。有一天，在与那些同样的"书呆子"互相"吐槽"的时候，他们灵机一动，提出了一个在当时还很新奇的想法：用计算机把单身男性和寻找约会对象的女性匹配起来。如果这种办法成功了，也许他们自己也能幸运地找到对象。塔尔解释说："没有人想过利用计算机开发相亲平台。计算机仅仅被应用于工业用途。我们是第一个这样做的。我们称之为'配对行动'。"

这两位初出茅庐的企业家本来预计他们每周要花10个小时在这个项

[①] 形容一个地方肮脏、污秽而且毫无吸引力。——译者注

目上,但没过多久,他们每天都要在这上面花费超过 12 个小时。"我很会说话,也很有创造力。所以我做了一份很简短的调查问卷。另一个家伙则非常注重细节,把所有的事情都安排得井井有条。我们把调查问卷印在折叠式的信封上以便邮寄,想要参与配对的人就放 3 美元进去。"关于音乐喜好、文学影响和自述的"性体验排名"等问题的回答都会被转到穿孔卡上,然后输入 IBM 1401 生成"兼容性匹配"。但通常生成结果这个步骤只发生在周日的凌晨,因为在那个时段租用计算机最便宜。

为了让项目运转起来,塔尔和朋友们在附近学校里的学生报上投稿宣传"配对行动"。《波士顿环球报》很快就报道了这件事。"有一天早上,他们来见我,碰巧我那天上课迟到了。"塔尔回忆道,"我不得不刮胡子。在刮胡子的时候,我编了些东西用来告诉他们。比如我们有研究表明,不同类型的女性喜欢不同的须后水。'有的女性喜欢老香料①,而有的女性喜欢英国皮革②。'这其实算不上是谎言,因为我当时只是一个大学生,想找点乐子。但他们把这些印在了周日版的封面上,就在头条的下方,标题是'你可以通过这门生意找到真爱'。"

1966 年 2 月,吉恩·沙利特写了一篇发布在《展望》杂志上的封面故事——《伟大的上帝计算机》(The Great God Computer),这篇文章将"配对行动"带入了人们的视野中。然而,文章断定:"打保龄球已过时,穿孔卡成为新潮流。"塔尔被邀请参加了《今夜秀》(Tonight Show)节目,向约翰尼·卡森介绍他的相亲平台。他还参加了《实话实说》(To Tell the Truth)和《我有一个秘密》(I've Got a Secret)这两个节目。生意随即兴隆起来。塔尔说:"我大四没有去上课。其实我的导师很适合我,而且我是一名优等生。我本该从大学退学的,但由于越南战争,我不能,或者说不敢这样做。"

在接下来的一年里,有超过 10 万份填写完成的问卷如雪片般从学生手中直接输入了"配对行动"的系统里。(平台)至少促成了 100 场婚礼。从哈佛大学毕业后,塔尔把整个平台搬到了纽约,因为至少理论上,他将

---

① 美国宝洁公司的沐浴露、须后水和止汗露品牌。——译者注
② 英国男士香水品牌。——译者注

在那里读研究生。"我考试成绩很好，所以想去哪所学校都可以。我去了哥伦比亚商学院，理论上也去了哥伦比亚法学院和福德汉姆大学法学院。但我并没有真的去上课，我只是注册了。当我参加第一学期的期末考试时，发现他们都以为我已经退学了，而且课堂参与度要占总成绩的一半。所以我的成绩不是很好。但我不在乎，因为我通过'配对行动'收获了很多。"

然而没过多久，市场上就出现了竞争对手。塔尔说，他们只是在赶一时的热潮，塔尔和他的朋友们对这一点都心知肚明。所以在不到三年的时间里，他们就以"并不是很高的价格"卖掉了他们的心血之作。

发现风险套利

在那段时间，纽约的一位熟人认为塔尔可能会喜欢从事风险套利业务。塔尔回忆道："我还以为他是在说做争议仲裁。"这位熟人纠正了他，并补充道："我哥哥在高盛工作，你不如去面试吧。"塔尔照做了并且被成功录用，他将与罗伯特·鲁宾一起工作。鲁宾只比塔尔大五岁，就已经在高盛的套利交易柜台大放异彩了。

但塔尔还有别的想法。"我一直想为政府工作，约翰·肯尼迪是我的偶像。'不要问你的国家能为你做些什么……'[①]"塔尔解释道，"所以我接受了麦肯锡公司在华盛顿哥伦比亚特区的一份工作邀请。他们在一百个应聘者中只录取了一个。他们让我面试了八轮。我仍然记得第八轮的情形。我被派到费城去见一位心理医生，我就像被他用橡胶管浇了一顿[②]。当我离开的时候，我汗流浃背，不住地在裤子上搓手。但他们还是录用了我。我本以为这是世界上最伟大的工作，我会在重要的项目上工作。但我在华盛顿仅待了两个月就意识到，这是历史上最腐败的城市。"

塔尔说，在回到纽约之后，当时他正在去高盛的路上，打算去谈谈他曾贸然拒绝的那份套利工作，但他遇到了另一个熟人。"我几乎不认识的这个人。"塔尔说，在解释了自己在华盛顿并不顺利之后，这位朋友鼓励

---

① 肯迪尼就职演说中的经典语录。——译者注
② rubber hose，美国习语，形容被搞得非常狼狈。——译者注

道:"那来和我的老板一起吃午饭吧。他会喜欢你的。"

"于是我去吃了午饭。"塔尔说,"他的老板是史密斯·巴尼公司[①]的萨姆·亨特。他对我说:'如果你通过考核,你就可以管理整个套利部门。'我当时才23岁,身无分文。他们向我提供了比高盛的薪水高7倍的机会。"塔尔自然接受了史密斯·巴尼公司的邀请,并开始了关于风险套利和华尔街之道的速成课。

正如塔尔所言,当他在史密斯·巴尼公司的第一年结束时,他们欠了他一大笔奖金,但他们告诉塔尔:"我们没办法付给你,因为金额太大了。"塔尔提出了反对意见,但他们用一个承诺搪塞了他:"别担心,明年我们会补给你的。"然而当同样的情况在第二年再次出现时,塔尔宣布他打算离职,而且过了一个周末他就"基本上收到了五份工作邀请"。塔尔还记得,只有当他在那个星期一大步流星地去正式提出辞职时,公司才提出要付清他被拖欠的钱。

"我拒绝了,之后我在几家不同的公司都工作了一段时间。我先去了纽伯格伯曼公司,一直工作到它与另一家公司合并,而这家公司有成熟的套利业务,但我不想在任何人手下工作。然后奥本海默公司给了我一份工作,于是我跳槽去了那里。那一次,他们向我提供了一份激励协议,我要求把它落实到纸面上。"事实证明,这是一个很有效的做法。"有一年奥本海默亏了钱,希望我不要拿奖金,"塔尔回忆道,"我说:'听着,如果我亏了钱,而你们赚了钱,你们会给我奖金吗?'他们只是笑笑。"塔尔就这样保住了他的奖金。尽管如此,塔尔仍然深深地记得他在与传奇的奥本海默交易员威利·温斯坦和公司联合创始人杰克·纳什一起工作时学到的诸多经验。比如,他们希望塔尔的套利交易柜台能够独立运作。他们认为风险套利对他们的市场风险敞口是一种很好的对冲,因为它与市场不相关。这一点从理论上来讲是正确的,因为你承担的风险不同于市场风险。但我们都清楚,在市场崩盘的情况例外,因为那时一切都在下跌。

[①] 华尔街知名投行,后与所罗门兄弟合并。——译者注

但对已公告的交易进行典型的风险套利仅占塔尔在奥本海默公司所做工作的一小部分。通过他的数学才能和不断增强的计算能力，他发现了几乎无穷无尽的套利机会。"我对风险套利的看法是，"塔尔继续说，"我们的产品适用于所有季节。在夏季，它将被用于火热的要约收购；在冬季，它又被应用于公司破产①。在后一类情况中，我记得我们曾重仓持有宾州中央铁路公司的股票。让我记忆犹新的是，有连续两周时间，我每晚都要花两个小时阅读相关文件。情况太复杂了。但我最终还是找到了办法。这并不是说我知道这家公司值多少钱，而是我发现，在交割时，普通股和债券所对应的权利是相同的，但它们的交易价格却不同。所以我对这些证券进行了套利。宾州中央铁路公司占了很大比重。即使在交易交割非常明朗的情况下，价差依旧很可观，不确定性也消失了。"

分析能力的优势

塔尔解释说：

当时的情况是，我去华尔街的时候，还很少有人用计算机，但我用。在所有这些交易中，我会想出不同的方法去进行对冲。而在大多数情况下，交易都是粗略估算②的，包括要约收购和换股要约。我当时甚至不知道"算法"这个词。但所有工作我都可以通过计算机完成，我们参与过的处于不同阶段的交易或许能有100笔。我们会对所有这些交易进行评磅③，这是一个非常依赖经验和直觉的过程。之后我们会每天运行一次计算机，而不像今天，所有的计算机都在不停地运转。第二天早上，我们会做一个快速的回顾，我们会看到这样的事情：也许在其中两笔交易中，价差要么收窄，要么放宽。随后我们会考虑任何可能会出现的结果。这是一个观察并且发现机会的好方法。我们没有把自己仅仅局限于权益投资，我们还会做上市

---

① 此处，塔尔将市场周期比喻为四季，将牛市比作夏季，而将熊市比作冬季。——译者注
② 指估算或粗略的计算方法。——译者注
③ 赛马术语，指评磅员经过评估，给不同的赛马分配不同的负重，越出色的赛马将配有越大的负重。评磅的目的是使所有赛马同时完赛。——译者注

权证和期权的交易。当我开始做的时候，我们用的是场外期权交易商。

随后，1973年芝加哥期权交易所的成立带来了新的机遇。精明的套利者利用了交易所那些晦涩难懂的规则，这些规则允许他们推迟将期权交易计入投资账户，直到交易的盈利已经清晰可见，同时亏损可以被计为业务支出。税收套利的机会比比皆是。

塔尔回忆道："我经常做盒式套利。我会买入热门股票的看跌期权，并卖出它的看涨期权进行对冲，实现收支平衡。这样一来，我们的做市账户中会出现普通损失，而投资账户中将产生短期资本利得。但每隔30天，某种期权的价格将会变得非常高，而我会在非常有利的形势下把它放入投资账户。早年间，在里根进行税法改革之前，通过普通损失和短期及长期资本利得的组合，你实际上可以从政府那里赚钱。这很愚蠢。但这就是我将短期普通所得转化为资本的方式。"塔尔继续说："我们经常利用的漏洞有很多，这在当时都是完全合法的。因为我还为奥本海默管理过税务套利，所以我必须给所有这些令人愉悦的交易建模。"

到了1980年底，塔尔想要拥有自己的公司。而只要奥本海默能够保留一部分塔尔的工作成果，他们就愿意接受他的决定。风险套利合伙公司是一家合伙企业，塔尔和包括奥本海默本人在内的一些朋友募集了2 000万美元的资本。在接下来的14年中，这2 000万美元增长到了5亿美元，而且这家对冲基金在此期间从未吸纳过任何新的资金。塔尔持有25%的股份，这使他得以成为公司最大的投资者，并保留了对公司的控制权。

漏洞与其他规则

塔尔回忆道："在合伙公司的初期，我做了一个项目，想看看我是否能够不缴纳任何税款。我们的税务顾问名叫迪克·瓦伦丁，非常受人尊敬，他是苏厄德&基塞尔公司税务部门的主管，我记得他说他从来没有见过像我这样的人。我总是能找出那些在税法中我认为是错误的内容，但只要漏洞是合法的，我们就会加以利用。找出这些漏洞很有意思。但我们没有对外谈及此事，因为如果我们透露出去，那所有人都会来分一杯羹，或者政府就会去修复这些漏洞。"当然,国会在 1986 年通过了里根的税法改革,至少部分地做到了这一点。塔尔说,虽然当时这项立法还在敲定中,但他已经接到了国会一位要员的电话:"他听说我在利用漏洞做一些疯狂的事情。我记得我对他说:'你一定是找错人了。我们没有做出格的事。'他说:'听着,我们无论如何都要这么做。我能过去见见你吗?'后来他来了,我们谈了很久关于漏洞的事。我告诉他这些漏洞本不应该出现。但只要是合法的,我们就会加以利用。"

塔尔说,公司里有一位他非常了解的合伙人:"这位博学的先生来自芝加哥,名叫米尔顿·弗里德曼[①],他曾让我相信规则不应该存在。"(当然,弗里德曼后来因《美国货币史》荣获诺贝尔经济学奖。但他并没有和他的合著者经济学家安娜·J. 施瓦茨分享奖金,表现出了他自己对公平竞争规则的蔑视。)然而塔尔补充道:"在华尔街,规则是存在的,而且你必须要遵守它们。"因此,在这家对冲基金公司,包括此前的奥本海默也说:"我们大部分收益是通过数学化套利来实现的,无论是针对股票、其他证券还是税负规则。我们不会和别人接触。我甚至从没尝试过这样做。"

诚然,塔尔也意识到其他套利者有时会采取不同的做法。"事实上,我记得曾经有个人想成为我的朋友。他给我打了六次电话,而且告诉了我关于交易的内幕消息。我只是听听,但更多的是出于好奇。之后,因为他宣传得太过用力,我认为我应该照着他所说的反方向进行交易。我没有对前三名(Win, place, show)[②]全都下注,我仅仅下注了第三名。我只是乐在其中,并前往赛道边观战。但全部六次,我都赢了。"不久之后,塔尔在和一位律师聊天时提起了当时得到的这些小建议,他回忆:"他说我是在利用内幕消息进行交易。没错,我本来可能会坐牢的。"

塔尔发现,他的问题线人是马丁·A. 西格尔,他曾是基德尔·皮博迪公司的投资银行家,但最终因 20 世纪 80 年代末的内幕交易丑闻与伊万·博斯基、迈克尔·米尔肯以及罗伯特·弗里曼一起入狱,其中罗伯

[①] 美国经济学家,芝加哥大学教授,1976 年诺贝尔经济学奖获得者。——译者注
[②] win, place, show 分别指赛马中的前三名。这是传统的赛马形式,玩家写下自己预测的前三名,进行投注。塔尔以此比喻自己没有完全利用手中的消息。——译者注

特·弗里曼是罗伯特·鲁宾的继任者，高盛套利部门的主管。"马丁在业内声名狼藉。我真的不想成为他的朋友。我愿意与他和睦相处，但我不想……你懂的。"

依靠数字，自力更生

同样地，塔尔坚持认为，在20世纪80年代的杠杆收购热潮中，正是他对华尔街道德观念持有的怀疑态度，才使他没有被卷入米尔肯的德雷克塞尔融资菊花链中[①]。虽然风险套利合伙公司从未接受过额外的股本金，但塔尔"雇用摩根士丹利为我们募集了一些债务融资，这是因为我们有很多事情要做，而且我们在税收方面有一定优势"。塔尔补充道："当时我们的贷款正在筹备阶段，迈克尔打电话给我，提出以更低的成本向我提供更多的资金，不会有任何问题。我回答：'不。'我知道他在挑战底线，我不想被牵扯其中。"

"这是我做过的最明智的决定。"塔尔宣称，"我不相信他。我非常了解他。如今，在经受了牢狱之苦和前列腺癌的折磨后，我认为他已经洗心革面了。他非常努力地在为人类社会做一些有益的事情。但在当时，他身边总围着一伙人。我们曾经给他们起过一个名字：我们恶搞了3M公司的股票代号——'三重M'（Triple Ms），即米尔肯的精神侏儒（Milken's Mental Midget）[②]。他们会去做米尔肯想做的任何事，而且他们会互相帮助。他们依然活跃着。这一切都非常可疑。"

塔尔接着说："但当时很多人都认为这（内幕交易）就是进行风险套利研究的方式。高盛是当时最大的套利机构——它的交易员就是国王。而格斯·利维（高盛的一位富有开创性的交易员，自1969年起成为高盛的资深合伙人，直至1973年离世）就是王中之王。人们过去常常会讲格斯的故事，关于他是如何在所有这些董事会上发现内幕信息的，以及他的妻子是如何在之后购买股票的。"

---

① 菊花链原意为一种由许多菊花串接在一起形成的花环，现泛指一些复杂的社会"链"和技术"链"。——译者注
② 指内心脆弱并且极度愚蠢无能的人。——译者注

"还记得费利克斯·罗哈廷吗？"塔尔问，"尽管后来人们认为是他从破产的危机中拯救了纽约。但当他代表国际电话电报公司的哈罗德·吉宁在20世纪60年代参与交易时（正是所有这些交易帮助他建立了自己的企业集团），它（拉扎德公司，罗哈廷的投资银行）在瑞士设有办公室，它的交易员会在那里购买股票，而这在当时却是合法的。"

塔尔坚定地认为，比起人际关系，数学关系是他个人事业更为牢固的根基。思绪回到1970年，他讲述了一个故事，从一定程度上揭示了对于内幕交易的模糊界定。当金宝汤公司提出购买一只名为瓦尔家牛排屋的股票时，塔尔才刚开始涉足套利领域。"瓦尔家的主要营业地点在缅因州的波特兰，距离我长大的地方大约30英里。于是我打电话给他们并且联系上了一个人，我对他说：'我们过去常去你们那里度假，我们喜欢那里，那里正是我们要去的大地方。'事实上也的确如此。之后我接着说：'希望一切都顺利。'他说：'哦，没错，一切顺利。'然后我说：'那希望交易能顺利完成。'那家伙说：'其实，我不会参与进来。我要出去度假，三个星期之后才会回来。'他告诉我他回来的日期，我记下了这个日子。而到了那个星期一，我在上午9点之前就给他打了电话：'嗨，我是你缅因州的朋友。我只是想问问交易的进展如何了。'他说：'我不能告诉你。'于是我在开盘时就卖掉了股票。上午11点，交易被取消了。我这样做是否利用了内幕消息？"

塔尔继续说："大多数从事内幕交易的人其实都会赔钱，但政府只会去对付那些赚了钱的人。我还认为，如果你真的仔细研究一下'内幕消息'（在某种程度上取决于你如何定义它），所有的信息其实都已经蕴含在股票本身中。"塔尔说："所以风险套利合伙公司就像是一家保险公司，数字才是一切的准绳。"不仅如此，他对数字的重视帮助他的基金公司保持着比许多其他竞争对手更低的费用开支。"我记得当时有一些套利公司开始聘请律师。很快我就发现他们雇用了太多的律师，这些交易被公平且充分地进行了评磅，但这些已经都反映在了股价上。所以我没有聘请任何律师。"

瓦尔家牛排屋广告牌

资料来源：维基共享。

耐心与幽默

塔尔管理风险套利合伙公司风险敞口的另一种方式极具"经过深思熟虑的耐心"。一笔交易即将被公告，但塔尔会坐在一旁等待所有的争议得到解决，无论结果是好是坏。"其他人都会为此忙活好几个月，但我不会。当一切尘埃落定时，我要么赌交易成功，要么赌它不成功。我们有两种选择：做多或者做空。"

他补充道："你在套利中必须要非常幸运。虽然这不全靠运气，但大多数时候是。采取数学方法驱动的策略会有很大的帮助。我并不是说这需要多高的聪明才智，但在我刚开始从事套利工作的时候，仅仅有使用计算机的经验就已经是一个很大的优势了。而且当时市场的效率还不像今天这么高，这样的策略会非常有帮助。事实上，在 20 世纪 60 年代，当我刚开始工作的时候，有一位麻省理工学院的教授认为市场已经非常高效，因此没有必要去做研究。他说的是对的，只不过说早了 50 年！然而，在那时，很多人喜欢套利仅仅是因为这让他们觉得自己就站在赛道旁边。如果他们知道秘书处（Secretariat）① 正在赛场上奔跑，那么他们不得不赌它赢。不过，我们有一套更好的系统来评磅比赛。不仅如此，各类期权的引入意味着我们可以使用看跌和看涨期权来对各种东西进行套利。"

塔尔说，他的经历告诉他："如果你是聋子、哑巴或者盲人，仅仅靠着随波逐流，你就可以每月在市场上赚 1%。而如果你还能在你的收益上增加一些今天称之为'阿尔法'的东西，你就可以赚更多。因此我们的月平均收益达到了 3%。"

塔尔承认："在 1987 年 10 月，我确实有'内幕消息'。在市场崩盘前一周，我甚至无法入睡。我的内心非常不安。所以我卖掉了投资组合的 75%。所有人都以为我疯了。不久后市场就崩盘了。好吧，在那个公历年我们仍然上涨了 12%。而按照财政年度计算，我们在包括崩盘在内的 12 个月中获得了 57% 的收益。但我这样做只是因为我的'内心'让我无法入眠②。这（市场崩盘）很罕见。但这个故事的寓意是，罕见的情况是有可能出现的。这就是为什么你必须要分散风险。"

塔尔继续说道，市场崩盘的直接后果就是他不知道接下来会发生什么。"我当时是林肯中心剧院的董事。在事发当晚，他们安排了一出戏剧的首演，名为《万事成空》（Anything goes）③。我打电话给管理剧院的人，对他说：'今天非常艰难，我不能去看演出了。'然后我又补充道：'但我认为有件事你应该去做，仅限今天。'他问：'什么事？'我说：'把这出戏的名字从《万事成空》改成《万事皆休》（Everything went）。'"

塔尔停顿了一下，然后补充道："我一直都有一种病态的幽默感。但他（剧院的人）当时并没有笑。"

---

① 美国一匹著名的纯种赛马。——译者注
② 意指这不是内幕信息。——译者注
③ 美国经典音乐剧，结局皆大欢喜。——译者注

第 03 章

马丁·格鲁斯

有纪律的专注

"生意变化太大了,"马丁·格鲁斯感叹道,"我记得在 20 世纪 70 年代初,有人出价 25 美元每股收购一家公司。大部分风险套利者会聚集在一起,向同一个经纪人下达指令,股价将以 23 美元开盘。每个人都能赚钱。现在,如果出价 25 美元,股票的开盘价是 27 美元。没有利差。人们对达成一项有竞争性的交易充满希望。"然而,这位资深套利者又说,"并购套利仍十分活跃。虽然不是很繁荣,玩家不同,能力也不同,但风险套利仍在承担公司交易的风险,以换取合理的回报率,仍然为不愿意承担交易成功结束风险的股东提供有价值的服务。许多公司仍然为投资者提供与市场不相关的长期超越市场的回报率和资本保全。"

马丁·格鲁斯充满艺术气息的家族理财办公室坐落在菲利普斯角的一

个专属综合建筑的高层,位于西棕榈滩的南弗拉格勒大道上。工作区可以俯瞰被夕阳镀金的小岛和大西洋。如今,格鲁斯是棕榈滩的公众人物,他热衷于收集老式跑车,在拥挤的公路上奔驰,他比关注并购新闻更关注黄金价格的波动。("每个人都应该拥有一点黄金。它是灾难的保险。")

现年 74 岁的格鲁斯曾在 20 世纪 70 年代的股市动荡不安时期、80 年代的杠杆收购浪潮、90 年代的巨额交易以及 21 世纪的大部分时间里,熟练地操控着私人控股的格鲁斯公司。20 世纪末,格鲁斯开始将他的公司转型为新一代的合伙企业,并在 2000 年将其重组为对冲基金公司。格鲁斯资本管理公司,这家位于曼哈顿的公司继续采用另类策略,为外部投资者和格鲁斯的家庭成员管理资金。

格鲁斯直到 2009 年才完全退休,他回忆道:"从 2000 年到 2009 年,我们的回报不错,风险套利基金涨了 78%,而标准普尔 500 指数下跌了 15%。我们大幅度跑赢了标准普尔,尽管由于利率极低,我们的回报远低于前几十年的水平。更不用说的是,很多人在 2007—2008 年的危机中都'死'掉了,而我们却从未出现过严重的问题。"事实上,他认为,就风险套利在熊市中与市场的不相关性及其对资本的保护能力而言,几乎没有可以比格鲁斯十年艰难市场中的表现更好的例证了。"而且,如果你看的是更长的时间,"格鲁斯指出,"我们的风险套利合伙的回报率比标准普尔要高很多。"

约翰·保尔森是从格鲁斯那里开始风险套利生涯的,他说:"马丁有着令人印象非常深刻的投资记录。他的资金在 20 多年的时间里,保持着大约每年 20% 的复利增长。"事实上,正是格鲁斯激发了这位年轻人建立自己公司的雄心。保尔森回忆说:"有一天早上,马丁来到格鲁斯公司他的办公室,一笔交易就赚了几百万美元。"

没有板上钉钉的事儿

格鲁斯说,他在风险套利方面的成功并非命中注定。20 世纪 60 年代,格鲁斯公司是马丁的父亲约瑟夫·格鲁斯在 1939 年逃离纳粹后成立的一家纽约风险套利公司,按照资本计算,是华尔街的十大投资银行之一,而这也是约瑟夫全部的资本。据马丁说，到20世纪70年代初，从50年代就开始投资石油和天然气交易（基本上是作为避税工具）的老格鲁斯已经越来越被"他那表现出色的石油生意"吸引。"考虑到高额的边际税率，每投资1美元能收回1美元就使他很满意，因为税率原因使他每投资1美元其实只用花90美分。1973年，阿拉伯石油受到禁运打击，油价从每桶3美元飙升至每桶30美元。一夜之间，我父亲发现自己拥有一家非常不错的大型石油公司。于是他开始很高兴地专注于格鲁斯石油。"

马丁的父亲把大部分资本转移到了蓬勃发展的石油行业。当1974年马丁进入风险套利行业时，格鲁斯公司的风险套利基金规模"非常小"，他回忆道，"我父亲基本上已从风险套利业务退休了"，公司在宽街的办公室"只有我父亲和几个会计师"，马丁有些不安地加入了。约瑟夫在慈善界因支持犹太教育而备受尊敬，但他与独子的关系却令人担忧。老格鲁斯于1903年出生在现在的乌克兰，马丁觉得，他"反复无常，很难与人合作"。

马丁承认，"我出生时，父亲已经40岁了，他急着要让我了解他的生意"。但作为一个年轻人，他并没有特别关注事业。一位老格鲁斯的商业合作伙伴回忆说，马丁热衷于打马球，"这与老人的期望相左"。大学及法学院毕业后，马丁在库恩勒布公司做了三年的企业融资，直到30岁出头，才加入格鲁斯公司。

不友好的新鲜事物

"我以规模很小的资金开始。几个月后，国际镍业公司以每股28美元的出价恶意收购一家名为ESB的电池公司。这是蓝筹公司有史以来第一次发出不友好的收购要约，并得到了摩根士丹利的支持。摩根士丹利是一家领先的投资银行。在那之前，支持恶意交易并不是上流公司愿意做的事情。"老牌公司也不愿意做，只有一味寻求利益的暴发户式的综合性公司才肯做。

格鲁斯说，很明显，这次收购是新鲜事物。"所以我买了ESB的股票。它的交易价在收购前是19.5美元，开盘后，大约是25美元。几天后，交易价是27美元。我父亲认为我很聪明。就像我说的，他可能很难相处，如果那次交易向另一个方向发展，我都不知道自己今天会在哪里。"ESB雇用了高盛，使年轻的格鲁斯的这笔快速交易变得利润更高，因为高盛随后引进了实业家哈里·格雷的联合飞机公司（其通过兼并关联企业很快成为联合技术公司）作为白衣骑士。竞争对手把ESB公司的出价抬高到每股41美元，直至国际镍业公司带着"斩获品"离开。实际上，价格就是最好的解释，为什么不到七年后，国际镍业公司就放弃了电池业务，并因此损失了数亿美元，而此前该公司认为，通过收购可以获得在镍电池技术方面广泛的研究优势。这笔错误的投资，最后只给金融教科书留下了又一个经典的失败案例。

然而，这对于马丁·格鲁斯的第一笔大额风险套利交易的巨大成功，并没有产生任何影响。他欲罢不能。很快，他和父亲对格鲁斯公司进行了注资。"我有一点资本，我父亲在一个信托基金中为我积累了一些钱，所以我出了25万美元，这在当时对我来说是很大的一笔钱。他出资了175万美元，然后我们开始了。"

"当时是开始风险套利的大好时机，"格鲁斯兴奋地回忆道，"有两位数的无风险利率，而我们可以实现两三倍的回报。我们自以为是天才，但其实我们就是实现了无风险利率2~3倍的回报。"更重要的是，在企业融资界，一个全新的行为模式获得了认可。"白鞋公司[①]开始进行恶意收购，并充当白衣骑士。很快绿票讹诈和高度自信函开始出现。这是一个新时代。"格鲁斯继续说："交易以各种方式开始进行，包括左、右和中。很多套利机会。幸运的是，我和长期合作伙伴理查德·诺维克利用了这些机会，不断取得成功。我们还很幸运地招到了非常有才华的员工，例如约翰·保尔森和约翰·巴德。"

然而，这是一个年轻人的游戏。老格鲁斯有一天出现在办公室，马丁回忆道，"然后，宣布说他不干了，他的心脏受不了"。格鲁斯估计，那时他父亲在风险套利业务上的资本已经增长到2 000万美元。"第二天，我回

---

① 指传统的有着悠久历史、优秀声誉和深厚背景的公司。——译者注

来向他建议我们分五年付清他的钱。他说'没问题'。所以，实际上，我们对他的权益进行了杠杆收购。"

在格鲁斯执掌格鲁斯公司的头十年里，尤其是在风险套利者博斯基因内幕交易被捕之前，格鲁斯回忆道，"谣言盛行，你可以看到股票泡沫化，股价越来越高。有一些股价的技术特征很明显证实了谣言。我是说，每个人都知道谣言，但不是每个人都能利用谣言，但谣言不是秘密。市场公布的前一天晚上，投资银行、律师事务所和印刷商办公室的人都会泄露出很多信息"。

有纪律的专注

格鲁斯"最终"所强调的不仅是纯粹的脑力，而更多的是纪律。他说，避免最终流产的交易，并确保所参与交易的潜在回报远远超过了下行的风险。格鲁斯回忆说，他最重要的纪律是"专注于寻找免费的机会。如果我们冒着损失一小笔钱的风险，但有机会竞价，价格会走高，我们会加仓"。格鲁斯承认，有时候"我们会运用较高的杠杆。但我们也是风险规避型。有时候当我们不喜欢市场的走向，或者我们认为市场不对劲时，我们会退出。这很重要，因为在市场下跌的时候，所有的船，无论是豪华游艇还是小船，都会一起沉没。如果你的杠杆率很高，你就死定了"。

GRUSS&CO
格鲁斯公司的标识

资料来源：经过马丁·格鲁斯许可使用。

格鲁斯认为，在1987年、2000年和2007—2008年，公司安然渡过危机，这都归功于风险规避。在这几次危机爆发前，格鲁斯都将头寸去杠杆化、买入看跌期权，并将多头头寸缩减至可控的比例。当危机发生后，则利用恐慌性抛售建立新的具有吸引力的头寸。

从风险套利到激进投资者

格鲁斯偶尔也会"成为一个收购者或潜在的收购者"。这在一项交易中尤为突出，该交易导致安德森克莱顿公司——一家由棉纺厂、沙拉酱和盖恩斯狗粮组成的综合性企业，在1986年被桂格燕麦公司收购，这是由格鲁斯公司发起的一场长达6个月的恶意收购战促成的。格鲁斯回忆说，"创始人之一，克莱顿家族（以四个年长女儿为代表）拥有33%的股份，但是是最近才从一家信托公司手里获得的"。"有一天，我们得知这家人想套现退出。该公司提出了一项精心的重组计划，基本上是付给姐妹们每股45美元，以保持管理层不受影响。一份粗略的分析报告显示，收购的价格异乎寻常地低。"

他继续说："于是我们开始建立头寸。我和鲍勃·斯坦伯格讨论了这个项目，他是我在贝尔斯登公司风险套利部门的朋友。他也开始建仓。几天后，我给一个对冲基金公司的朋友打了电话，我们讨论了一下，他也建了仓。又过了几天，我问另一个朋友：'你知道谁想拥有一家宠物食品公司吗？'他说：'你为什么不给在芝加哥的某某某打电话？他也许能帮上忙。'我也这么做了，告诉对方安德森克莱顿公司的事儿。几个小时后，他回电话说：'桂格燕麦愿意购买这家宠物食品公司。'这就是开始。"

经过几个月的谈判，加上桂格燕麦的融资，格鲁斯和贝尔斯登悄悄地向安德森克莱顿提出了每股54美元的收购要约。格鲁斯和贝尔斯登的银行家迈克尔·塔诺普飞往标的公司在休斯敦的总部，表达了这一出价意愿，而桂格则藏在了背后。格鲁斯解释说："桂格花了大量的钱，作为回报，他们可以通过可转换证券，兑换成宠物食品公司100%的股份。"如果投标成功，桂格会以2.38亿美元的价格得到盖恩斯狗粮，而格鲁斯和贝尔斯登则会通过出售其余部分而获利退出。

闪亮登场

格鲁斯和塔诺普在休斯敦受到的接待很冷淡。安德森克莱顿对他们的提议不予理睬并推诿了事。因此，就在安德森克莱顿对其资本重组计划进行股东投票的前几天，套利者公开宣布其每股54美元的要约收购。财经新闻界闻风而动。《纽约时报》援引格鲁斯对贝尔斯登一位高管的话说："你可以唱歌，我可以跳舞，其他人则可以提供音乐。让我们闪亮登场，来上演一场秀。"

公开的小规模冲突整个夏天都有。安德森克莱顿首先将自己对克莱顿家族持股的出价提高到每股56美元。格鲁斯和贝尔斯登随后公开恶意收购，也为56美元，并在特拉华州法院提起诉讼，法院很快支持了套利者。法院发布禁令，禁止重组和自我投标，理由是该公司应寻找出价更高的投标人。

但安德森克莱顿也开始向一家名叫罗尔斯顿·普瑞纳的公司示好，希望它做白衣骑士，因为如果桂格收购了盖恩斯狗粮，罗尔斯顿·普瑞纳在宠物食品市场的头号位置可能会被撼动。当年9月中旬，罗尔斯顿·普瑞纳的董事长威廉·斯特里兹精明地宣布了一项计划，让其董事会投票决定以每股62美元的价格收购安德森克莱顿。由于有62美元的报价，这笔交易将为风险套利者带来巨额收益。他们告诉桂格，只有提高融资承诺，他们才会继续投标。突然间，盖恩斯狗粮对桂格的吸引力也显著增加了，允许罗尔斯顿·普瑞纳在狗粮市场占据完全的主导地位显然令其不爽。

塔诺普和格鲁斯尽力劝说桂格自己收购安德森克莱顿，然后出售桂格不需要的其余部分，以使盖恩斯狗粮的总价低于2.5亿美元。当时，两家风险套利公司已拥有相当可观的账面利润，他们持有安德森克莱顿超过7%的股份。如果交易结束，他们还将从桂格获得700万美元的银行费。他们撤回了他们的投标书，以便桂格可以在公开市场上购买安德森克莱顿的股票。桂格很快将出价提高了23%，达到64美元，其中大部分钱来自风险套利资金，贝尔斯登名列其中，但格鲁斯按兵不动。

他现在对细节的记忆有些模糊了，但当时的报道说投资银行家猜测，格鲁斯对桂格有点恼火，因为桂格忽略了他在扫光华尔街的持股之前，先商谈克莱顿家族老姐妹33%股权的建议。比克利在《泰晤士报》的文章中提到了上述情况，并引用了格鲁斯的话："我认为，在竞标过程刚刚开始的时候，任何安德森克莱顿的股东出售股票都不是特别明智。"市场证明了这一点。安德森克莱顿的股价飙升至64美元，而白衣骑士罗尔斯顿·普瑞纳提高了赌注。斯特里兹首先以64美元收购克莱顿家族的股份，然后进入公开市场，以70美元的价格收购了安德森克莱顿14%的股份，其中包括格鲁斯所持的 30 多万股。

胜利之外

看来罗尔斯顿·普瑞纳要赢了，它获得了安德森克莱顿 51% 以上的股份。但克莱顿家族老姐妹们坚持要董事会投票来完成销售，而且计划在第二天晚上为家族所持股份进行再次邀请报价。投资银行家让罗尔斯顿·普瑞纳和桂格都出价。斯特里兹迅速回应说，罗尔斯顿·普瑞纳坚持每股 64 美元的价格。而桂格当晚没有回复。他们召开了一场马拉松式的通宵电话会议，最终在黎明时分签署了一份每股 66 美元的兼并协议，总价 8.12 亿美元，实际上使最终价格每股提高了 2 美元。

格鲁斯回忆道，整个漫长、旷日持久的战斗"非常有趣。当看到项目纪念碑上，自己的公司是公开收购的重要一员时，非常令人兴奋。突然间，你甚至可以在纽约的一家米其林餐厅里轻而易举地订到一张好桌子"。然而，这是格鲁斯公司最后一次涉足公开激进投资者活动。"就我个人而言，安德森克莱顿让我付出了很多。我发现做公开交易要比私下交易费时得多。公众的关注是永不停歇的，研究也在不断发展。我太全神贯注了，无暇顾及家人，而我并不喜欢成为这样的人。为此你必须疯狂地热爱工作，并强烈地渴望成功。如果你不这样，你的声誉和未来前景就会受到损害。后来我决定回到普通的风险套利，因为这已经足够有利可图了。"格鲁斯承认，在华尔街，工作与生活的平衡并不受推崇，现在也是这样，他补充道："我只是喜欢看着孩子长大，觉得作为一个父亲在他们身边很重要。正如威灵顿公爵所说，'今天的事今天做'。我五点前离开办公室，和家人在一起，直到第二天。"

然而，即使在 30 年后，格鲁斯仍然对他与安德森克莱顿的交易感到骄傲。"我不确定以前是否有任何并购套利者，不惜一切手段，提出要约收购以实现价值。"最后，桂格赢得了它梦寐以求的宠物食品业务。而且还在第二年将安德森克莱顿的大部分其他业务卖给卡夫公司。但它在这笔交易中只赚了 2.35 亿美元，远远低于预期。盖恩斯狗粮值得这么做吗？事实上，桂格燕麦在后来的十年里逐步退出了令人失望的宠物食品业务。

格鲁斯说，直到今天，他仍然清楚地记得"睡觉时，认为这笔或那笔交易是确定的，但第二天早上醒来后，他才知道交易被取消了"。这一课是显而易见的。"没有'确定的事儿'，交易会因为一系列根本无法预见的原因而破裂。更重要的是，经验告诉我，内部人士也往往不知道结果会变成怎样。交易是由人完成的，人可能变化无常，人的态度可能瞬息万变。获得一个心理学的学位可能对并购套利是很好的准备。"

第04章

保罗·辛格

没有损失，没有借口

有一套思想是绝对必要的。如果你不是一个以"我错过了什么"而是以"我有多棒"为出发点的人，你将错过并购套利生存所必需的东西。"我错过了什么"就像氧气一样有用，如果你老是想"我有多棒"你就和行尸走肉没什么两样。

保罗·辛格不是自我吹嘘的人，尽管他被朋友誉为弹摇滚钢琴的人。可以肯定的是，辛格是埃利奥特管理公司的创始人、总裁和联合CEO，于1977年以130万美元的资金创立了这家现在规模为340亿美元的对冲基金公司。他无须自吹自擂。他的可怕名声甚至超越了他本人。

70多岁的辛格被公认是一个强硬、好斗、极度聪明和百折不挠的人。他在报纸上经常被描述为一个斗志旺盛的华尔街投资者和激进投资者。他曾要求阿根廷、秘鲁和刚果共和国支付国家对埃利奥特管理公司投资的违约款项，并扣押阿根廷海军巨轮，以迫使其支付赔款。标的公司的规模和声誉似乎都不会令埃利奥特管理公司望而生畏。2017年春，埃利奥特管理公司公开要求全球最大的矿业上市公司澳大利亚的BHP（必和必拓）剥离其美国石油资产。澳大利亚人勉强答应了，宣布他们将退出在美国的页岩勘探项目。那年夏天晚些时候，辛格阻挠了沃伦·巴菲特的伯克希尔·哈撒韦公司收购长期陷入困境的得州公用事业公司奥科尔电力传输公司的计划，要求其出价至少增加3亿美元。辛格的基金在奥科尔破产时收购了其一部分次级债务，而其要求的出价增加将使其获得盈利。当这位著名的注重投资价值的伯克希尔·哈撒韦公司董事长（巴菲特）拒绝让步时，总部位于圣地亚哥的桑普拉能源公司突然出价94.5亿美元收购了奥科尔的母公司能源未来100%股权，比巴菲特的出价高出4.5亿美元。（能源未来的前身是TXU能源公司，在2007年遭遇了450亿美元惊人的、不合时宜的杠杆收购，这也是当时有史以来规模最大的一次杠杆收购，并终于在2018年3月的桑普拉交易完成后从长期破产中走出来。）

辛格的埃利奥特管理公司也被认为是2016年推动EMC（易安信）公司投入戴尔怀抱的关键力量。这创造了史上最大的技术领域合并。它还在一系列科技公司的并购事件中扮演了激进投资者的角色，包括明导、生命锁、宝利通、康博软件、咨科和信、诺威尔、河床和Qlik科技等。辛格说，在科技领域，埃利奥特管理公司经常"发现自己在敲一扇敞开的大门"。换言之，公司管理层从某种程度上松了一口气，因为他们发现辛格的基金为那些在内部人看来难以应对的问题提出了解决方案。埃利奥特管理公司的激进投资者行动同样重塑了科技行业之外的行业。例如，在2015年，它突然成为卡贝拉公司的一个大而不满意的股东，一年后，这家户外用品公司与竞争对手职业鲈钓商店合并。

有先见之明的警告

2007年初，金融危机爆发前不久，辛格在无任何利益驱动的背景下，警告七国集团的财政部长们主要银行的严重脆弱性。在奥巴马政府救助底特律的过程中，辛格在最后时刻对美国财政部汽车工作组的紧张谈判进行了干预，使得通用汽车关键供应商德尔福汽车摆脱破产，并允许通用重新开厂。随后，在英国脱欧投票重创英镑汇率后，埃利奥特管理公司是成功说服安霍伊泽-布施公司增加对SAB米勒初期现金出价，以补偿其股东因英镑下跌而带来损失的几个大股东之一。

然后是韩国。在过去几年里，埃利奥特管理公司对韩国政府及其强大的财阀商业利益的影响可以说比韩国国内外其他投资者都大。作为三星物产公司的大股东之一，埃利奥特管理公司在2015年曾试图阻止其以80亿美元（此价格低得可怜）的价格与另一家三星子公司第一毛织合并，但显然失败了。韩国国家养老金服务公司是其主要股东，它竟然违背自己的经济利益，通过拒绝埃利奥特管理公司的提议和投票反对埃利奥特管理公司的代理人，把这场丑陋的战斗阴影（公然呼吁排外和反犹太主义）抛向三星公司的管理层。随后，这家综合企业集团迅速重组，以巩固李氏家族对其的控制，同时避免潜在的大规模和迫在眉睫的遗产税冲击。（三星董事长李健熙自2014年心脏病发作导致身体严重虚弱后，一直没有公开露面。）

然而，两年后，韩国新总统文在寅上任。他的前任朴槿惠于2016年12月被弹劾，并于2017年3月被正式罢免。2018年4月，她因受贿和相关指控被判处24年监禁。她的好友崔顺实因滥用影响力被判处3年监禁，2018年2月因敲诈、贿赂和其他刑事犯罪被判20年监禁。或许更令人吃惊的是，2017年8月下旬，韩国一家法院发现三星集团的继承人、该集团的实际领导人、副董事长李在镕在导致朴槿惠下台的腐败丑闻中犯有贿赂、贪污和伪证罪，并判处这位亿万富翁5年监禁。令反腐败激进投资者感到沮丧的是，李在镕的律师立即提出了上诉，李在镕在狱中待了不到一年时间即被释放，并于2018年2月获得缓刑。在这些指控中，时任总统朴槿惠在2015年夏天与李在镕进行了三次会晤后，要求向崔顺实的基金会和企业"支付"3 800万美元，这些开支和三星与政府的腐败关系是政府支持三星物产和第一毛织合并的原因。根据检察官的说法，这种腐败关系导致了韩国国家养老金服务公司投票支持合并，尽管养老服务公司在这项交易中损失了至少1.23亿美元。他们还声称，这使李氏家族在三星集团错综复杂的持股增值了至少7.58亿美元。

对激进投资者施压之手

辛格指出："投资三星物产起初根本不是出于激进投资者的目的。"他解释说，埃利奥特管理公司的股份是基于"当时华尔街对李氏家族的情况有所了解，他们知道李氏家族表示需要重组"，"此外，在与该公司进行的大量交谈中，我们清楚地感觉到，他们的思考方式与华尔街的思考方式相同。但后来，他们提出了一个可怕的、不公平的重组建议"。

"当他们这样做的时候，"辛格继续说，"我们持有很大的头寸，这会对我们产生巨大的市值损失，我们必须争取行动。这就是为什么我们开始采取激进主义的方式来反对兼并，但遇到了由公司管理层激发的民族主义。那些被三星公司伤害的人批评我们是外国人。这些股东似乎在对管理层说：'我知道这会在经济上于我不利，但我投票赞成这项合并，因为这是爱国的表现，我相信你会找到弥补我们的方法。'然而，如果是出于理性，他们必须投票反对这项交易。"

辛格继续说道："突然间，公司将三星不能投票的库存股出售给了一个关联企业，而韩国国家养老金服务公司却按照三星的意见进行了投票，而不是我们。"这次兼并以近70%的投票赞成而顺利完成，埃利奥特管理公司随后退出了大部分的头寸。

但辛格指出，一年半后，韩国国家养老金服务公司前主席已被判犯有腐败罪，韩国前总统、她的亲密顾问以及三星的接班人也都被提出了指控。"我们认为，在这些审判和公开声明中，有压倒性的证据表明，韩国政府和三星之间存在腐败关系，蓝屋公司的顾问与控制关键选票的韩国国家养老金服务公司举行了会议。我们认为，这样做的目的是确保我们——这些外国人失败。"最后，辛格补充道："韩国国家养老金的高层管理者们以非正常的程序，投了决定性的票。"

辛格是一个博学的银发矮个老头，其时尚且修剪得很短的胡须和猫头鹰式的钢丝框眼镜突出了他教授般的气质，他反思说："在这种情况下，有很多讽刺意味。我们所做的是为了保护自己的利益。但在保护我们利益的同时（包括在这个案例中）也会使有缺陷的制度或企业文化朝着积极的方向发展。韩国的企业精英们做出如此举动，就不能持续吸引全球资本。

投资者们会想清楚。这是重点。我们只是在自卫。"

没有损失，没有借口

辛格对指导他的职业生涯的原则非常清楚，"我不想赔钱，永远，没有借口。我对投资人的目标是少承诺和多兑现的结合。我尽量不做市场比较。考虑到我们的目标是不赔钱，我们只是尽量实现适度的回报，尽我所能越高越好"。埃利奥特管理公司以其40多年中的表现提供了充足的证据，证明其很少低于要求的标准。新闻报道援引了他的基金的持续盈利纪录（平均每年约13.5%），其收益情况在40多年中只有2年（1998年和2008年）下跌。

辛格的公司——埃利奥特管理公司目前在五个城市雇用了超过400人：曼哈顿、伦敦、中国香港、东京和硅谷的门洛帕克。但在1977年成立时，公司只有他一个人。辛格在新泽西州的提尼克长大，家里有三个孩子，父亲是曼哈顿的药剂师，母亲是家庭主妇。他从小就认为自己会成为"法庭律师，像佩里·梅森那样的人"。为了实现这个目标，他1966年从罗切斯特大学获得心理学学士学位，1969年从哈佛大学获得法学博士学位。

辛格说，金融甚至没有进入他的视野，直到被哈佛大学法学院录取，骄傲而激动的父亲告诉他，"你必须学会如何投资"。他成年时，正值华尔街风行的年代。辛格继续说："于是我父亲和我开始一起炒股票。我太'聪明'了，我在读关于投资书籍的同时，就开始做保证金卖空、买入的交易。我是那种到图书馆把所有关于投资的书都翻出来的人。20世纪60年代末，我读了所有关于周期的文章。然后我开始读《巴伦周刊》，它成了我的圣经，我的老师是艾伦·埃布尔森。埃布尔森的一句话是我经常引用的：'赤手空拳是对手之间的智慧之争。'"然而，辛格的阅读并没有让他走得很远。"基本上，我父亲和我做什么赔什么，无论做多还是做空，真可悲。但这导致了一种深刻的愿望，就是搞清楚为什么会赔。"

不情愿的律师

虽然辛格在获得学位后从事了几年法律工作，先是在纽瓦克，然后在纽约的DLJ（唐纳森，勒夫金＆詹雷特公司）的房地产部门工作，但这仅仅是因为他"需要一份工作"，辛格说，"我讨厌（做律师的）每一分钟，这有点儿夸张，但也不尽然。我只是不喜欢。事实上，律师的工作是非常有压力的，为某人工作，还有截止期限，我并不擅长"。与此同时，辛格说，甚至在20世纪60年代的牛市结束时，他对市场的热情并没有消减。"我对交易很感兴趣。我现在回想当初，只记得自己开始写投资招募信，免费发给我的朋友和熟人，名为'汉密尔顿投资信'。"这个著名的共和党捐款人补充说："我找到了当时的几份报告，基本上反映了我现在仍有的保守派、硬通货、支持黄金的观点。"

辛格从20世纪六七十年代的市场经验中吸取的核心教训是，"尽可能地掌控自己的命运。如果必须反思，有一件事我永远也不会忘记：我不太了解市场的走向，任何专家也不知道"。辛格继续说："顺便说一句，如果有人把我引入这项事业，那就是马蒂·茨威格。他是艾伦·埃布尔森的朋友，他的文章那时候经常被《巴伦周刊》引用。我当时在寻求高见，而马蒂有五次对市场完美的判断。当然，我阅读了每一期，并尽量汲取其中的'养分'。我从来也没和他说过话，我还订阅了《茨威格预测》（*Zweig Forecast*）杂志——他的投资刊物。"

跌落神坛的导师

辛格继续说道："我开始按照马蒂对市场的判断交易。只有一个问题。当时是1973年的秋天，我这辈子最后一次看涨股市。我买入，并加了杠杆，当然，马蒂错过了阿拉伯石油禁运，之后他又错过了随即发生的25%下跌。"然而更糟糕的是，辛格补充说：

马蒂在市场接近底部时开始看跌，然后市场在1月、2月和3月反弹。马蒂在1974年1月看涨市场，然后再也没有改变主意。但从4月开始，市场开始严重下跌。在7月、8月和9月，市场如瀑布般直线下跌，虽然没有一个单一的、戏剧性的崩盘日，但那个夏天，我相信市场不下跌的日子不会超过三天。当时我很沮丧，于是打电话给《巴伦周刊》，提出把我收藏的十年内所有的《巴伦周刊》都还给他们。当他们在几次通话后都未做出回应时，我把所有的杂志都扔进了焚化炉。我赔了这么多钱。两周后，《巴伦周刊》有位女士打电话给我，说给我 200 美元来收购我的收藏。这是一个真实的故事。太可怕了。市场直到 10 月的第一周，才开始触底。实际上，市场是双底的。此后，马蒂改变了他的预示标识，并且不再公开他的完整记录了。我之所以说是他让我进入这个行业，是因为那是对我而言。我自此意识到，没有人永远正确，这就是股市。

辛格说，到了 1976 年，他仍是一名律师，但同时也"在 1974 年的市场崩溃中勉强幸存下来，用业余时间管理着一小部分家庭和朋友的资金"。他补充说，这次经历让他"更加下定决心去搞清楚如何交易，而不赔钱"。随后发生了两起偶然事件。"有人向我介绍了可转换债券对冲，当时的回报利率比较合理。而我工作的 DLJ 子公司管理人员被解雇了，他们关闭了公司。当时我有两个小孩，我对妻子说：'我真的想做投资交易这些事儿。'她问：'这能赚足够的钱来支付我们的生活费吗？'我们当时住在一套公寓里，只有一辆旧车，生活很普通，于是我说：'是的。'1977 年 2 月，我把各个账户的钱凑到一起，成立了埃利奥特管理公司。"

重要的是人

当被问及什么对他多年来的投资成功贡献最大时，辛格说："我实际上认为技术与技能是次要的，最重要的是创造力和睿智。你必须擅长数字，并有分析能力，拥有法律背景也非常重要。作为律师，你能够阅读复杂的文件，分析复杂的情况，了解客户正在做的新事情，搞明白为什么，并深入了解事情的本质。作为一个投资者，你需要有韧性。每个人都会犯错误，甚至大错，但你必须有自我恢复的能力，生存下来，并在不明朗的情况下做出决策。"

同时，辛格坚持说："你必须有个性。你必须值得信赖。如果你在华尔街做生意,你还必须有诚信。我经常听到关于华尔街的抱怨:'哦,华尔街很糟糕,华尔街的人也很糟糕。'但在我40多年的职业生涯中,我没有遇到过比华尔街上看到的更具道德操守的企业或职业。"另一个必须具备的特征是"身体的耐力,这与韧性并不完全相同,但很接近。我的意思是,你必须持续努力,必须有灵活性和敏锐性,才能在你人生的不同阶段在华尔街工作"。关键是,他继续说:"对任何一个长期从事这项工作的人来说,无论他或她从哪儿开始(大部分人开始时一无所有),当你富有起来的时候,须保持同样的严谨和努力。你永远不能放弃,永远,即使你真的很富有。"

进入不良资产

辛格解释说,他成功背后的另一个关键是"风险管理"。"它需要成为每个投资者和基金经理的核心意识。奇怪的是,大多数人不会费心思去回顾历史,然后问:'有没有人能一直准确地发现拐点、预测市场?'当然,一次或两次可以。但第三次或第四次他们都必死无疑。我是说他们就完蛋了,全军覆没。"辛格接着指向1987年的大崩盘,具有讽刺意味的是,当时的大师马蒂·茨威格在电视节目上预测股市恰巧证明了这一点。"当时,我们已经有十年屡试不爽的经验,证明有效的策略是可转换债券套利策略①。做多债券,做空股票,产生大量的正现金流,每股几美元的交易利润,就这样了。不用太多杠杆——我不太喜欢杠杆。这个策略做到了这一点,即产生了持续的、适度的回报,在任何时候都可以或多或少地赚钱。然后,1987年的大崩盘让人们大吃一惊。"但是,辛格强调说:"我通过对冲的方式渡过了这次大崩盘。"他对自己目标的承诺——不赔钱——再次得到了加强。

作为一种特殊的套利形式,可转换债券对冲在20世纪70年代中期开始被辛格利用进行交易时,是一潭安静但利润丰厚的死水。"以前,可转换债券的投资者是20%的套利者和80%的机构投资者,"他回忆道,"然

---

① 指通过做多可转债的同时做空其关联股票,利用定价的无效性进行套利。——译者注

后市场发生了变化，经过 10~15 年的时间，情况变得正好相反，变成由市场套利者主导，竞争非常激烈，也非常量化。人们开始使用电脑，套利者将波动性货币化，定价变得完全荒谬。另外，在过去的 20 年里，有两三次可转换债券对冲的崩盘。所以这个生意对我来说已变得索然无味。"

然而幸运的是，对埃利奥特管理公司的客户来说，另一项业务在 20 世纪 80 年代开始引起辛格的注意，尽管那时候可转换债券对冲依然如日中天。这项业务被称为不良资产投资，即以低价购买处于危机状态公司的证券，通常是债券，持有直至通过重新定价、赎回或转换为重组标的的股权，以获得盈利。"我是一个好奇的人，擅长数学，"他解释说，"同时也是一个喜欢听故事的人。所以我很早就参与了不良资产的投资。在 1984 年，发生了西联国际汇款公司的流动性危机。我知道 LTV（美国第二大钢铁制造商）根据《破产法》第十一章①申请破产保护（当时是历史上最大的破产保护，负债 40 亿美元）是在 1986 年夏天。然后 1988 年新罕布什尔州公共服务机构的破产是另一个机会。一年或两年后，还有其他的，例如埃尔帕索天然气和电力公司。"事实上，辛格承认："我不想对我们的业务进行排序，但我们的优势之一就是不良资产业务。但唯一的问题是它来来去去，时有时无。因此，有趣的是，最近，尽管有九年的牛市，仍出现了一些吸引人的不良资产机会，例如恺撒公司的重组涉及整个能源行业。实际上，牛市和能源公司证券崩溃连在一起真的很奇怪。"当然，辛格并不是在抱怨。

他观察说："这不是一个意外，当迈克·米尔肯的高收益债券业务制造了这一接踵而来的不良资产池时，如梅西百货、联合百货公司、南马克公司，套利者大多是第一批'移居'这个由米尔肯创造的世界的人。当然，马蒂·惠特曼，一个坏脾气的人，曾经是从事不良资产业务的律师，后来成为不良资产的价值投资者（M.J. 惠特曼公司和第三大道管理公司）。但更典型的是安杰洛、戈登公司和我本人——我是说，我们是套利者，很容易从套利转移到不良资产危机投资。"

---

① 美国《破产法》第十一章，内容主要涉及债务人向法院申请破产重组，与债权人协商债务条款变更，提出破产方案，以便债务人可以继续经营。——译者注

德尔福汽车：大获成功

辛格和埃利奥特管理公司最知名的不良资产交易之一是在金融危机的尾声，关于德尔福汽车在破产后进行的极其令人担忧的重组。辛格说："回想起来，德尔福汽车公司重组过程和结果的多重因素和驱动力，使得这个交易尤其有趣。"他继续说："如果你记得，当奥巴马总统于2009年1月上任时，汽车行业正濒临崩溃。我们参与了一系列证券的交易，涉及包括克莱斯勒、克莱斯勒金融公司、GMAC通用汽车金融公司和通用汽车公司等。我们拥有克莱斯勒金融公司银行债。当时发生了很多事情，但重组发生的第一件大事是，政府为克莱斯勒制订了一项计划，使其工会的复苏大大超过了其同行业工会的复苏。"

辛格继续说：

他们把包袱塞给债权人。总统的团队实际上威胁说，如果债权人不签署这项协议，就会亲自点他们的名。例如"你今晚6：00之前必须签署这项协议，否则，总统明天会在他的新闻发布会上宣布你的名字"。这是对克莱斯勒金融公司银行债券持有人的威胁。所以，我们——"好斗的"埃利奥特管理公司，立刻就撤退了。我们退缩是因为买卖价差实际上离总统的要价相差不大，我们认为政府的行为在很多层面上都是错误的，但我们也认为，法官最终可能会批准。

我讲这些是要把当时的背景情况描述清楚。几周后发生的另一件事是通用汽车公司的"保释"。这也是完全荒谬、充满争议和不公平的。工会赢了，债券持有人输了。债权人委员会尖叫、打架、投降。这就是背景。我想最后我们还是赚了钱的。我们保留了一些债券，但退出了债权人委员会，因为我们实在没心情再去聆听那些无稽之谈。

辛格指出，在危机期间，德尔福与其他陷入困境的汽车公司有所不同，原因在于"它已经沉沦多年了"。这几乎是一个公开的事实。实际上，这家前通用汽车的零部件子公司不得不在2004年披露"会计失常行为"，并在次年向债权人申请破产保护，尽管汽车行业整体的销售额仍在稳步增长。辛格回忆道："随后，他们尝试了两三次重组，最近一次是大卫·泰珀的阿帕鲁萨管理公司同意投入大量资金。"阿帕鲁萨管理公司承诺25.5亿美元的股本用于与塞尔伯吕资本管理公司34亿美元的交易，为德尔福解围。这笔交易在2006年公布，但直到2007年8月，在经过重大修改后才被美国破产法院接受。辛格接着说："然后，泰珀在2008年4月退出了交易，因为所有这些企业都出现了'价值融化'，而德尔福在这一过程中是最早出现'价值融化'的公司。"

阿帕鲁萨管理公司的退出使通用及其前子公司都争先恐后地寻求重组融资，以维持关键汽车工厂的运转。"2009年4月下旬或5月，"辛格回忆说，"放贷人都已弹尽粮绝。机会来了。他们需要补充'肌肉'，需要一支崭新的、充满活力的力量来参与谈判。所以我们看了一下。他们有三笔DIP（逾期贷款），只有第三笔也是最大一笔将在拟议的重组中以1美元偿还20美分。那些持有贷款的债权人都要破产了！真是一团糟。我记得，仅就公司业务而言，德尔福有很多国外设施，其中一些很赚钱。"

没有令人折服的兴趣

辛格继续说："问题在于，政府官员打算把这些外国工厂卖给他们的朋友们。当我们决定介入德尔福时，大部分的同行都考察过了德尔福并表示：'汽车、政府、工会，这项目没任何机会！'"尽管如此，辛格补充道，埃利奥特管理公司意识到："政府对融资安排没有任何的兴趣，但是，他们对美国工厂和维持通用汽车存活下去有极强的兴趣。可他们没有必要把外国工厂卖给白金股权公司，这真令人难以置信！"

总部位于比弗利山庄的私募股权公司白金股权花了三年时间试图为德尔福构建一个36亿美元的重组协议。其中，大部分的资金来自通用汽车或美国联邦政府，只有2.5亿美元现金加上另外2.5亿美元的信贷额度来自投资者。尽管如此，他们还是会最终控制德尔福的海外业务。这个重组计划仅向德尔福债权人偿还了很少的债务，所以，当他们向破产法院提出申请时，可以想象，整个方案令德尔福的债权人暴躁不安。

债权人找到了埃利奥特管理公司，寻求增援。辛格回忆道："于是，我们走进法庭，因为，政府依然是'要么听我的，要么走人'的我行我素的态度。但我们知道，政府对白金股权公司的德尔福方案也没有强烈兴趣。我是说，政府的确对通用汽车和克莱斯勒的纾困救助有强烈的兴趣，但即使如此，它也应该有不同的方案。政府（对债权人）过于强硬，人们至今铭记于心。"

美好的结局

不管怎样，辛格继续说："我们走进破产法庭，说我们是德尔福的实际债权人，将接管公司。"债权人会进行"信贷竞购"，利用他们拥有的债权，如法炮制，为收购买单。"埃利奥特管理公司可以这样做，因为到那时，我们已有了若干不同的债权份额，"辛格补充说，"所以，我们说服了法官让我们（债权人）提出我们的建议。而法官给予了一句惊人的评论：'如果这些穿西装的人能买，为什么那些穿西装的人不能买呢？'"根据债权人的计划，通用汽车仍将收回四家工厂和德尔福的主营业务，辛格解释说："我们提议的一部分，是为美国的工厂储备现金，这实际是通用汽车和政府某种形式的嫁妆。法官让我们债权人提出购买外国子公司的建议。总体而言，这比白金股权的交易方案能提供更多的现金和更好的条件，而且，我们还同意支持公司的配股。"

显而易见，辛格很满意。他补充道："几个月后，当烟雾散尽后，我们拥有大量的德尔福股票，我们很喜欢剩下的公司。"自投资以来，德尔福股价上涨了近105倍，实现了自2009年投资以来75%以上的年均复合增长率，时间长达近十年。他接着说："讲这个故事，是因为我们创造性地抓住了机会，而且整个过程很快，至少从投入时间而言，不像那种操作周期可达五年的破产项目。我们准确地将其概念化，而周围没有人能做到。从金钱回报的数量、操作方法的艺术程度以及吸取的经验来看，结果都是伟大的。"

复杂的并购

尽管不良资产投资是辛格的最爱，但不良资产投资的周期性和辛格永不休止的好奇心驱使他早在20世纪80年代就涉足了蓬勃发展的并购业务。辛格说："35年来，我们一直在以这种或者那种方式进行并购交易。开始我只是偶尔对并购交易感兴趣，而不是作为持续的参与者，后来特别是在经过LTV项目后，我发现创造价值，推动交易发生，既是价值的驱动力，也是减少风险的缓释剂。换句话说，这是一种可以控制自己命运的方法。"他指出，事实上，"埃利奥特管理公司从未从事过纯粹的风险套利业务，就是类似贝尔斯登并购套利交易平台所做的那种。我们一直都很有选择性。我不喜欢投资于普通、低风险的兼并。在那种比赛中，你前九个回合都赢了，但最后一个回合输了，就可能全赔进去了。我们倾向于做那种复杂的并购业务，有瑕疵的那种。我们要求我们能够参与交易之中，可以促进事情发生，这样就可以通过我们的优势赚钱"。

辛格现在经常把埃利奥特管理公司的激进投资者行为称为"情景投资——其回报要么与市场无关，要么非常复杂"。他解释说，虽然埃利奥特管理公司发现"始终进行对冲是必要的，但我们也发现不断使用我们的全套工具，包括分析能力、媒体战略、投票顾问等，是卓有成效的"，而不是简单、被动地等待交易到来。辛格一直在寻求按自己的方式进行交易，如同他在奥科尔电力收购案中所做的那样。这位精明的埃利奥特管理公司创始人表示，情景激进主义需要运用公司的全方位技能和知识，"并购套利、不良资产、激进不良资产、激进套利、激进股票等之间有很多联系。每个领域都需要类似的技能"。

举一个晦涩难懂的例子，辛格指出，在欧洲的收购中，特别是在德国，有一种涉及所谓"支配协议"的交易。从本质上讲，这是一种"挤出"，当潜在收购者需要控制一定数量的股份以迫使公司采取某种行动时，这些协议就会出现。在德国，股票的"神奇数字"是总股本的75%。一旦出现这种情况，收购方就可以让目标公司的管理层投标出价，并立即合并利润表。"情况很复杂，"辛格认为，"但提供了持续赚钱的机会。然而，你必须坚持。你必须愿意站在自己的立场上，与目标公司谈话，努力使事情发生。"埃利奥特管理公司在很多情况下都做到了这一点。比如，埃利奥特管理公司收购了德国机床企业DMG莫里公司15%的股份，然后很快溢价将该股份出售给收购方日本 DMG 莫里有限公司，因为它需要这些股份来巩固对德国合资企业的控制。辛格指出："我们参与的交易各有不同，但我们可以努力降低风险，或者以复杂性降低风险，这就是为什么我们的回报趋势与其他人如此不同。"

"全球激进投资者投资非常棘手。"辛格强调，"但是你看，这就是我们专业知识的一部分。我们能够在复杂的地方投资，搞明白事情，解决会计、法律问题，以及执行的可行性与文化差异。大多数情况下的确如此。但是，如果你弄错了，就像我们在三星物产大战中那样，代价会很高。"在三星重组战中，2015 年埃利奥特管理公司惨败于李氏家族。"我们了解了很多关于三星集团的事情，"辛格轻描淡写地说，"这个行业没有道德胜利。赚钱永远是我们的目标。但最终，这次被证明是一个提升信誉的亏损。"

辛格解释说："2016 年 10 月，我们在三星电子公司有了一个新的头寸，这一次，我们相当礼貌。我们提了一些建议，基本上只是客气地从外部提一些建议，都是我们认为应该做且易于决策的事儿。"虽然三星仍然拒绝按照埃利奥特管理公司建议的路线进行重组，而且三星自身的法律诉讼也影响了这一点及其他企业治理问题，但是，三星还是破天荒地第一次支付了季度分红，并表示将注销价值数十亿美元的库存股，以提升资产负债表的质量。自那以后，辛格夸奖道："尽管李在镕被捕、受审和被定罪，三星电子的股票却疯狂上涨。大家都看好它的主营业务。"

这个亿万富豪与投资者也不愿被其他形式的边界束缚。近期，埃利奥特管理公司在门洛帕克新开了办公室。辛格还在着手加强公司的私募股权业务，以便能在机会到来时，抓住赢利的机会。"如果你发起一场激进投资者行动，也许最终公司会被出售。有几次，尽管我们也为私募股权收购做好了各项准备，但我们却被拒之门外。我们是什么？人为刀俎，我为鱼肉吗？我们不会再让这样的事情发生了。"辛格断言。

第 05 章

迈克尔·普莱斯

向智者学习

"如果有人为收购一家水泥厂支付了 4 亿美元,你可以从这个数字中计算出,他们为一吨水泥的产能支付了多少美元。然后,如果有可比的水泥厂,可以把这个数字放入你的估值模型,以计算其他水泥厂的价值。"普莱斯认为,即使那些他没有直接投资的风险套利交易,仍然能够为"细化、精确化公司的估值,提供非常宝贵的机会"。

亿万富翁投资者迈克尔·普莱斯以对价值的敏锐眼光著称,无论是对被低估的股票、激进投资者情景,还是对重组中的"趁火打劫"类资产。在 20 世纪八九十年代的"黄金交易"时期,普莱斯的员工规模不断扩大,并以其特有的坚持不懈和积极进取而著称,推动旗下海涅证券公司和共同股份公司系列基金所管理的资产规模超过 170 亿美元。1996 年,这家资金管理公司被卖给了富兰克林资源公司。在这笔交易中,普莱斯获利约 6.7

亿美元，而八年前，他仅以 400 多万美元收购了这家基金公司（依据他的导师和合伙人，传奇价值投资者马克斯·海涅的条款），这笔交易使他作为一个精明价值投资者的声名大振。

他的名声无须装扮。就在一年前，普莱斯通过雷厉风行的激进主义，在短短六个月的时间里，就推动化学银行（Chemical Bank，随后很快采用高贵的"大通"作为名字）收购了贵族银行大通曼哈顿。这次合并创造了当时美国最大的银行，为共同股份公司的投资人创造了数亿美元的利润。风险套利，被普莱斯称为华尔街的"无形之手"，在其传奇式的职业生涯中始终扮演着核心角色。事实上，风险套利在普莱斯的资产配置决策、投资组合构建，尤其是估值过程中发挥着至关重要的作用。

我和普莱斯在他位于曼哈顿的家族合伙企业 MFP 投资者公司低调、堆满研究报告的办公室里聊天，很快，风险套利成为一个经常谈到的话题。普莱斯认为，在市场和经济的正常运作中，风险套利是一个关键的环节。如他所说，在一个全面、良性的金融周期里，"廉价股票成为并购交易目标，被并购，破产，又成为廉价的股票，被并购，破产——风险套利是保持这一切运转的基础润滑油"。作为价值投资者，"我们想参与整个周期"。

普莱斯迅速澄清，不是通过让过度杠杆化的公司破产，而是努力处于资本周期中获利的那一侧。他在风险套利的职业生涯中，常年积累的估值明智性和原则性，对于确定在何处、何时、以何种价格进行交易，是无价之宝。"假设石油和天然气股票很便宜，我们就购买它们。然后，商品价格上涨，股票上涨，公司开始举债进行钻井、收购和勘探开发。这种良性循环持续 3~4 年，直到太多的供应商和竞争进入市场，迫使整个行业内的公司开始进行分拆、资产出售，直至破产保护，以使权益投资的利益在债权人之前。"

普莱斯说，最理想的情况是，度过整个周期，在股价上涨时抛售便宜时购入的股票；在股价上涨过度以及股票市盈率飙升到天价时，逃离市场，持有短期高流动性资产（包括风险套利交易和现金）观察、等待。最终，机会再次出现，也许是因为陷入困境的公司在周期后阶段发行的债券违约，使其成为普莱斯下一张创造价值的门票。他承认，以 30~50 美分的价格买进的债券,可能须持有整个漫长而痛苦的破产过程。普莱斯持有的债券最终不仅带来了金钱收益,还会有股票作为甜头。然后,这些期权将通过无休止的资本循环再次转变为充满上涨预期的便宜股票。

普莱斯说:"这就像《狮子王》里提到的'生命的循环'。"一丝轻微的闪亮,出现在他那双深邃具有穿透力的眼睛里。这是一个恰当的比方,来自一个幼年时期就将目光投向投资的人。"我上五年级的时候就知道身体里每根骨头的名字。"普莱斯回忆道,"我的堂兄都是医生,我也要当医生。然而,我买了一只股票,一下子涨了三倍,这决定了我的一生。"

从俄克拉何马到华尔街

运气好?也许真是这样。对这个初出茅庐的年轻投资者而言,他父亲有一位名叫斯坦利·希夫的高尔夫球友,他管理着德崇证券的套利部门。这当然是幸运的。因为普莱斯并没有去沃顿——他父亲的母校——读书,或者任何一所常春藤大学,因为华尔街通常只去这些学校招聘。"我没有达到进入沃顿所要求的分数。"普莱斯如实说。在长岛郊区读高中时,他醉心于打长曲棍球和踢足球,而不是考试成绩。"我成了速客队[①]的球迷。"所以他最终来到俄克拉何马州的诺曼,在俄克拉何马大学主攻商学。"那里不是价值投资或风险套利的中心。"普莱斯干巴巴地说。尽管如此,作为 1973 届的校友,他已做出了改变这点的贡献。1997 年,普莱斯捐赠了 1 800 万美元,这是当时有史以来对公立大学最大的一次单笔捐赠,这笔捐赠给了速客商学院,该商学院后来被更名为迈克尔·普莱斯商学院。

但这超出了故事的范围。普莱斯高中毕业后的一天,他应邀去德崇证券参观斯坦利·希夫的办公室。那里并没有什么华丽的装饰,但普莱斯很着迷。希夫和他的小团队"是典型的风险套利者,他们买进标的公司,卖出有收购者跟进的公司,并且只投资于市场上已公布并签署了合同的交易"。但是,他们只在非常短的股票持有期间,就可产生巨大的回报。相比之下,他父亲在第七大道的生意则相形见绌。

[①] 俄克拉何马大学的足球队。——译者注

普莱斯开始花大量的时间在德崇证券的风险套利部门，努力了解尽可能多的华尔街鲜为人知的风险套利知识。1971年，还是本科生的普莱斯就已经学习了盖伊·怀瑟-普拉特于1969年发表的具有先驱意义的论文《风险套利》。他发现自己已经做好了充分的准备。他还参与了一位教授在俄克拉何马州举办的选股竞赛。普莱斯解释说："这不是真正的钱，只是一个纸上的投资组合。但在德崇证券风险套利部待了一个夏天后，我收获颇丰。所以我把我所有的纸上投资组合都放在了一家我知道很有可能被灰狗巴士收购的公司。果然，在那个学期里它被收购了。我的整个投资组合收益翻了一番，因为我孤注一掷，把所有的宝都押在那只股票上。"普莱斯记得，除他之外，同班同学里没有一人在这场比赛中获得任何账面利润。

对风险套利着迷

"从那时起，我开始阅读每一篇关于兼并的文章。"普莱斯补充道。他发现，找到企业愿意收购某个目标的原因也许是最好的价值指标，普莱斯"研究了每一笔已宣布的交易"。1973年，在拿到了毕业文凭的一年后，普莱斯得到了在华尔街一家小型公司被马克斯·海涅面试的机会。早在20世纪70年代初，海涅就已是纽约价值投资小圈子的领军人物。1949年，海涅成立了共同股份公司，普莱斯回忆道："我父亲的股票经纪人，也是马克斯的合伙人，他告诉我：'如果你对兼并感兴趣，就去找马克斯吧。'"

接下来发生的可能是华尔街史上最伟大的求职面试故事。"马克斯走进房间问：'你对什么感兴趣？'"普莱斯回忆道："嗯，我花了几天时间阅读和分析制造商汉诺威收购一家名为里特金融的公司的交易。这笔交易刚被公布，股票有一定的价差。我对这笔交易了如指掌。我知道买家和卖家、交易的时间安排等，几乎所有的一切。听了我的分析后，马克斯立即走出去买了两万股该公司股票，这可是在我的第一次面试中！就这样，我加入了马克斯……并从他那里学到了价值投资，从他的合伙人汉斯·雅各布森那里学到了破产企业投资。"投资破产但有强大资产支持的铁路债券利润丰厚，但鲜为人知，这是雅各布森的专长。普莱斯学得很快。1974年，他被聘为每周200美元的研究助理。到1982年，他已是马克斯·海涅管理的共同股份基金快速膨胀投资组合的全职合伙人。

艰难的道路

普莱斯的职业生涯并非一帆风顺。像那一代所有的投资者一样，普莱斯早期遭遇了血腥的熊市。与共同股份基金关联的经纪公司海涅·菲斯拜恩在20世纪70年代后期的熊市最低点破产。普莱斯之所以得以幸免，是因为他跟随海涅和他的货币管理业务，加入了另一家小型经纪公司——赫佐格·海涅。这场危机使他深刻地认识到华尔街"弱肉强食"的残酷现实。但痛苦的重组过程，也间接促使普莱斯与另一位著名的价值投资者和风险套利者——马里奥·加贝利第一次相遇。

普莱斯轻声笑着说，他俩记忆中的情况不太一样。普莱斯的版本是这样的：随着海涅·菲斯拜恩交易业务的崩溃，海涅和普莱斯被迫腾出了第一州立大街广场的办公室。那是一座建于20世纪60年代，耸立在港口边的钢筋玻璃建筑。海涅不得不和他年轻的研究助理普莱斯一起，把基金业务搬到百老汇大道170号——华尔街的一座老旧建筑中。

"我们甚至还卖掉了桌子。你猜谁会来买一张便宜的桌子呢？是马里奥·加贝利。他当时刚离开勒布罗兹，创办了加贝利公司，对于一个价值投资者来说，还有什么比从一家濒临倒闭的经纪公司购买办公桌更好的呢？"加贝利讨价还价，显然给人留下了深刻的印象。但还有其他事情让普莱斯难以忘怀。"当他来看桌子的时候，顺便把我刚给海涅写的研究报告拿走了！我至今记忆犹新。但马里奥坚持说他没有偷任何东西，只是'借了它'。那份报告列出了在纽交所和美国证券交易所上市的一系列矿业公司，这些公司都由一位名叫刘易斯·哈德做董事长兼总裁的国际矿业公司，通过错综复杂的关联公司结构控制。"

"他们控制了美国钼业、弗雷斯尼洛矿业、罗萨里奥资源、卡维基贝里科和其他一些公司。我已为马克斯列出了所有的关系和报告中的数字，我们开始购买那些最名不见经传的股票，因为它们都很便宜。不管怎样，我就是这样认识马里奥的。就在几年前，他在自己的文件里发现了那份旧报告，并把它寄还给我！"

当问及普莱斯所做过的最满意的风险套利交易时，他又回到那些深入的研究使其关注到国际矿业公司。这个故事表明，普莱斯从不明朗的错综复杂的线索中找到了头绪，并最终产生了难以想象的价值。这些研究围绕着一家名为范斯钢铁的老牌芝加哥公司展开，该公司为航空航天业和其他金属用户生产特殊部件。尽管普莱斯使用的研究工具在今天看来几乎是难以想象的古怪——纽约市黄页电话本和《韦伯斯特词典》(*Webster's Dictionary*)，但这对投资者的促进和教育却是永恒的。

向智者学习

普莱斯说，他发现了这个机会，因为他习惯于密切关注顶级投资者和商界领袖在干什么。"向智者学习，看他们在做什么"是他的座右铭之一。"今天，他们是杰夫·伊梅尔特、塞斯·克拉曼、沃伦·巴菲特或者查理·芒格。"普莱斯说。但在那时，"其中一名智者是名叫托马斯·梅隆·埃文斯的老派实业家。他经营的鹤牌公司，是一家管道用品制造商。有一天，我坐在办公桌前，从报纸上看到了这样一条新闻：埃文斯收购耐火金属制造商范斯钢铁8%的股份。"

当时，普莱斯只有24岁左右，那条消息引起了他的好奇心。"为什么这个聪明人，一个真正的实业家，会购买一家生产耐火金属的小公司的股票？耐火金属到底是什么？"普莱斯非常想探知究竟。普通金属，在他可追溯的记忆中一直处于低迷状态，最近才开始显示一些复苏迹象。"所以我马上拿起字典查找'耐火金属'的定义，那时候互联网根本不存在。"他了解到它们有某些有用的特性："耐高温、高拉伸强度，有五六种不同的种类。"然后他看了看范斯钢铁的财务报表，"并看到其资产负债表还不错，这家公司生产四种耐火金属。如果我没记错，是铌、钽、钨和钼"。

普莱斯继续说："我从来没听说过这些金属，因为它们超出了传统元素周期表的范围，于是我试图弄清楚它们的用途。不知道为什么，我抓起了纽约市黄页电话本，查了一下钽，找到了一家名为美国钽的公司。我没在编故事哈。我拨打电话，对方有人接了。我自我介绍说，我在一家小型共同基金工作，在做钽方面的研究，因为埃文斯刚买了范斯钢铁8%的股份。"

说到这儿，为了达到效果，普莱斯故意停顿了一下，然后补充道："我听到电话的另一端沉默了一会儿，然后那家伙突然提高声音问：'是吗？'"普莱斯立即向对方保证，他的信息是准确的，同时又问："他为什么要这样做？"电话的另一头回答："很明显，因为范斯钢铁在巴尔的摩的所有仓库都装满了钽，它的价格刚从一磅 20 美元涨到了 200 美元。"普莱斯挂上电话，立即开始"以每股 9 美元的价格购买范斯钢铁的股票，股价很快上涨到每股 25 美元。正如我姐姐所说：'让你的手指来走路吧。'一个智者，买了一家仓库里装满泰国矿渣的公司，而矿渣里是钽"。

普莱斯说，他的家族企业 MFP 投资者公司"想做睿智的投资者——用自己的钱"。普莱斯把它比作"没有倒钩的飞钓捕鱼，因为如果你带着你的飞钓竿，剪下倒钩，就很难钓到鳟鱼或河豚，这意味着我们的投资没有巨额管理费和业绩分成"。他的投资组合看起来很像"20 年、30 年甚至 40 年前的投资组合：一个价值名称的大杂烩，包括一些风险套利的特殊情况投资和一些现金。现在，我们开始处理一些石油、天然气、金属和采矿领域的破产清算"。

普莱斯解释说，大杂烩是故意的。投资组合的 30% 左右通常被分配到风险套利和清算的头寸中，以分散风险和对冲投资组合中更具市场敏感性的价值股票的意外下跌。普莱斯观察到，尽管在市场抛售期间，价值股的下跌趋势往往得到缓冲，因为"它们的交易远远低于内在价值，因此不会受到太大的伤害"，尽管如此，其仍受"市场先生"高涨和低迷走向的影响。

为了缓和对市场的敏感度，长期以来，普莱斯一直投资于风险套利股票，这些股票往往随着单个并购交易和套利交易的进展而移动，而不是与市场一起移动。在利率比金融危机后的零利率时代更正常时，他愉快地回忆道，风险套利交易的利差一般高于资金成本，而随着合并完成时间的临近，利差会出现，使等到交易最后阶段的风险套利者获利颇丰。他回忆说，对于那些"按传统方式行事"的人——只投资于已公布的交易，并且谨慎地使用适度杠杆——风险套利提供了不俗的回报率。"而且，我们还将始终持有现金和清算及破产公司的头寸，因此 1/3 的投资组合被有效地与市场波动隔离开来。"

尽管普莱斯对风险套利和清算头寸的市场绝缘性表示赞赏，但谈到交易对他主要的吸引力时，他表示是分析过程和分析手段给了他估值优势。正如他所说："交易使我们在企业估值方面更聪明。""当一个合并被宣布时，它的条款将被翻译成收益的倍数、净资产的倍数、现金流的倍数。"换句话说，这告诉你："哪些企业家在购买，以什么价格购买。""如果有人为收购一家水泥厂支付了4亿美元，你可以从这个数字中计算出，他们为一吨水泥的产能支付了多少美元。然后，如果有可比的水泥厂，可以把这个数字放入你的估值模型，以计算其他水泥厂的价值。"普莱斯认为，即使那些他没有直接投资的风险套利交易，仍然能够为"细化、精确化公司的估值，提供非常宝贵的机会"。

风险套利经验

回想在风险套利方面所学到的经验，普莱斯说："你必须是定量的。你必须建立一个非常好的名片盒或联系人表格，这些人可以帮助你了解不同行业在交易的反垄断方面、财务方面的问题。你必须与债券部门、银行放贷机构以及反垄断律师进行交谈。"

普莱斯认为，来之不易的经验对风险套利的成功亦至关重要，尽管对新手而言，可能令其望而生畏。"只有具备经验，你才能知道哪些交易会成功，哪些交易是合理的，如何通过心理分析确定为什么交易会发生，或者交易的个性驱动因素是什么。这就是为什么你不从自己的风险套利业务开始，而是从为行业中的某个人工作开始。"

MFP投资者公司有四五名年轻的分析师，随时在为普莱斯工作，分析交易。"我给他们提供一些线索，就像马克斯当初给我提供的一样。但在风险套利业务中，有些交易的风险要比其他交易高得多。你必须了解风险来自何方。今天它可能来自融资，事实上没有真正的备选融资市场。也可能来自反垄断，在奥巴马执政时期，反垄断的风险确实很高。就像史泰博和欧迪办公的交易，当政府最终否决时，他们一年多的努力也付之东流。"

普莱斯继续说："或者看看哈利伯顿和贝克休斯的合并计划。他们已经同意出售 70 亿美元的资产，但仍无法得到监管机构的反馈。最终经过一年多的努力，仍无法解决司法部和海外政府的反对意见，交易最终没有达成。"

普莱斯说，他和 MFP 投资者公司的分析师在这笔交易宣布后花了一个月时间，"只是想弄清楚谁会买，他们能否完成交易，这些买家如何为资产出售融资——这是监管批准所必需的"。然而，当政府没有给这些公司或市场任何关于出售资产计划的反馈时，风险套利者对分析就没有信心。"因此，在获得更多的信息之前，你往往只选择一个非常小的头寸。不要持有很大的头寸。套利中的头寸规模管理很重要，因为这正是决定你成功的因素。你必须判断正确。但如果你在最终成功的交易中只持有很小的头寸，而在最终失败的交易中占有大头寸，你就完蛋了。"

让参与者兴奋起来

普莱斯始终能认识到风险套利中的无数风险，并将其视为一个具有挑战性的多维拼图难题。"你想一个商人为什么要这样做，在最理想的情况下，预测他可能会做什么。CEO 会带领公司去哪儿？他的动机是什么？"他继续说，"当一笔新的交易出现时，我的第一个也是最重要的思考过程是，为什么会有这笔交易？为什么这笔交易有意义？并购不仅是 A 公司买 B 公司，而是人，是整合，是企业战略，是战略规划和协同效应。换言之，就是'为什么会发生这笔交易，这样是否合理的问题'。你必须知道不同的角色。我们不和他们交谈。我不喜欢打那些电话。不喜欢问别人这样或那样的问题。但我会自己思考这些问题。"

普莱斯说，他告诉他的年轻分析师："展开你的想象，就好比你在参加董事会会议一样。想一想他们在谈什么。他们打造公司核心构造，直面资金问题和原材料瓶颈。如果你是董事，董事会在未来三年里应如何应对这些情况？或者，如果你是 CEO，你会对董事会说什么？如果你是一名独立董事，你将如何向 CEO 施压？"普莱斯坚持认为，换位思考，站在对方的立场上，只有这样，并购套利分析师才能预见并购交易中的公司会做什么。

"有时候在季度盈利分析电话会上、年度报告中的总裁致辞里或其他公司的报告中,你会发现线索。有时它们不会提供任何明显线索。但你可以从心理学角度,猜出来董事会那些人在想什么。除此之外,你必须知道在并购中他们可能使用股票还是现金。如果他们使用股票,他们可能是认为自己的股票的价格已经很'满'。如果他们不使用自己的股票,说明他们喜欢自己的股票。"普莱斯的下一个问题,就是弄清楚对管理层说的话有多大信心。"他们拥有很多股票吗?"普莱斯强调,"这很关键。在分析过程中,拥有股票的情况与季报、年报一样重要。他们是如何给自己发工资和奖金的(是股票还是现金)?"

没有随便的东西

然而,这并不是说,普莱斯把风险套利当作游戏一样随便对待。"风险套利是华尔街重要的业务组成部分。它必须存在。与可怕的博斯基时代相比,并购套利现在的形象要更好些。如今,当出现大规模的兼并时,套利者为那些不想等待兼并结束或不想承担交易失败风险的人提供了流动性。所以,华尔街的机制运行良好。利差反映了当前的利率和交易的风险,就像它们应有的那样,并没有改变。风险套利业务在为市场提供流动性方面发挥着非常重要的作用。传统的风险套利业务,在经纪人与交易商层面进行杠杆化,他们可以非常便宜地借入'换股'兼并的股票,或者他们可以利用公司的资本来杠杆化他们的头寸,以此获得相当好的回报。"

普莱斯补充道:"后来,我们进入了对冲基金蜂拥而入风险套利业务的阶段,随着新的风险套利者竞相建立头寸,利差显著缩小。令人欣慰的是,这类事情往往是自我限制的,因为盈利空间的枯竭会挤掉那些技术含量较低或运气较差的风险套利者。风险套利对于对冲基金而言,可能是一项艰难的业务,因为它们没有经纪公司用自有资本进行风险套利时对业务成本的分担。相反,它们还要收取客户 2% 的管理费和 20% 的分成,这是完全不同的算数方程。"

为了使风险套利回报能够支撑 2% 和 20% 的费用结构,普莱斯继续说:"你必须承担更多的风险和更多的杠杆。这与传统的风险套利业务不同，经济结构效果也不同，风险和回报也不同，因为在传统风险套利业务中，成员公司使用自己的资本来明智地加杠杆，没有股票借款成本，也没有保证金成本。当然，还有博斯基，我记得他在被起诉前的最后一年或两年里，分别收取了3%和50%的费用。他之所以能支撑这样的费用，是因为他在欺骗，而且看上去创造了超额回报，就像今天的麦道夫①收取超额费用一样，因为他也是在欺骗。"

  普莱斯警告说，不管是谁操作，风险套利并不能对整个市场的滑坡完全免疫，像1987年、2000—2002年和2008年的股市崩溃那样。"无论我之前多大程度地谈到风险套利股票倾向于不随市场波动而波动，而是随着单个交易的进程而推进，事实上，风险套利股票也会在极端市场情况下遭受冲击。这是真的，不管是像1987年那样基本的周期性市场崩溃，还是像最近的例子，都真正预示了市场衰退和经济危机的崩溃。事实上，当市场出现大的动荡时，风险套利股票往往会比平均水平更糟。这是因为风险套利者的仓位和其他投资者相比，经常非常集中而且持仓量大。所以当过度杠杆化或有赎回权时，他们的集中销售往往会造成灾难性的后果。"

  普莱斯记忆犹新，对风险套利者而言，极其痛苦的是1989年10月13日的黑色星期五小型崩盘：

  尼克·布拉迪在老布什总统任期的第一年担任财政部部长，而我的朋友康尼斯顿合伙人正与美国联合航空公司的母公司联合大陆控股公司进行一场代理权大战。在杠杆收购热潮中，德崇证券和其他公司利用垃圾债券进行了大量融资，以完成高杠杆交易。所有这些都是为了美国联合航空。康尼斯顿努力迫使美国联合航空的母公司联合大陆控股公司进行一场交易，而飞行员们则想用杠杆收购这家航空公司。市场投机使这家公司的股价冲上很高的位置。然后，财政部在尼克·布拉迪的指使下，于13日宣布："不再允许杠杆收购。"整个风险套利股票——那些公布了交易的股

---

① 伯纳德·麦道夫曾任纳斯达克股票市场公司董事会主席。他以高额资金回报为诱饵，吸引大量投资者不断注资，以新获得的资金偿付之前的投资利息。这个骗局维持多年，直到2008年次贷危机爆发。麦道夫案是美国历史上金额最大的欺诈案之一。——译者注

票——都像泄了气的皮球。更重要的是，所有只是预期而不是市场公布的投机风险套利交易也都失败了。当时的时代华纳实际上还是时代公司，就是其中一个。整个市场都瘫痪了。很糟糕。

痛苦中的机会

不过，普莱斯注意到，有时候当风险套利的交易破裂，却会给警觉的投资者创造机会。"如果你能等候在那里，在投机或过度杠杆化的风险套利头寸被迫抛售时买入。例如，在2016年1月市场大幅度下跌修正时，我们买入了一只股票。这是市场已经宣布的交易，收购价是10美元，买方是一家资金实力雄厚的私募基金。实际上，我们认为100%的融资已经到位，包括一些上市公司股东的以股权参与，而这些上市公司正被纳入这家私募基金的麾下。公司股价从9.60美元迅速下滑至9美元。交易将在两个月内完成。所以两个月内我们将获得10%的风险套利差价，或者60%的年化回报率。经过再三思考后，我们把持有这家公司的头寸扩大了3倍。这就是为什么我们每天都加班。"

根据普莱斯的说法，关键是"要有对行动的判断力。任何一个年轻的MBA都可以算数，但你需要判断力和经验来知道何时介入。即便如此，也没有人一直是正确的，因此，风险套利和所有投资一样，一个重要的部分就是损失管理，而首先是确定头寸规模。当一笔交易失败时，你不希望有大头寸，而是头寸越小越好。但马克斯告诉我的是，有时候，当交易破裂时，你应该买更多"。那在什么时候呢？"当风险套利的抛售导致股价远远低于其基本的交易价值，直到头寸被抛光，因为这样它就会反弹。在共同股份公司，我们一直保持适量的现金储备，等待这样的机会来临。"

机会主义是普莱斯的另一个成功要素：

我们可以利用担忧，有时在宣布交易和合同签订之后，但在股东投票之前，或者在需要获得最终批准之前，有可能因为这样或那样的原因而出现恐慌。恐慌可能来自反垄断问题，或者是由于令人失望的季度盈利，也可能是资产出售必须发生但却没有发生，有很多种情况。我记得，有很多次我们从非常聪明的卖家那里购买头寸，因为我们有很好的资源，并且对交易中的人也有很好的了解。我们知道交易会成功，或者他们会改变条款以确保交易成功。

我记得当时我站在共同股份公司的办公桌旁，从高盛和所罗门兄弟买了很多股票，当时他们正卖出一个特定的仓位。马克斯看着我说："你确定应该这样做吗？"我说："我确定。"因为我知道董事会和CEO会想尽办法来完成这笔交易。也许条款会略有改变，但这笔交易一定会成功。高盛和所罗门兄弟只是没有像我那样了解他们。不是因为我和他们谈过，我们之间没有对话。是因为我了解关键人物的心理。我知道他想卖掉这家公司，因为对方是理想的买家，因为他们可以用税收亏损来保留盈利，而且这是一个极好的机会。现在，你仍然需要有合理的风险参数，但这个交易还有几天就会结束，所以你就有了合理的风险参数。但是你只买了6万股，不是60万股？我记得很清楚，如果你判断正确，你必须行动，就像我在那笔10美元的交易上所做的那样，你必须大举买入头寸。

当并购代理权委托书被提交给美国证券交易委员会时，普莱斯说："实际上有一段文字是'合并原因'。"但这段文字只在宣布几个月后才会出现。"你必须预估到合并原因是什么。你必须在宣布交易的那天说，'哦，这是合理的'，或者'这不合理'。一笔交易对买卖双方都应该是一个大机会。但也有可能是一时冲动。你必须意识到那些不靠谱的资金、不靠谱的文件。不仅仅是债务问题，还有那些被高估的股票。"

举个例子，普莱斯提到了比尔·阿克曼的平台特种产品公司。"他把业务放在一起，然后用股票加了很多杠杆做了私有化。股价从10美元涨到28美元，再跌到5美元。你必须小心。凡利亚公司是另一个很好的例子。我总是对税收驱动的交易持谨慎态度，因为这并非真正的商业原因。"当谈到分析可预期的交易时，普莱斯说："我会筛掉税收因素。我不喜欢收购税收亏损结转，我不喜欢把税收套利作为并购的原因。那只是想增加盈利，我对此持怀疑态度。另一个危险信号是大量的债务融资。还有一个是缺乏详细支撑的盈利。你需要查看产品，也需要查看人。"

总之，目标是一样的。用小钱生大钱。正是投资环境发生了变化，使得寻找成熟的生钱机会成为挑战。普莱斯说："零利率使这个行当发生重大变化，人们增加了杠杆，产生了很多交易。然后，我们经过了几年时间，买家的股票也会上涨，所以投资者可以做两个方向的交易。也许会做空买家，或者会做多买家和目标，而在交易结束时两边都会上涨。现在这种情况没有了。买家的股票不会出现因实现协同效应或扩大市盈率而上涨的前景。市场发生了变化。"

从普莱斯的实践角度来看，华尔街投资的无尽循环是合适的。"华尔街为创新和增长、开发新资源、合并交易以及企业合并和重组的证券交易提供融资发挥着重要作用。这不是坏事。正是这使经济发展，使资本流向有增长和需要的领域。如果埃隆·马斯克想建造电动汽车、太阳能发电厂或制造到任何地方（例如火星）的火箭，我们将资助他。现在，也许马斯克会破产，也许他将来会破产。但是，世界上像马斯克这样的人创办的公司依然可以获得资金，因为投资者知道，还有其他投资者会愿意买他的公司的股票。"普莱斯说，"如果一笔交易失败了，他们知道其他投资者会在违约时进入，他们会换得对破产的太阳能发电厂的控制权，或在破产后以10美分的便宜价格购买值1美元的东西。"

"所以，没关系。你只需要确保自己处于循环周期的正确部分和正确的证券交易中。"

所以，迈克尔·普莱斯应该不会有问题。无论是投资特斯拉，还是其他人创办的企业。

第 06 章

彼得·舍恩菲尔德

努力发现"价值差距"

每隔一段时间——至少一年——会有一些事情确实让我们感到不安。我们认为可以创造出的东西和现状之间的"差距"是如此之大，以至值得我们为此付出努力。如果有一张清晰的路线图，可以指引我们到达想去的地方，我们就会把这个"差距"视作潜在的利润。因此，与其他一些风险套利机构不同，当我们的道德指南针和金融指南针均指向同一方向时，我们就会添加激进投资者的因素。

彼得身材高大，头发乌黑，太阳穴附近有一丝灰色，暗示着他的年龄与资历。他是一个威风凛凛的人，无论是在会议室里，还是在半场篮球比赛中——"交易迷"定期举行的比赛，以缓解在事件驱动投资中产生的压力。这位博学且说话温和的对冲基金 PSAM 资产管理公司（P. Schoenfeld

Asset Management）的创始人、CEO、董事长、首席信息官和投资组合经理，回避了那些经常为激进投资者炫耀的虚张声势和头条新闻。事实上，他宁愿柔化整个激进的氛围。"我想说，在并购套利中，我们所做的80%~90%的工作是简单、常规的基础研究：深入发掘是什么推动了交易，市场表现如何；努力建立并购模型；努力理解股东的期望；处理反垄断和其他监管问题以及其他所有的关键考虑因素。"

彼得承认，已管理超过30亿美元的PSAM不是不可以"在必需的时候变得很强硬。但我们倾向于保持沉默"。尽管他承认，"对我们而言，激进投资者行动是我们业务中更令人兴奋的一部分"。他只是发现，说话温和往往比挥舞着大棒更有效。作为不时外出授课的专家，彼得解释说，事件驱动型并购套利投资可以"以非常枯燥的方式进行，这对许多投资者而言是完美的选择。即使他们看到不合适的行为，许多投资组合经理也会说：'让我们忽略它吧。我们知道管理层在做他们不该做的事情，但为什么我们要承担风险？'从长远来看，他们甚至可能是对的，而且至少有50%的概率他们在短期内是对的"。因此，彼得说PSAM也"时常会因为沿着激进投资者的道路走下去会十分耗时，而避免某些交易"。

但是，彼得继续说，"每隔一段时间——至少一年——会有一些事情确实让我们感到不安。我们认为可以创造出的东西和现状之间的'差距'是如此之大，以至值得我们为此付出努力。如果有一张清晰的路线图，可以指引我们到达想去的地方，我们就会把这个'差距'视作潜在的利润。因此，与其他一些风险套利机构不同，当我们的道德指南针和金融指南针均指向同一方向时，我们就会添加激进投资者的因素。通常在这种情况下，我们会像在信贷重组中那样坐到谈判桌旁，表达我们的意见。基于过去作为激进投资者的成功经验，我们倾向于在谈判桌旁坐下来"。

彼得承认，从某种意义上说，这一切都与别人如何看待你有关。"如果在过去，你表现出除了写信之外还愿意做更多的事情，那么，他们会被建议，给你更多的关注。他们不会怀疑，如果我们把对交易的反对公之于众，我们会获得支持。当然，有一些基金的规模比我们大，它们有更大的影响力。但我要说的是，在我们这个小圈子里，我们是少数几个倾向于激进反对的基金之一。"彼得很快解释道:"要达到这一点,我们需付出很多努力,我们必须高度确信,我们会成功。但我回头来看,有好多次,我们很成功地在并购交易中对公司产生了影响力。事实上,我想不出有任何一次,我们努力地站出来,却没有成功。不是说我们没有亏钱。我们在交易中也损失了一些钱。但在我们积极主动的情况下,据我所知,我们的平均击中率是完美的。"

作为一名土生土长的纽约人,舍恩菲尔德在曼哈顿西北端的华盛顿高地长大。1966年他在纽约大学获得经济学学士学位。然后他前往曼哈顿下城,并于1968年,在纽约大学斯特恩商学院获得MBA学位。从1969年到1973年,他一直待在那里,从事经济集中度的研究,直到他发现风险套利。"我当时正在做研究,去了几家风险套利交易柜台,以期获得一些尚未公开的执行中的交易数据。我意识到:'这些人并非从事尖端研究的火箭科学家,但他们能赚很多钱,我还读博士学位干吗?'"

彼得很快修正了自己的看法,"实际上,他们非常聪明,非常机灵。我和所罗门兄弟、罗斯柴尔德、高盛、贝尔斯登等所有传统的风险套利人士谈话。他们是一群可爱的人,工作强度很大,并且知识渊博"。彼得不久在怀特韦尔德公司的套利部门找到了工作。1978年又跳槽到了施罗德沃特海姆公司。在那里,他开始管理自营交易并扩展到套利和可转换证券。他们还为外部资本设立了一个资产管理平台。1986年到1989年,他担任公司的董事总经理,1989年至1996年任副主席,然后他离开施罗德沃特海姆,创建了PSAM。

PSAM自创立之初,即专注于事件驱动型交易的全球投资。他们使用基础研究,来分析可能改变公司控制、资本或战略的事件,而这些事件经常导致该证券相对于其内在价值或最终可实现价值的错误定价。"有一种趋势,"舍恩菲尔德说,"将风险套利看作敷衍了事的业务,但是,各公司的行事方法不同,可以有各种不同的维度。我们的确比其他公司更多地走进公众视野,发表自己的意见,我想应该是这样的。"

价值何在？

彼得继续说："如果我们所做的一切有一个共同主题，无论是债务重组，还是并购，抑或是特殊事件，都是在努力发现'价值差距'，以及可以挤出价值的催化剂诱因。举例来说，如果一家公司试图分拆资产，你必须问自己：'为什么？'他们最近可能跟买家有接触。根据美国税法，尽管已实行很久，你不可能不在公司层面上征税就出售子公司。而在世界其他任何地方，税收有可能微乎其微。这里，需要经历这样一个中间步骤，即剥离它，让它在市场上过渡一下，然后才能使它被收购而使上市公司税收最小化。在每一天的工作中，我们策略的复杂性都在挑战我们的脑力。但与被迫以类似方式思考的人在一起工作是最快乐的。你可以分享想法，并且每隔一段时间，激发你自己去做一些积极的事情，来改变某一笔交易的格局。"

PSAM 的全球投资范围，提供了广泛的多元化和机会集，这"十分有利于我们的投资者。我们的并购套利业务部分是周期性的，交易是有限的，且在全球范围也不尽相同。在美国经济放缓时，你可能会在欧洲、澳大利亚、环太平洋地区或亚洲找到机会"。彼得补充道："如果你喜欢博弈论和金融理论，那么全球化投资就很有趣，因为收购守则不同，而反垄断法的解释却越来越一致，在全球范围内变得更像经典的盎格鲁-撒克逊模式，这确实令人鼓舞。当然，你还要不时考虑政治因素的影响。"

自负和兴奋

彼得观察到，许多风险套利投资者以前是投资银行家。他们往往在客户"未能充分执行其伟大的想法"，或是仅仅因为厌倦了像奴隶一样刻苦努力，将他人的愿景付诸实践时，放弃从事投资银行业。他说，相比之下，"在市场中查看已经公告的交易，探究那些因为进行股权激增或类似的事而可能发生的交易，这令人兴奋。而评估风险则包括认识到在公司、律师事务所和投资银行中都存在巨大的自负。有时候，银行家在促进客户采取行动方面，很有策略性地推动价值；但在其他交易中，他们只是在执行大宗交易"。因此，至关重要的是，他说："判断是谁在推动，了解他们是基于何种假设展开运作的，以判断交易是否具有可行性。交易完成前的任何重大变化，都意味着可能需要重新评估交易条款和董事会的意愿。"

彼得说，尽管并购套利业务在其职业生涯中，发生了一些表面上的变化，包括信息传播速度、政府规则和资本来源的改变，但其分析的基本原理是相同的。"仔细阅读和充分理解支撑交易的合同仍是极其重要的。它们是公司及律师们辛勤工作的结果，也反映了各方谈判的力量。尤其是，在文档的细枝末节处推敲。整个行业，至少在高层，很大程度上把套利视作一门艺术，这是值得历史借鉴的。监管环境的细微差别、合同、恶意收购中可用的防御措施、战术等，在计算成功概率和风险调整回报方面都是很有说服力和指导性的。"

风险及回报

彼得说，PSAM 将并购与特殊事件在投资组合中区分开来。后者是"更软性的催化剂事件，例如公司进行资本分配改变，剥离某项业务，进行代理权争夺，或者对所在行业的巨大变化做出反应等。显然，与正常的并购交易（有正式的出价或各方之间有合同约定）相比，特殊事件的限定要少得多。当然，我们可以对风险更高的情况，要求更高的回报。在债务重组方面，我们可能会做非常严格的破产分析，并确信我们最终会得到全额偿还，或者也许我们会得到股权"。

彼得补充道："在任何收购情况下，我们通常都会审视整个资本结构。我们不只关注股权，我们还会努力发现在资本结构中，是否有更有趣的一部分，风险/回报是否比单纯的股权交易更有吸引力。例如，许多债券都有控制权变更条款，许多债券可能因交易而升级或降级。最重要的是，对 PSAM 的客户而言，公司可利用自有研究力量，从一个投资策略转而投资于另一种情况，随着机会在经济周期中，从不良资本转变为'特殊事件'，而有时又变为并购标的。"

当本书写作进入最后修改阶段时，彼得补充道："进入 2018 年，我们看到美国对并购的巨大需求被暂时抑制或推迟，等待着特朗普政府的税收立法获得通过。随着新税法的进一步明确，及其对企业界巨大利益的体现，我们预计，公司的董事会将对并购和大型资本支出给予更多的支持与推动。"

不良资产投资中的并购

彼得观察到，"并购甚至延伸到不良资产领域"。他指出，2009年，斯墨菲石东公司破产——这是金融危机造成的一笔74亿美元的损失，也是PSAM将其并购专业知识用于不良资产投资的案例。"我们观察了该公司试图退出破产的速度，认为该公司确实管理不善。管理层没有在干那些最重要的活儿，他们没有关闭本该关闭的工厂。于是，我们公开声明，表示斯墨菲石东应该被出售，因为管理层没有能力使公司起死回生。他们通过将债务换成股权，来削减债务，并重新调整他们的期权，做所有有利于管理层的事儿，以谋取更多的利益。"

PSAM随后面向公众，在彭博会议上公开表示，斯墨菲石东公司的管理层所做的工作如此草率，很难重振企业雄风。PSAM信贷团队的负责人彼得·福克纳质疑斯墨菲石东公司的企业顾问对公司企业价值的判断，并抗议其破产计划不公平地倾向于部分债权人。与此同时，对冲基金增持了斯墨菲石东公司的股权，每股只有几美分，舍恩菲尔德说，"对冲基金联系了一些战略投资者和一些私募股权公司，鼓励他们在破产期间竞购斯墨菲石东"。最终，潜在的收购者退却了，选择观望斯墨菲石东公司破产后的资本结构。"但在持股后的三个月内，"舍恩菲尔德补充说，"市场上就出现了对该公司的出价。我们手中持有的债券最终变成了股权，并通过做空一篮子类似的包装公司进行对冲。这起并购交易发生的时间较短，但一切都很顺利。"

法国媒体公司威望迪也同样被PSAM追逐过。彼得解释说，在进行2015年的代理权争夺之前，作为特殊情况，PSAM"已经拥有威望迪股票2年多，是以特殊事件投资来持有的，并基于加和法估值。通过分析公司的电信资产、音乐资产以及在游戏公司的持股情况，我们认为这是一个极佳的'折扣'机会。世纪之交，在让-玛丽·梅西尔的任期内发生了管理层动荡。此外，他们也遇到了信贷问题，因为他们持有大量的少数股权，因此无法合并现金流。股票交易的情况很差"。

在此期间,彼得还发现法国实业家文森特·博洛雷曾染指威望迪。"他最终能够以相对较小的股份(在百分之十几左右)控制威望迪,是利用了法国的一个不寻常的结构,即股票持有人在 2~3 年后可以获得双重投票权。这是一个极好的例子,说明你为什么需要理解不同国家的规则。"但是,彼得说,随着威望迪 2015 年股东大会的临近,他发现博洛雷通过出售一些威望迪的股份建立了"一个非常大的现金池"。而根据这个法国人的一贯做法,彼得"感到博洛雷打算将威望迪用作一个对冲基金或私募股权基金"。然后,彼得声称,博洛雷宣布的一项股息政策"极其有限,简直侮辱人,我们给他写了几封信,但他对此视而不见"。这一次,彼得补充道,法国法律有利于 PSAM:公司公告的股息必须被全体股东在年度股东大会上确认。PSAM 发表了白皮书,由投资组合经理里奇·比洛蒂牵头,详细介绍了威望迪的优势。PSAM 还提交了一份股东提议,提议每两个季度向股东额外发放 50 亿美元的股息。"他和我们斗争,董事会也和我们斗争,我不确定我们是否会赢得股东会的支持。但到了 11 点,博洛雷打来电话提出了一个解决方案,包括提高股息和一些回购。他大派股息,我们成了'友好的敌人'。"彼得得意地总结道。

举起棍棒

在美国,彼得认为机构投资者的"辛苦工作"修正了以往并购市场过度的负面行为。他认为,毒丸计划、限制性的州接管法规以及其他一些手段,如今的影响力已经削弱了,因为在机构投资者强有力的公司治理意识压力下,"标普 500 指数中 85% 的公司现在已经稳固了董事会"。"在整个董事会每年都要投票的情况下,董事个体的影响力甚微。如果有人真想做什么,只能更换整个董事会。因此,在市场上有强有力的争辩理由和很高出价的人,在今天都有很大的影响力。"

彼得补充道,"我们所做的最好和最引人注目的激进投资者交易是 2013 年 MetroPCS 被德国电信收购",基本上它是与德国电信已经拥有的 T-Mobile 美国公司合并。"双方早已准备好了合并方案。"彼得解释说,"当

PSAM 参与时，比洛蒂有很强的研究优势。他在加入对冲基金之前，曾在摩根士丹利担任了十年的顶级电信和媒体分析师。他是 PSAM 特殊事件部门的负责人。"彼得说："我们有很强的感觉是 MetroPCS 董事会将放弃控制权。董事会主席病得很重，有三位私募股权董事想尽快套现把钱花在他们的下一代基金上。我们认为，他们与德国电信达成了一项非常不利的交易。我们还得益于福克纳信贷团队的意见，他们认为通过调整资本结构可以获得很大的收益增长。"

PSAM 在给董事会写信时写得很全面，建议对交易本身和资本结构都进行调整。"不仅贡献分析是错误的，而且债务结构对于一个必须收购频谱和建造系统的公司而言，太过繁重。"在被拒绝后，PSAM 公开开始了一场投票代理权争夺，以阻止这项交易。他们认为德国电信可以通过减少债务或调整其贡献分析来改善交易条款，如果同时调整则更好，因为仅 MetroPCS 的频谱资源价值就超过了报价。此外，德国电信需要通过收购 MetroPCS，将其美国的 T-Mobile 公司上市，而不是保持完全的控制。

彼得回忆道："他们努力反击，但我们得到了机构代理权顾问公司（ISS）和格拉斯·刘易斯的支持，这很难。但是，让风险套利者不接受这笔唾手可得的交易则更难，因为他们不会冒着无交易可做的风险而保持独立。但我们成功了。这恐怕是我们最美好的时刻之一。我们利用网络信息传播，与公众和机构持有者进行了全面沟通。最终我们击败了他们。"然后，德国电信"按照我们最初的条款进行了谈判，并调整了资本结构"。彼得补充道："这将合并后的公司债务减少了 38 亿美元，并降低了利率。两只股票在并购后表现得非常好。"

巴奥米特的灾难

有几次，彼得在涉及私募基金的医疗健康交易中，扮演积极分子时被激怒了。他耸耸肩说："当我们认为一家公司没有被适当地收购，或者有会计或管理层问题时，我们就会阻止它。"2006 年，他在巴奥米特公司发现管理层存在大量的问题。那一年，新泽西州律师克里斯·克里斯蒂迫使包括巴奥米特在内的四家人造关节制造商支付了 3.11 亿美元，以解决他们的回扣诉讼。几个月后，在最后一刻才发现的既往不正当行为，使巴奥米特计划已久的与其英国竞争对手施乐辉公司的合并计划落空。在那次挫折之后，这家人造关节公司急不可耐地同意投入一家私募基金的怀抱。

"我们阻止了这项交易，"彼得回忆道，"并说服他们重启整个程序。它是一个大型的私募基金联合体，包括KKR集团、黑石、高盛资本和德太投资（TPG），所以我们树立了众多敌人。但它做了我们要求的一切：提高了出价，提出了要约收购而不是合并，因为合并需要75%的投票才可通过。出于某种原因，直到今天，我都不知道为什么出价更高的施乐辉没有再露面，所以，尽管价格提升了，但并非我们希望的竞价。最终，私募基金将巴奥米特出售给了另一个竞争对手，所以，现在它叫捷迈邦美。"

彼得认为，在有些情况下，"市场并没有真正意识到合并的力量，即公司将因此而得到显著的重新估值。在这些情况下，我们可能会选择继续留在合并后的公司，而不是迅速地套利退出"。2013年全美航空和美国航空的合并就是一个例子。"相对于其可比公司而言，美国航空在合并后被完全错误地低估了，所以我们继续持有它。实际上，我们持有了尽可能多的股权，并用一篮子其他航空公司的股票对冲我们的风险。然后我们就等着估值倍数合理化。既然我们做了所有努力来理解合并、估值及其他一切，为什么要结束？虽然很多时候，单纯的并购套利会产生很高的回报率。"

彼得警告说，并非每一次大型并购都是机会。"你会想知道一些交易怎么能从董事会的会议室里出来。像贝克休斯与哈利伯顿的交易。他们怎么会认为，在2014年，他们会通过奥巴马政府的反垄断审查，而不预先列出潜在意向者来买他们的部分业务，贝克休斯作为卖方，清楚地知道这是一笔风险很大的交易，在合同中明列的35亿美元的分手费说明了这一点。签署协议时，这笔钱数额很大，而当整个石油服务业崩溃，导致协议终止时，这笔钱就更为重要了。"尽管如此，彼得表示这项最终失败的交易的战略推动逻辑是合理的。他在2016年5月预言道："我们确实知道这些资产有买家通用电气。但是，当这项交易悬而未决时，油田维修资产的价值大幅度缩水，通用电气自身也受到了来自特里安和其他激进投资者的压力，因此当时交易并没有发生。不过，通用电气最薄弱的环节还是其石油服务业务。这些业务从未达到理想的规模,所以它是合乎逻辑的买家,我敢打赌它会在一年半内买下贝克休斯。"

最后,到 2016 年 10 月底,通用电气只等了五个月的时间就做出了并购行动,这无疑使彼得的预言又一次成真。

第 07 章

约翰·保尔森

为了获得持续的回报，这需要第六感

的确需要第六感！你可以猜对一次或两次，但若想一直都是对的，为了获得持续的回报，这需要第六感。你必须百分之百地专注，因为交易很多，需要不断挖掘、获取信息，并理解信息的相关性。每次当交易完成后，你回头看时，总会有线索。所以，你希望在事件发生之前，就能找到那些线索。

保尔森公司（Paulson & Co.）的同名创始人约翰·保尔森在上述引言中并未提到他对房地产泡沫的一系列传奇式巨大赌注——"有史以来最伟大的交易"，正如作者格雷格·祖克曼 2009 年出版的《有史以来最伟大的交易》（*The Greatest Trade Ever*）一书，其副标题为"约翰·保尔森如何挑战华尔街并创造金融历史的幕后故事"（*The Behind-the-Scenes Story of How John Paulson Defied Wall Street and Made Financial History*）。这些大胆的交易使他的对冲基金在金融危机爆发第一年规模就超过了 150 亿美元（仅保尔森本人就有超过 40 亿美元）。业界还将这位来自纽约皇后区的纤瘦守旧的对冲基金经理与沃伦·巴菲特、约翰·邓普顿和乔治·索罗斯相提并论。

正在说话的保尔森听到上面这些评价时，向后坐了一下，脚下昂贵的休闲鞋褪下了一半。他的对冲基金会议室在洛克菲勒中心的高层，除了陈列的精美艺术品和雕塑之外，看着相当普通。然后，他开始阐述吸引他到华尔街的投资策略，而这也是他三个基金的重点之一——风险套利。

保尔森说，是一位纽约大学的教授激发了他对风险套利的兴趣。这位教授"热爱风险套利"，并把华尔街的顶级合伙人带到了他的课堂上。20世纪70年代末，这位教授最喜欢的客人是当时高盛风险套利部门的负责人罗伯特·鲁宾，他是当时高盛赚钱最多的初级合伙人。

年轻的保尔森开始沉迷于风险套利。"套利笼罩着光环。风险套利团队规模较小，通常为 5~10 人，却能创造高达 2 亿美元的年利润。而且也不需要长时间工作。在投资银行，2 亿美元利润可能是 100 个投资银行家没日没夜工作的结果。这就是负责风险套利的埃斯·格林伯格如何成为贝尔斯登公司董事长的原因。因为他创造了比任何人都多的利润。"

跨越障碍

但套利行业的进入壁垒却是令人望而生畏的。"有人告诉我，'如果你想进行风险套利，你必须先有兼并收购方面的经验'。然后，如果你表现好，他们才会挑你进风险套利部门。"当时保尔森提出申请，但被告知："在未获得 MBA 学位之前，你不能进入并购部门，而我们基本上只聘用从哈佛大学毕业的 MBA。"

保尔森没有被吓倒，他考入哈佛大学商学院，并作为成绩排名前 5% 的优等生毕业。可惜时运不济，1980 年，最好的时光不再，华尔街正值衰落的熊市，摇摇欲坠。保尔森接受了波士顿咨询公司（BCG）的研究工作。但很快他就开始寻找金融方面的机会。当奥德赛的知名投资人利昂·利维和杰克·纳什贴出招聘广告后，保尔森把握住机会，进入了华尔街，并很快再次跳槽到了贝尔斯登的并购部门。保尔森工作出色，很快晋升为合伙人，但他念念不忘自己的目标。他在从事并购业务期间建立了广泛的风险套利关系网，后来，在风险套利巨头格鲁斯公司获得了合伙人职位的工作邀请。

"格鲁斯没有客户，他们只管理自己的钱。"保尔森回忆道。格鲁斯的创始人约瑟夫·格鲁斯当时基本上已经退休，保尔森加入时，他的儿子马丁·格鲁斯已经接管公司大权。"马丁有着令人印象深刻的业绩记录。"（格鲁斯在 20 年的时间里保持了两位数的增长率）"当时从事风险套利的公司并不多，所以利差更大。而只要有竞标时，就能猛赚一大笔钱。"

马丁给保尔森留下了深刻的印象。那是 1988 年 10 月，当菲利普·莫里斯以每股 90 美元的价格恶意收购卡夫时，较出价前的市场价每股 65.125 美元有很高的溢价。"马丁太精明了，他在出价一开始就购买了大量卡夫的股票。"马丁押注，这家现金充裕的烟草公司最终将会胜出，尽管卡夫一开始并不接受。果然，卡夫在两周内以每股 106 美元的价格达成了交易，这给格鲁斯带来了令人羡慕的数百万美元的收益。"我在并购中付了学费，这没问题，但我更想投资。当你有钱的时候，你在套利中能赚的钱要多得多。作为一名投资人，你可以比代理中介赚更多。"

走自己的路

保尔森在格鲁斯公司做了四年的合伙人。当他觉得自己对这项业务有了足够的了解后，于 1994 年离开并创办了保尔森合伙企业（Paulson Partners）。"我们从事风险套利，大多数是并购，以及并购的反面动作——破产重组。"保尔森解释说，这些业务是反周期的。保尔森回忆道："你确实需要兼做这两种业务，才会一直保持忙碌。"在刚开始时，"我从外界获得的资本比我的自有资本大约多 100 倍"。在对冲基金蓬勃发展之际，他不是华尔街唯一幸运的年轻人。保尔森指出，他们都抓住了华尔街大量资金涌入风险套利对冲基金的机会。以前，大部分风险套利资本是合伙企业资本。"当时，你可以出去为自己的对冲基金融资，并从外部投资人那里筹集到数倍于自己本金的资金。年轻人的奋斗路径不再是：分析师、投资组合经理、高盛或贝尔斯登的合伙人。如果你有所需的技能，你可以筹集一大笔现金，然后自己去做同样的事情。"

最终，携带新资本涌入风险套利市场的竞争对手们，开始影响套利业务的赢利能力。"不是每个人都擅长套利，这是一项独特的业务。"保尔森评论道，"许多人开始进行多元化，分散投资每一笔交易。当然，你可以这样做，但这并不增加价值。你不知道哪些利差是好的，你无法增加好交易的比重，并避免坏交易，而最终你会陷入失败的交易中。你有时也会得到一些竞价，但总体而言，你开始产生平均回报。整个行业的回报水平开始下降，逐渐接近一般的利率水平。"

保尔森说："现在，无风险利率加 400～600 个基点的溢价水平，是你在风险套利中可以合理预期的无杠杆、长期平均回报。"他补充道："通过研究、加权分配、管理投资组合有可能可以增加价值，如果你能剔除不良交易，增加投资组合中具有竞争性投标的机会，优化利差，你可以增加 200～400 个基点的回报。"

在套利交易中，保尔森并不推荐杠杆工具。"如果你使用一些杠杆，在波动性和赎回率都很低的情况下，你可以提高回报。但杠杆作为一种工具的问题是，在操作错误的情况下，会导致灾难性的结果。早期一些非常多元化的套利投资组合可以将杠杆做到 6∶1。尽管当时的一些套利者做到了这一点，但今天你无论如何都无法应付 6∶1 的局面，你最终会崩盘。博斯基惯用杠杆，他最终全军覆没。人不可能总是正确的。如果你哪天滑倒时加着杠杆，它会把你拉下水。"

史泰博和欧迪办公

保尔森声称自己也不是绝对正确的。他指出，2015 年和 2016 年的史泰博和欧迪办公合并的传奇事件，是套利陷阱的一个典型例子。当交易第一次宣布时，他回忆道："天啊，这太有挑战性了，简直是不可能完成的任务。"他补充道："1997 年，这两家公司就曾试图合并，但最终失败了。联邦贸易委员会阻止了这笔交易。"保尔森阅读了 2013 年联邦贸易委员会允许欧迪办公和奥菲斯麦克斯公司合并的决定，"批准合并的部分原因是当时史泰博是这两家公司的竞争对手。所以，在我们看来，联邦贸易委员会不会批准这次最新的交易"。

尽管华尔街对此次合并持乐观态度,但保尔森公司退避三舍。而当联邦贸易委员会阻止交易时,保尔森回忆说:"所有的套利者都离场了,价差达到了 4.5 美元——这应该是交易破裂时的利差水平。"在诱惑下,保尔森阅读了更多关于联邦贸易委员会立场的文章。他认为该机构被奥巴马政府过度授权,但他知道反垄断的关键问题是对市场的定义。"政府不希望过度集中,"保尔森说,"联邦贸易委员会是如此反商业,以至他们任性地将市场定义得如此之窄,例如亚马逊不是竞争对手,沃尔玛也不是竞争对手。"他们忽略了中型企业、零售客户。"他们将相关市场定义为只有 100 家最大的公司,就像只能从史泰博和欧迪办公购买似的!"

保尔森一改平时的稳重,兴奋起来。"我读了诉状,我认为这太荒谬了!我们可获得的利差为 4.5 美元,但只建了一个小仓位。联邦贸易委员会应该照顾消费者,为什么却只盯着美国 100 家最大的公司?"保尔森越是深入研究法律文件,就越生气。"他们也对产品'摘樱桃'[①],不考虑纸和铅笔,只是考虑墨盒。这是对一个狭窄产品市场的不公平定义划分,以证明该交易是反竞争的。我们认为联邦贸易委员会的判断没有道理。由于欧迪办公的股价看着像交易要失败似的,几乎没有太大的负面风险,我们认为我们至少有一半的胜算。我们和两家公司谈过了,他们也非常愤怒并看好这笔交易。"

在法庭上,保尔森说:"看起来法官站在欧迪办公一边,质疑联邦贸易委员会对市场的定义。亚马逊证实,它正在扩展企业对企业平台,同时,'我们是巨大的,我们可以向任何人发任何数量的货船'。"更重要的是,保尔森指出:"法官谴责联邦贸易委员会做了一些不适当的事来试图操控事件。在整个听证会期间,他似乎都对联邦贸易委员会表示愤怒。"当他们等待判决时,保尔森懊悔地说:"似乎仍然很有可能让交易继续进行,将利差推至零。"但法官最后站在了联邦贸易委员会一边。这再次向保尔森证明,法院可以反复无常,同时也证明了他没有重仓该交易的判断是正确的。

---

① 法律术语,即只选择对自己有利的领域、范围、案例或类别等。——译者注

辉瑞和艾尔建

保尔森承认，在辉瑞公司和艾尔建公司拟议的"反向"合并交易中，他没有那么幸运，财政部在他接受采访前几天"毙掉"了这个项目。"我们被捉了个正着，这是我们最大的头寸。"保尔森对该交易的反思是，财政部早在 2015 年 11 月就发布了新的法规，以阻止反向交易。他直截了当地补充道："国会如果想要阻止这些交易，就必须自己采取行动。"由于辉瑞和艾尔建计划"满足财政部规则中的所有要求"，保尔森说，"我们知道国会不会很快采取行动，我们认为合并的完成有九成的把握。我见了辉瑞的掌门人伊恩·里德，还会见了艾尔建的 CEO 布伦特·桑德斯。我们讨论了所有问题。我们了解法律，了解监管制度，理解交易架构，这甚至不是一个反向并购，从技术上讲，这就是一个平等的合并"。

然而事与愿违，没想到财政部采取了"空前、极为严厉、强硬和惩罚性的行动"，保尔森依然有些恼火。"他们显然越界了，但由于法律体系的运作方式，真的没有什么可做的。"保尔森认为，很可能，如果在法庭上受到质疑，新的法规会站不住脚。"但是，你必须先完成合并，才有起诉的权利，并且要忍受多年诉讼中的不确定性。这两家公司都不会这样做。财政部出于税收的目的，努力阻止辉瑞离开美国司法管辖体系，这一次他们成功了。"

幸运的是，虽然有些交易失败了，但有些比预期的要好。2015 年底，保尔森在一家名叫萨利克斯的特殊药品制药公司进行"披露前"风险套利时，商业判断被证明至关重要。他在那年早些时候买了这只股票，当时有谣传萨利克斯将与艾尔建合并。股价迅速从 130 美元飙升至 170 美元。但随着合并希望的破灭，股价又下滑至 140 美元。在 11 月，萨利克斯出人意料地宣布，该公司一直在向批发渠道"充货"，以扩大销售额。此举令人不可思议，股价立刻下降了一半。"真是不幸，"保尔森说，"他们的业绩实际上相当不错，他们只是想要更好。"这就是保尔森敏锐的商业判断，他知道萨利克斯的实际终端用户销售增长良好，尽管过剩的库存需要时间来处理，但管理层认真负责，并且担心被股东责怪。保尔森推测"该公司以前就是一个收购目标。现在可能也值这么多钱。任何购买它的人都将把收购价建立在未来预期的销售上，而不是当下暂时低迷的销售上。而公司的董事会将不顾一切地出售。会有人感兴趣的"。

保尔森花了一上午的时间思考清楚,他说:"那天下午我们开始买这只股票。到当天结束时,股票从 70 美元反弹到 90 美元,我们继续买入,直到 12 月底,我们持有 1 000 万股,即公司 9.9% 的股份,平均每股成本为 105 美元。然后我们开始等待。事实上我们不用等太久。次年 2 月,凡利亚公司出价 158 美元,然后远藤国际出价 170 美元,凡利亚再次出价 173 美元。该交易于 3 月 31 日结束。我们是最大的股东,持有 1 000 万股,每股赚了 68 美元,即 6.8 亿美元。我们几乎完美地掌握了时间和数量。"

"激进主义",即持有一定数量的股票,然后"搅动"管理层,提升股东价值,是套利者使用越来越多的一个策略。保尔森有时会变得激进,但通常他会采取与管理层合作的方式。他强调:"我们通常不喜欢敌对的情况。"2008 年,陶氏化学收购特种化学品制造商罗门哈斯,保尔森助力企业的激进做法,把陶氏化学从濒临破产中解救出来。

陶氏化学之舞

2008 年 6 月,陶氏化学以更高的出价使德国化工巨头巴斯夫拟议的与罗门哈斯的交易破裂。为了放弃巴斯夫,投身陶氏,"罗门哈斯达成一项铁甲般坚不可摧的合并协议,并聘请了沃奇特尔律师事务所作为卖方代表,该事务所也许是并购方面最好的律师事务所"。保尔森说:"因此,陶氏化学签署了一份非常严格的合并协议,没有融资退出条款,也没有重大不利变化条款,并同意全部用现金支付。陶氏化学接受了这份协议,因为他们对罗门哈斯觊觎已久。罗门哈斯的最初交易利差在 12% 左右。我们表示:'先放几个百分点,观察一下。'"

不久雷曼兄弟破产,经济和股市崩盘,周期性化学制品股票也不例外。为了给罗门哈斯交易提供资金,陶氏化学曾计划以 80 亿美元向科威特出售一家合资企业的权益,但交易被取消了。"陶氏化学没有追索权,"保尔森补充道,"其每股 80 美元收购罗门哈斯的价差立即变为 30 美元,即价差率高达 60%。陶氏化学的股价也从签署合并交易时的 55 美元左右,跌至 6 美元的低点,管理层在电视上表示他们无法完成交易。"

保尔森观察到，陶氏化学是有银行贷款承诺的，作为科威特退出资金的备份，但在金融危机期间，"银行不可能为它们提供资金"。尽管如此，由于陶氏化学支付了贷款承诺费，所以银行不能一走了之。"我们阅读了信贷协议。非常严格。"银行只有一条退出通道，就是如果陶氏化学无法维持投资级信用评级。

然而，并购协议没有给陶氏化学留有回旋余地。保尔森解释说："银行是否给他们钱并不重要。由于没有融资退出条款，他们还是必须购买罗门哈斯或者承担责任。沃奇特尔没有给出任何理由，拒绝谈判。陶氏化学管理层声称他们会起诉并退出交易。但我们研究了协议，不仅我阅读了协议，我们员工里从哈佛毕业的并购律师也认真研究了协议，我们认为陶氏化学可以提起诉讼，但很可能会败诉并被迫执行交易。因此，我们认定即使陶氏化学提出诉讼，这一合并也将得以实施，于是我们收购了罗门哈斯的大量股份。"

齐声说"见鬼去吧！"

随着金融危机的加剧，陶氏化学的信用评级下降至BBB-，情况变得更加糟糕。保尔森回忆道："如果陶氏再被下调一级，它就不再是投资级别，将得不到银行融资，因此，陶氏化学可能不得不申请破产保护。"当时，保尔森公司的内部反应是一致的，"情况很糟糕"。他们一直依赖于陶氏化学在交易中的法律地位分析，而不是对其财务能力的分析。"我们突然意识到，无论法律结果如何，陶氏化学可能没有能力在财务上履行承诺。"

保尔森立即采取行动。"我联系了陶氏化学的CEO安迪·利维里斯，并表示，'或许我们可以为你提供股权，这样你可以履行承诺'。陶氏化学的投资银行格林希尔公司的董事长、摩根士丹利前并购负责人鲍勃·格林希尔很快打电话过来询问：'你是认真的吗？你来见一下安迪吧。'我与他们见了面，他们团队很不错，有扎实的战略计划书，他们只是在金融危机中因收购的履约要求而陷入困境。实际上，银行正要求陶氏化学筹集15亿美元的新股本，以减少银行的融资承诺，否则，陶氏化学也将失去投资评级。"

当时，根本没有人能提供股权。保尔森说："此外，随着公司股价下跌近90%，即使他们能找到买家，出售普通股对陶氏化学也具有高度的稀释作用。"保尔森继续说："于是我们制造了'推迟派息优先股'，这种股票自德崇证券时代以来就没有再被使用过。基本上，它不要求支付现金股息，只支付额外优先股作为股息。"由于它没有现金需求，所以穆迪同意将其算作股本。保尔森补充道，他认为，即使陶氏化学失败倒闭，"这也还有用"，因为它比普通股偿还的优先级要高。这家化工巨头拥有80亿美元的已发行优先股，其中35亿美元由巴菲特持有。保尔森坚持，他的新股权"必须与巴菲特的优先股同等对待。万一陶氏化学公司破产，我们不会晚于巴菲特被偿还"。巴菲特同意后，保尔森就向罗门哈斯家族股东提交了这项交易。"我们说：'看，如果陶氏化学不筹集这15亿美元，他们可能破产，我们可能一无所获。因此，请将重组所获资金分一半给我们投资，以使合并成功。'然而，罗门哈斯犹豫了，这个家族实际上只能从7.5亿美元的价款中获得5亿美元。我最终以2亿美元的折扣价购买了他们承诺的2.5亿美元。我这次总共认购了陶氏化学10亿美元的优先股。"

保尔森说："我们一夜之间就为陶氏化学提供了资金。陶氏化学保持了其投资评级，为收购融得了资金。对我们来说，最重要的是他们在十天内就结束了合并。我们在每股30美元的价差上赚了6亿美元。我们共拥有2 000万股，也许更多。在我们给陶氏化学每股提供资金之后，罗门哈斯的股价从50美元涨到74美元。一周后，交易结束了，我们拿到了每股82美元。这是一场伟大的博弈。"保尔森兴高采烈地结束了谈话。

交易后，他仍持有陶氏化学10亿美元的优先股，穆迪坚持两年内不可主动赎回。保尔森不希望利率为12%的优先股阻碍陶氏化学的发展。因此，他允许陶氏化学如能再融资，可以提前还款，没有罚款。收购于2009年2月结束，市场在3月初触底反弹。到了4月，投资级债券市场重新恢复活力，高盛帮助陶氏化学进行了再融资，让这家化工巨头偿还了昂贵的优先股。陶氏化学的股价很快恢复了。"在两个月内，我们拿回了10亿美元，并从罗门哈斯挣了5 000万美元打折的部分，加上手续费和12%的股息。我们成功退出了交易。"保尔森说，"我们挽救了这笔交易，速度非常快，没人能做到。"

第08章

保罗·古尔德

培养批判性思维和逆向思维的习惯

　　风险套利是一门很好的学科，对理解投资世界颇有裨益。它综合考虑了投资业务的许多不同方面，是一项应掌握得很好的技能，但它并非四季皆宜的生意。

　　正如艾伦公司（Allen & Co.）的董事总经理保罗·古尔德所解释的，2015年底结束该公司的风险套利业务，是"资源分配问题，以将更多的精力和资源集中在客户关系上"。古尔德是一位身材高大、拥有运动员般宽阔肩膀的金融家。他于1975年创立了这家私人的精品商业银行，规模虽小，但拥有强有力的风险套利部门，经营了40多年，获利颇丰。长期以来，古尔德也一直深入参与艾伦公司强大的并购顾问业务，并在约翰·马隆旗下的几家媒体公司担任董事会成员。他总结道："我们并非为所有人做所有的事。关闭风险套利业务,更多地反映了公司的战略方向,而非针对风险套利业务本身,尽管当时利差确实已缩小了不少。"

古尔德是康奈尔大学的名誉受托人,他毕业于菲尔莱狄更斯大学。1969年,古尔德进入华尔街工作,不久便开始从事可转换债券的交易工作。"1971年至1972年,可转换债券市场相当活跃。有很多房地产投资信托公司进行单位信托发行,有债券、股票也有认股权证,而认股权证经常可以与债券一起行使。如果债券折价出售(其实经常如此),你就可以用更少的美元行使权证,这样购买股票更加便宜。"这位年轻的交易员很快发现,"你可以用所有这些变量来忽悠别人"。他曾为此而着迷。1972年,在艾伦公司工作的古尔德发现了另一个未受人关注的雷达外投资原则,涉及五花八门的有趣变量因素,那就是风险套利。"我们最终选择了几只股票,建仓不多。我们的资源还是蛮多的,于是就开始了风险套利。"

走向成熟

古尔德认为,在40多年的时间里,"风险套利已经从一个非常不成熟的行业,直至七八年前,变成了一个过度成熟的行业。在20世纪70年代,没有人知道这是什么生意。伊万·博斯基的华丽高调做事方式似乎引起了人们的兴趣,但除此之外,人们对风险套利知之甚少。当然也没有一个研究产品被推出。几乎不可能得到关于风险套利的公开文件。这些文件在交易之后才会到纽约。有时,如果你真的想了解点什么,你可以派人去法院或证券交易委员会门口等着。或者,你只能等到文件到达之后再看"。

然而,古尔德说,极具挑战的交易工作并非什么好处都没有,他津津有味地回忆道:"我敢肯定你听说过'星期五晚上特价'这个说法。当时,你可以在七天之内完成一个恶意的现金要约收购。于是,会有人在星期五晚上,把收购要约放在对方的桌上。"这样,整个交易就会在下周末结束。当时的年化回报率高得惊人。"但从那之后,直到2005年,我记得有一天,我走过会议室,一个曾为我们工作的员工向两个不同的公司推销他的并购套利研究。我知道,那时恐怕就是市场的顶点了。如果有在风险套利中生存的原则,那就是逆向投资。"

30多年前,在1975年熊市的"牙缝"中,艾伦公司刚刚起步的风险套利基金获得了一个重要机构账户。古尔德回忆道:"洋基队在季后赛中对战红袜队,当时我们在波士顿。我们是哈佛大学有史以来雇用的第一个外部基金经理团队,他们的投资部门以前甚至从未做空过证券。这表明当时的市场是多么不成熟。我们花了大约六个月的时间,才为他们制定了一个卖空股票的机制。"但不久之后,古尔德补充道:"剑桥协会邀请我们参加在南卡罗来纳州查尔斯顿举行的一个捐赠会议。我们过去并抛出了我们的风险套利基金,结果获得了世界银行、凯斯西储大学、约翰·霍普金斯大学等大约10个不同的客户。到20世纪80年代末,我们已把管理的资产规模扩大到约10亿美元。"

朋友

正如古尔德所说,对于一个只有四名专业人士的团队来说,这似乎并不坏,他们最初只是希望把风险套利服务出售给机构,以巩固客户关系。"我们过去后就获得了这些资金的管理业务,"古尔德说,"因为艾伦公司正在竞标加州橘郡的欧文牧场的资金管理业务,与美孚公司的房地产投资部门竞争。那时,我们几乎没有任何机构投资者客户关系。这就是为什么我最终会与哈佛大学和其他大学建立这种关系。现在,很明显,我们培养了很多关系,很多是因为我们组织的太阳谷会议,这让我们受益匪浅。"

当然,20世纪80年代疯狂的收购热潮在80年代末碰壁。当时,博斯基因内幕交易指控而锒铛入狱。"高度自信函"和垃圾债券的始作俑者、德崇证券的迈克尔·米尔肯也被投入大牢。古尔德记得,毒丸计划的扩散普及也抑制了并购活动,而1990年的经济衰退使风险套利部门不得不去掉那些"无聊的银行交易,这些交易的收益和现行市场利率差不多"。

这并非艾伦公司擅长的业务。古尔德解释说:"我们管理的十亿美元中,相当一部分是我们自己的钱。前提永远是'无论我们用投资人的钱做什么,我们都会同时用自己的钱做。所以如果我们不想投资于什么,我们会让投资人知道'。艾伦公司就是这么做的。"1990年,我们给投资人发了一封信,建议客户把他们的风险套利资金撤回。机会不在那里。我们设法把基金规模降到了 1.2 亿美元左右。但我们的大部分客户没有把他们的资金全部撤回，而只是作为投资规模小很多的投资者。我们不温不火地运行了四五年，直到风险套利业务好转。"艾伦公司的客户最终得到了很好的结果。"幸运的是，直到 2005 年或 2006 年，我们从未亏损过，"古尔德说，"也许你会说，我们没有承担足够的风险。如果你不承担风险，当然不会失去任何东西。但在某些年，我们有 25% 到 30% 的回报率。"

危机管理

古尔德认为，他的风险套利团队之所以能够平安渡过 1987 年和 2007—2009 年的两场金融危机，得益于批判性思维和逆向思维的习惯。"1987 年，当整个并购套利市场因博斯基和米尔肯事件而濒于崩溃时，我们几乎没有受到任何伤害。当时市场有 70% 或 80% 的交易依赖于德崇证券的融资，而这对我们来说，相关性太高了。我们是典型的风险规避型，非常注意避免将我们的头寸集中在某个行业、某个板块甚至某个投资银行身上。所以我们只有一两个与米尔肯相关的交易，那些我们认为是更好的交易，最后成交了，尽管很明显我并不知道最后有人会被起诉。"

古尔德也分享了一件逸事，1987 年随着博斯基配合政府调查消息的传来，华尔街笼罩着怀疑和恐惧的阴影。"博斯基请我出去喝酒，当时他已被监听。一个朋友，我不能提他的名字，说其实就在前一周，博斯基主动给他现金。那年头太可怕了，不少人被起诉。你真不知道是否有人会说关于你的谎话。"

不出所料，古尔德记得当博斯基"坚持要见我"的时候，他立即产生了怀疑。古尔德补充道："艾伦公司其实和博斯基并无太多往来，有若干原因，包括我们非常确定地认为他有问题。"尽管如此，古尔德还是去见了博斯基。"我永远不会忘记，那是在哈佛俱乐部。他走了进来，我马上就开始谈我们的孩子和摔跤，实际上我们的孩子是摔跤对手，这就是我们当天谈话的主要内容。酒喝了一半，博斯基站起来走了出去。就这样。几个月后，整个故事就揭开了。"

常识投资

古尔德说，优秀的风险套利策略核心永远是，"并且今天依然是，尽管现在有计算机，但常识会告诉你风险在哪里，以及它们之间是否关联和如何关联——这些事情机器不会告诉你。常识就是关于交易逻辑以及人的动机的分析"。在这一点上，古尔德承认，在艾伦公司工作，与各公司核心人物的深厚关系，是他们的优势之一。艾伦公司丰富的企业咨询经验与专长意味着他们"可以经常与企业核心人物就一个业务或者发生了什么以及人们为什么这么做，进行深入的实质沟通"。

与此同时，古尔德强调："你最不想从公司咨询顾问同事或任何一个银行家那里听到的话是，比如说，明天会有人把他们的出价提高 3 美元。这种内幕消息只会给你带来麻烦，巨大的麻烦。我们不会这样做的。我们强烈地感到博斯基在大约十年的时间里，把行业搞得一团糟，把利差压到不正常的水平，让其他风险套利者付出了相当大的代价。"风险套利者对博斯基的阴谋一目了然，古尔德补充道，然而也有人会受到蛊惑，模仿博斯基开展交易。"有些股票没道理地上涨，这是不合理的。很明显，博斯基掌握了别人没有的信息。因此，要么你从未购买过这只股票，要么你在持有时，它开始不断下跌，因为交易遇到了麻烦。或者你买更多，因为你认为他比你知道的多，但交易实际最终并没有发生。"一切都逃不过精明人的眼睛，古尔德补充说，"博斯基被基德尔的人供出来，估计是马丁·西格尔，但我也怀疑是其他人"。

古尔德说，随着市场进入 2007—2008 年的危机，艾伦公司的反向市场操作思维以及久经磨炼的投资银行工具再次帮助它避免落入重大陷阱。"风险套利市场从 2005 年开始变得越来越可怕，当时许多私募基金开始进入市场，并开始毫无战略理由地收购公司。"意识到"这些交易并没有真正的协同效应作为完成交易的动力"，如果市场或经济稍有波动，古尔德就会避开除了战略交易之外的所有交易。

加杠杆？不，谢谢

艾伦公司从不使用杠杆，这也与惯常的风险套利策略有所不同。古尔德解释说："这个想法就是不被迫行事。如果你认为自己有很好的风险与回报判断，那么，如果市场都在抛售，你就不想被迫抛售。一个屡试不爽的笑话是，只有当你的老板走进来，告诉你要卖掉所有东西时，你才知道这是真正的市场底部。"

古尔德对做激进投资者投资也不感兴趣。"当然，对冲基金可以做任何事情。"但现在许多激进投资者所做的"与米尔肯在20世纪80年代所做的没有什么太大的不同。让我们直面现实，米尔肯（或德崇证券垃圾债券圈的人）其实就是买入大量股票，然后迫使公司在短期内提升股东价值。不幸的是，有时只有通过削减费用和研发开支才可以实现"。

他接着说："但在今天的世界里，有时候这行不通，因为在很多情况下，企业已经缩减了普通成本；也因为今天的企业，特别是在技术领域，必须投入大量的研发资金才能生存。你不能像传统行业那样缩减经费。倘若如此，企业将大大削弱自身的竞争力。"古尔德补充道："这并不是好事。现在整个世界都变得太短视。最坏的犯规者恐怕是母基金。当然，他们的工作就是把资产移来移去，我并不是指责他们。如果他们做了投资，然后无所事事地坐在那儿，他们就无法证明在私募基金收管理费的基础上，他们再收母基金管理费的合理性。"

古尔德说，好消息是，一些公司正在开发机制，以抵御激进投资者的短期需求。"绕过他们的一个方法是让公司受到紧密的控制，这样就不用担心了。法拉利在他们的 IPO 中做到了这一点。他们向埃尔坎－阿涅利家族发行了一类特殊证券，该家族同意在一段时间内不出售这些证券，以换取自身的超级投票权。于是，他们仅持有 20% 左右的经济所有权，就可控制投票权了。"

与核心相反

古尔德评论道，"更广泛地说，反向操作者在市场上总会有机会"。对传统风险套利者而言，在十分严峻的市场环境下，他认为个别风险套利行为仍有好的前景。古尔德建议，投资者应该找到一只"不是严格局限于并购领域的套利基金，其中应有不良债务的成分，因为这些策略往往在不同的经济周期环节变动"。古尔德强调，2007—2008年，他的风险套利账户中有40%是不良债务，并补充说，其他相关的策略不应该被忽视，"分拆、期权交易等。即使在危机中，一些最好的机会也不是购买股票，而是购买债权"。

第 09 章

乔治·凯尔纳

你必须为事实所驱使,而不是被自大牵着走

风险套利的部分吸引力在于它是开放的,有些像自由放养,而你又可以赚很多钱。不要以为这不是一个重要因素。我可以预见,如果你做得很好,可以赚很多钱。一些基金里的合伙人挣多少钱显而易见,这对我很有吸引力。你不可能在传统业务上挣这么多钱,而这需要一定的冒险意愿。如果有人只寻求稳定和安全,那么风险套利从来就不是适合他们的业务。

"我本可以成为领结王的,这的确是一个选项。"凯尔纳说。他若有所思,声音里充满了自信的轻蔑,但他从未认真考虑过这个选项。凯尔纳回忆说,尽管细分时装领域是他这个移民家庭的经济来源,并且还是他们20世纪五六十年代实现美国梦的桥梁,但他永远无法忘记的是,他父亲曾一

直在做的"肮脏的、令人厌恶的抹布贸易"。凯尔纳的父母于1947年带着三岁的孩子逃离匈牙利时,"采取了老办法,把30美元缝在腰带后面"。凯尔纳后来利用父母的领结生意的收入,成功地完成了哥伦比亚大学法学院的学业,然后在一家白鞋律师事务所工作,走上了与父母完全不同的人生道路。此后,他进入一家早期共同基金公司,先做公司内部律师,后做证券分析师,并最终进入华尔街的风险套利领域,取得了突出的成绩。

作为华尔街独立的风险套利先驱者之一,1981年2月,凯尔纳与菲尔·迪莱奥(之前一直在为伊万·博斯基做交易)联手成立了并购风险套利公司凯尔纳迪莱奥公司,进行并购套利业务。不久,整个股市就开始疯狂地下泄。当时,媒体密切关注着这家年轻风险套利合伙企业10亿美元的规模(可能包括杠杆),然后就进入了1987年的市场崩溃。凯尔纳说:"我并没有太大的野心,所以我从来没有融太多钱。在高峰时期,我记得我们有6亿或7亿美元的资本,就这么多。"无可争辩的是,凯尔纳的公司,后来更名为凯尔纳资本,不仅成功地渡过了1987年的崩盘,还经历了无数次其他的市场修正、撤退和崩盘。如今,凯尔纳资本管理着大约25亿美元的对冲基金,以及另类投资策略和另类共同基金。这些我们稍后再说。

"和大多数移民一样,我的父母来这里不是因为他们想来这里,而是因为他们别无选择,"作为他们的独生子凯尔纳回忆道,"但是,他们成功了。"凯尔纳补充说:"他们受过良好的教育,是有钱人。我父亲是经济学博士,他辞去了匈牙利国家银行的高级职位,但他没有其他谋生的技能。他会说四种语言,但不包括英语。不过,幸运的是,我妈妈会缝纫。当我父亲挨家挨户推销灯泡未取得成功时,母亲在一家蝴蝶领结工厂找到了一份工作。大约四个月后她就成了工头。半年后,她对我父亲说:'嘿,我现在知道怎么做领结了,你以前是个银行家。我们应该做这个生意。'到1967年或1968年他们退休时,他们已经拥有了美国最大的蝴蝶领结工厂。"

凯尔纳说:"他们把我的祖母从匈牙利接过来。基本上是祖母把我抚养长大的,直到父母送我到军事学校,他们也不知道还有什么其他的好去处。这是唐纳德·特朗普和我的少数共同点之一。"与总统不同,凯尔纳在军校待的时间很短。"当时的军事学院更像少年管教学校,一个老师悄悄地和我父母讲,他们应该把我送到别处。所以我去了一所寄宿学校。"从那时起,"蝴蝶领结让我进入了一个很好的环境"。尽管如此,他并没有打算接管家族企业。他最终去了圣三一学院(Trinity College)的法学院,之后又从事了几年法律工作。凯尔纳回忆,直到他意识到"44岁的老板的工作时间几乎和我一样长。我们一直工作到午夜,一起在打印机旁吃三明治,而投资银行家和他们的客户则在下午6点离开办公室,去四季酒店吃饭。当时我想,我以后一定会在四季酒店吃饭的"。

探秘风险套利

凯尔纳在20世纪70年代初通过大学室友的妻子找到了出路。她是爱德华·默克尔的女儿,而默克尔是大型封闭式基金麦迪逊基金的CEO。"我最初是作为内部法律顾问。"凯尔纳回忆道,但不久他就获得了特许金融分析师资格,所以转而从事证券分析,并最终从事投资组合管理。他待了大约五年。"然后默克尔退休了。我希望能经营这家公司,但没人提议。"凯尔纳耸耸肩。此时,他已对风险套利产生了浓厚的兴趣。"我遇到了鲁宾[1]和高盛的其他人,当时鲁宾已在管理套利业务了。格斯·利维已经退休了。不管怎样,我知道他在做什么,而且觉得很有趣。我们谈了一次。作为一名分析师,以及后来作为一名投资组合经理,我最大的困惑之一是,你可以在一只股票上做很多研究,并且对基本面的研究绝对正确,但在价格上却可能完全错误。决定股票价格的因素有很多,在基本面分析过程和最终结果之间存在着真正的脱节。然而,在并购套利中,至少在我们实践的过程中,如果你真的循迹而行,并且你认真地做好功课,结果还是可以预测的,我喜欢这一点。"凯尔纳继续说,"所以,我一直留心如何进入这个'游戏'。"

这一次,是他小儿子的学校活动为凯尔纳创造了机会。"他上的是艾伦-史蒂文森学校,班上有个孩子的父亲是卡尔·蒂德曼,当时他负责管理DLJ

---

[1] 指高盛的罗伯特·鲁宾。——译者注

的风险套利业务。有一天，我们一起参加班级活动，我能感觉到蒂德曼在看我。他个头很大，我是小个子，所以我禁不住想：'他要干吗？'原来，他刚刚在 DLJ 成立了风险套利部门。长话短说，1976 年我加入了 DLJ，基本上是我开创了他们的合并套利业务。DLJ 之前可能有过类似的业务，或在刚成立时就有这样的想法，但不管出于什么原因，最终都没能实现。所以我重新开始了这项业务，并在那里愉快地工作。直到 1981 年，因为各种原因，我想试着开辟自己新的天地。于是我和菲尔·迪莱奥一起开始创业。菲尔是我的共同创始人和首席交易员，我们一起工作了将近 15 年，直到他退休。"

创业早期

凯尔纳回忆说："最初，我们是纯粹的合伙企业模式。我不知道对冲基金是什么。我们的结构与当时进入风险套利业务的其他公司没有什么不同，比如盖伊·怀瑟-普拉特和马里奥·加贝利。虽然博斯基吸引了大部分公众的关注，但我们和他的真正区别在于，我们的本质是诚实的，而他不是。"但无论如何，他们进入并购套利的时机是最好的。凯尔纳说："并购套利在 20 世纪 70 年代和 80 年代时，是特别能赢利的业务，回报率非常高。而且，生存空间也很大。当时只有经纪公司，还有一些像我这样的独立从业者从事这个行当。"可惜，好时光一去不复返，凯尔纳补充道："大约到 90 年代初期，新进入者如雨后春笋般大量涌入。"

凯尔纳感叹道："最近，风险套利的回报率一直表现非常一般，尤其是相对于过去的黄金年代，因为其回报的一个重要组成部分是利率。在利率为零的情况下，如果你能赚 4% 或 5%，那就好极了，而这正是我们所做的，以及我们能做到的最好水平，尽管这基于我们如何管理风险，直至利率上升。"唯一的例外，"是在一些定制的、高度杠杆化的账户，他们愿意承受更多的风险"。凯尔纳的策略是多样化的。"1990 年，我们进入了可转换债券套利。在 20 世纪 90 年代末和 21 世纪初，我们进一步多元化，实行了与事件相关的策略，包括在国内和海外。但我从未增加只做空的基金，也从未回到麦迪逊基金——只做多的投资业务。我想这恐怕主要是由于我的工作经验，我对依据基本面选股的结果可预测性缺乏信心。我一直希望获得一些我可以观察和分析的东西，而且有一个与之相关的催化剂或触发器。"

税收法则

凯尔纳补充说，可以肯定的是，他的公司对周期性的市场灾难性变迁几乎没有什么免疫力。他回想起1987年的市场崩盘，依然有些发抖。"我在1987年几乎被'炸飞'。我们是纽交所的成员，税收可能是祸首之一。你可能还记得，那时如果是交易所的成员，你可以将短期资本收益转化为长期资本收益。所以，我们有很好的回报率而且是税收有效的。但为了真正做到税收有效，你必须是纽交所成员，这使你能够在不增加持仓保证金的情况下做空股票。"

这种可观收益的负面问题是，交易所成员必须遵守纽交所的所有规则。凯尔纳回忆道："1987年10月，当股市灾难来临时，我接到了纽交所的电话，对方说：'你违反了资本要求的规定，你必须清仓。'他们强迫我在一周内抛售了90%的投资组合，这是非常痛苦的。一些非交易所会员的同类企业在金融危机中守住了自己的仓位，实际上到年底就实现了收益。不过，对我的公司来说，唯一的好消息是，我们的投资组合在那年10月的噩梦到来之前，上涨了大约140%，所以，我们有缓冲空间。但在10月又下降了很多。事实上，1987年是公司35年历史上仅有的三个负增长年份之一。"

多事之秋

凯尔纳继续说："被带到悬崖边，被迫向下看，也教会了我很多非常重要的东西。就是说，直到那一刻之前，我一直在想：'也许有其他人一蹶不振，但不是我，我不会这样。'这是一个非常有价值的教训，并且充满羞辱和恐惧。我了解到自己并不像想象的那么聪明，而且糟糕的事情有可能随时出乎意料地到来。"回顾过往，凯尔纳将公司多年来的蓬勃发展，归因于1987年的惨痛经验教训，尽管后来也出现了"一些相当困难的时期"，例如1990年、1994年、2000—2001年、2007—2008年，但是，1987年的股灾促使他实施了一系列强有力的风险控制措施和风险管理程序。"我们并不要做行业内的贝比·鲁斯,而要像斯坦·穆西尔那样打法稳健。换言之,我想尽可能地打出 0.3 的平均击球率,但我不需要打出 61 个全垒打,或者罗杰·马里斯打出的任何球,以打破贝比的纪录。不断地实现个位数或两位数的正收益已经很好了。从 1987 年开始,这就是我们的使命。我们的对冲基金几乎从未使用过超过 1.3~1.4 的杠杆,而我们的共同基金的杠杆则更低。"

贝比·鲁斯,美国最有名的棒球明星,但是状态不稳定

资料来源:维基共享。

斯坦·穆西尔

资料来源:维基共享。

同时凯尔纳认识到自己"管理的投资组合可能比许多风险套利者的投资组合更集中"，他指出："我们集中于 30~50 个头寸，而不是 50~100 个。50 是我们投资组合中你会看到的头寸个数上限，除非一切都如此完美，以至你必须不停地吃蛋糕，直至你对巧克力感到恶心。"

高度自律的风险分析

对凯尔纳而言，其风险套利业务，相对于基本面选股的巨大优势来自其有规可依的风险分析和可预测性的原则。"在任何投资业务中，如果你犯了一个错误，你会试图弄明白为什么会这样，当开始考虑这个问题时，我还是一名股票分析师和投资组合经理，我当时真的想不出来。也许我的股票投资时机不好，或者地图上某个地方发生了一些完全预测不到的外部事件。"相比之下，"在并购套利业务中，大多数风险来自反垄断。你可以做一些事后调查分析，找出问题所在，避免犯同类的错误，或者至少能够减轻犯错的程度"。

凯尔纳举例说，近期有争议的合并交易涉及税负倒置。"我们对税负倒置早有关注。2014 年我们持有希尔制药（当时正在与艾伯维公司就一项'税负倒置交易'进行谈判。最终，因奥巴马政府阻止出于税收因素的跨国并购而搁浅）。我们也持有艾尔建（在 2016 年 4 月财政部取消辉瑞收购该公司并将其总部迁往爱尔兰的交易之前）的股份。你可能会问：'乔治，你一直在说你学到了多少东西。那为什么在经历了希尔制药的失败后，你在艾尔建上又重蹈覆辙？'我的回答是，首先，我们的业务就是承担风险。预期的风险调整回报率是我们关注的指标。"

然后，凯尔纳继续说："在评估交易时，对我们而言，最重要的因素（无论它们是否涉及税收减免）是合并是否具有战略价值。这些人走到一起是有战略原因，还是这仅是一个财务交易，或税务交易，或出于其他什么动机？而这些动机并没有像战略原因那么强或者那么好。希尔制药就是一个看上去有战略意义的例子，在交易破裂的前一周，当艾伯维的主席公开重申他们出于战略原因而青睐希尔制药时，乐观的投资气氛进一步加强。他其实是在激起希尔制药的热情，吸引我们和其他很多投资人大量建仓。一周后，整笔交易就分崩离析了。在艾尔建的交易中，我们意识到财政部可能会出手做些什么。但像大多数人一样，我们不知道他们的行为会有多严厉。我们甚至有些愚蠢地认为财政部部长会依法办事。"

"事实决定者"

凯尔纳继续说："毫无疑问，如果辉瑞真的上了法庭——这是我的意见，也是那些专业律师的意见，那么他们很可能会把这些法规废弃或决定推翻。但辉瑞不会花时间和金钱去做这件事。我承认，我没想到财政部会像现在这样出面做一些事情，前财政部部长雅各布·卢也永远不会承认，但正如他们所说的，他们就是事实决定者。我们从中学到了什么吗？是的。我们了解到，至少奥巴马政府愿意把事情推向极致。这一课代价不菲。但它并没有超出我们的风险参数所允许的成本。我们把头寸限制在投资组合的2%。因此，在最坏的情况下，我们预计不会损失超过2%的资本。多年来，这对我们很有效。事实上，在希尔制药和艾尔建的交易中我们都是这样做的。"

风险套利界对如何处理失败的交易并没有达成共识，凯尔纳对此的态度属于"看情况而言"阵营。"有时候我们会立即出售，有时候我们不会出售，视情况而定。在希尔制药的投资中，我们是逐渐退出的，因为交易破裂的时候是最糟糕的出售时机。如我们所知，其他机构有的会立即抛售，这是它们的投资纪律，我们则倾向于等等看。因为我们有一个基本想法，就是我们认为这些股票应在其基本面之上交易。等到尘埃落定之时，我们就会退出仓位。"

"但无论出于什么原因，如果标的股票的交易价格在并购失败时，处于对我们尚有退出吸引力的价位，或者有很多其他的机会，如果保留这个头寸是愚蠢的，那么最好立即行动，以争取找回或缩减损失。再说一次，没有死板的硬性规则。很多人会告诉你：'一旦交易破裂，必须立即抛售。'这是他们的一种纪律，但不是我们所遵循的纪律。我们试图做得比这更艺术一些。"

与众不同

凯尔纳笑着承认:"我怀疑大多数从事这项工作的人有点与众不同。我的意思是他们大多是有些不合群的人。如果我想成为一个传统的人,我会加入高盛,当然,我不知道他们是否会雇用我。总之,我会去高大上的投资银行,在更传统的基础上做事情。风险套利并不是一项传统业务。在20世纪70年代和80年代,甚至不是一个受人尊敬的行业。但它很吸引人,其中有两点对我很有吸引力,一是它是一个看起来可以更有效地利用我的背景和兴趣的行业;二是它没有太多固定的结构。你没有被禁锢在一个等级体系中。在这样的制度中,你必须为生存奋斗很长时间,才有成功的机会。如今,许多年轻人出于同样的原因,进入美国西海岸的创业企业,他们宁愿在创业'独角兽'公司工作,也不愿每周在高盛工作150个小时。风险套利的部分吸引力在于它是开放的,有些像自由放养,而你又可以赚很多钱。不要以为这不是一个重要因素。我可以预见,如果你做得很好,就可以赚很多钱。一些基金里的合伙人挣多少钱显而易见,这对我很有吸引力。你不可能在传统业务上挣这么多钱。"

凯尔纳接着说:"但这需要一定的冒险意愿。如果有人只寻求稳定和安全,那么风险套利从来就不是适合他们的业务。在70年代末和80年代,我曾见过一个行业内特别聪明的人。他在一家有名的套利公司工作,但在80年代初,当像我这样的人每年赚50%以上回报利润的时候,他的业绩仅有每年20%或30%,原因是他比我在某些方面更聪明。当他看一个交易时,他会看到各种可能的问题,这令他裹足不前。他不知道如何按优先级排序,他不知道什么是最重要的。他对每件事都小题大做,最后变得过度规避风险,过度保守。这就是20世纪80年代甚至90年代一部分的黄金年代,如果你决策错误,如同我们所有人曾遇到的那样,你可能会受大约一周半时间的惩罚,但很快,又会有新的交易出来,弥补此前的亏损。而今,如果你决策错误,你弥补损失将需要长得多的时间,这就是为什么现在风险管理变得如此重要。"

凯尔纳说,一个好的风险套利者可以快速地从不重要的东西中分拣出最重要的东西,并对这些重要信息进行一致和准确的处理。"这需要一个聪明且灵活的人。他要能够说：'孩子，我能错吗？'在这个行业里，你不能固执己见、思维僵化。特朗普会是一个差劲的风险套利者，因为他总认为自己是对的，总觉得自己是一个天才。从事这个行业必须忍辱负重和谦虚，因为你经常犯错。你必须为事实所驱使，而不是被自大牵着走。你还必须有足够的常识，从而不至于把事情搞得一团糟。"换句话说，傲慢和虚张声势在风险套利中没有任何立足之地。"如果一笔交易看起来有点吓人，那最好就放弃它。公布的交易的失败率相当低——90%或95%公布的交易最终能够成交。风险套利的缺点是，如果你错了，会很痛苦。所以你不能错得太离谱，太频繁。这个游戏的规则就是避开那5%~10%的不成功交易，弄清楚风险是什么，以及风险的可能性。这不是一门科学，而是一门艺术，这是关键。"

第 10 章

罗伊·贝伦和迈克尔·香农

避免失败

并购套利让我们感兴趣的是它的多样性。你可能今天在做激光公司的合并，明天，你又去做航空、生物技术或石油天然气公司的合并。所以我们总是在研究一些有趣的公司。而且，没有任何一笔交易以同样的方式进行，时间安排亦各有不同。现在，随着资本市场的国际化，投资标的在美国，而交易的收购方则可能在国外，反之亦然，或者两家公司都在国外。这不断地吸引着我们。

——罗伊·贝伦

我们的交易通常发生在富有生机且不断变化的行业。如果有合并，会发生什么？会发生资产的转移，总有人出于种种原因，对那些资产虎视眈眈。而对我们来说，有趣的是找出并购的原因和下一个并购对象是谁。

——迈克尔·香农

有时公司在优胜劣汰中合并。例如，石油行业不能以近十年石油价格低点来支持现有的所有公司。

——罗伊·贝伦

因此，风险套利的好处在于，我们可以在经济周期的两面都扮演角色。

——迈克尔·香农

  贝伦和香农不自觉地互相补充着彼此的想法，他们几乎每个工作日都在一起工作，已经22年了——即使下班后也时常保持联系。一直以来，他们都专注于增长，从开始管理的6 000万美元，增长到现在的60多亿美元。他俩的化学反应所产生的魔力，得益于高度自律的风险套利策略，并通过投资于与股票市场低相关性的交易所产生的持久正收益为客户保本。

  他们是幸运的。在2008年金融危机的"严峻考验"中，他们的业绩接近于持平，使他们总体的业绩水平得到了重要支撑。尽管韦斯切斯特资本管理公司（WCM）管理的共同基金在整个危机期间每天都保持流动性，他们看到了在恐慌中投资者不遗余力地回收资金，导致大量资金外流。这些资金在经历了危机后，变得非常积极乐观，而韦斯切斯特资本在众多基金供应商中脱颖而出，为用户提供了良好的下行保护，其"流动性替代"共同基金（目前为56亿美元的合并基金）以及事件驱动的韦斯切斯特资本另类共同基金和相关结构产品（目前管理资产规模为7.2亿美元）的客户均从中受益。

  贝伦和香农现在是共同基金韦斯切斯特资产管理公司以及韦斯切斯特资产合伙企业的联席管理者和联席投资组合经理。虽然他们童年成长的地方都在纽约长岛南岸，相距只有几英里，但他们直到1996年才由于偶然的机会而相识。

  1987年秋，香农的华尔街生涯几乎在开始之前就结束了。当市场崩溃时，这位波士顿学院四年级的学生正和他的大学伙伴们过着无忧无虑的生活，等待着所罗门兄弟公司培训计划的开始。"我凌晨两点才从酒吧回来，我的室友说：'一小时前，有人从所罗门兄弟公司打来电话，让你立即回电。'股市在三四天前崩溃了，我说：'哦，该死的，肯定和我的工作有关。'"没错，香农是被这家因债券而著名的投行抛弃的50名管培生之一。

于是香农四处出击，开始寻找新的工作。他运气还不错，"最后在摩根大通的管培项目中找到了一份工作"。他很享受跳跃在这家投行各部门之间，轮岗学习的乐趣。然而，当他一度"被归类"为石油和天然气分析师，后来又成为银行分析师时，他对狭窄的投资银行业务限制感到恼火。最后，在他大学毕业八年后，机缘巧合，他接触到了摩根大通的风险套利部门。很快，香农发现了并购套利的魅力。他回忆说，这个业务"有点儿酷"，当他得知风险套利的收入水平至少和做其他投资业务一样高，但没有经常性的周末加班时，他更加心动了。短暂工作一段时间后，他回到了原先的投行岗位。但从那时起，他就致力于探索风险套利并将此作为终身奋斗目标。

《巴伦周刊》指路

香农回忆说："很快，我就看到了《巴伦周刊》上关于弗雷德里克和邦妮的文章。"那是韦斯切斯特资本创始人弗雷德里克·W.格林和他的长期合作伙伴邦妮·L.史密斯的故事。1980年，格林被套利交易吸引，离开了高盛，他此前在高盛担任高级投资组合策略师和投资政策委员会成员，并创立了韦斯切斯特资本，致力于风险套利策略的投资。史密斯于1986年加入，成为格林在风险套利研究和投资组合管理方面不可或缺的合作伙伴。她担任韦斯切斯特资本的副总裁，以及格林史密斯投资（Green & Smith Investment，其对冲基金附属公司）的合伙人。

香农读的1993年《巴伦周刊》的封面采访文章恰巧是我（凯特·韦林）写的。这篇文章主要是讲格林和史密斯于1989年开创性地推出了第一只风险套利共同基金，并创造性地称之为合并基金。该基金令人印象深刻的后续表现，推动了韦斯切斯特资本的快速增长。香农回忆道："我当时想，看这公司！人虽不多，却掌管着大约1亿美元。"他当机立断，拨通了求职电话。几个月前刚加入韦斯切斯特资本的贝伦接了电话，香农回忆起当时的谈话，"罗伊说：'你能过来一趟吗？我们会很开心的。'"随后，格林和史密斯对香农进行了正式面试。香农很快加入了贝伦的队伍，两人一起热情高涨地工作，直到今天。

格林和史密斯很快就意识到，他们让香农和贝伦联手，为自己打造了一支年轻的风险套利"梦之队"——结合了香农作为并购投资银行家的丰富经验和贝伦在公司法与证券法方面的丰富经验和专长。贝伦曾在沃顿商学院获经济学学士学位，在迈阿密大学获法学博士学位，在纽约大学获得公司法硕士学位，之后在美国证券交易委员会的执法部门工作了七年。但是，这位雄心勃勃的年轻律师，在为机构搜集早已结案的德崇证券时代的案件证据时，越来越失去了耐心。在参与每周的德州扑克聚会时，他听到刚从大学毕业就直奔华尔街的朋友们吹嘘自己的出价和要价、大宗交易和软美元[①]，觉得这"听起来很刺激"。贝伦回忆道："最后，在我抱怨了几年之后，其中一个朋友提出挑战，问我敢不敢从证券交易委员会请假一周，和他一起坐在交易桌旁。他说：'这样你才有亲临套利柜台的感觉，你看看，这是不是你想要从事的工作。至少，在未来的面试中，你就可以聪明地说内行话了。'"

贝伦抓住了这个机会。"当我被朋友带到风险套利柜台时，一位与邦妮关系不错的分析师告诉我，她所在的公司正在招人。"贝伦很快到韦斯切斯特资本与格林进行了面谈，他说："我擅长量化，又有很好的法律背景，而公司似乎有不少与并购套利有关的诉讼；我善于学习，速度很快。当然，我没有风险套利方面的经验，但我读过很多这方面的书。"格林回答说："别担心。无论你需要知道什么，我都会教你。"

学会定量技巧

之后，贝伦和香农就一直在一起工作，除了2004—2005年，香农接

[①] 投资者通过佣金收入的方式向经纪商（交易商）或第三方支付的钱款。——译者注

受了德勤公司——"一个他无法拒绝的工作邀请",担任负责并购和特殊情况投资的高级副总裁,香农认为,"这是一个很好的学习机会。他们非常聪明,非常友好。但也是一种不同的企业文化,他们非常擅长量化分析"。

贝伦插嘴道:"迈克去德勤的经历事后证明非常有用。"香农回来后,"我们对投资组合实施了定量叠加,帮助分析在风险调整的基础上投资是否具有吸引力,差价能否补偿所承担的风险。举例来说,如果一家公司以每股20美元的现金收购标的,自公告以来,标的股价从每股10美元升至每股19美元,那么如果交易不成功,股票至少下跌9美元;如果交易完成,就有1美元的利润。所以,可以这么说,市场确定交易成功的概率是90%"。

贝伦继续说:"为什么冒着亏掉9美元的风险赚1美元?这就是我们的专长——计算交易完成的可能性。如果我们预测成功的概率是95%,那么这只股票可能就是一个有吸引力的购买标的。我们的模型将每一笔交易的预期利润与潜在的下跌风险进行比较,计算每单位风险(即标准差)的回报。如果我们投资于一个被错误定价的投资组合,理论上就能以最优化投资组合的风险调整回报。定量叠加还可以帮助我们比较具有不同特征的交易,我们可能会看一个要约期为三个月的制药公司交易,并将其与可能需要两年才能完成的公共能源交易,以及需要九个月才能完成的酒店业交易进行比较。它们可能有各自不同的优缺点,但定量方法可以帮助我们决定把钱投向哪个或哪些交易。"

香农很快插嘴说:"这并非说我们有一个黑匣子。我们所做的非常像修改后的夏普比率或索提诺比率,用于评估相对的交易风险,而不是基金中的投资组合风险。例如,现在(2016年6月),我们正在跟踪全球约200宗交易,所有的交易都有不同的优缺点和成功的可能性。这些工具帮助我们把时间和精力集中在给定风险水平下,能产生最佳回报的交易上。我们使用的定量叠加方法是使我们与其他风险套利者区别开来的重要差别之一。"

新老交接

香农 2006 年返回韦斯切斯特资本标志着新老交替的开始。邦妮·史密斯很快退出了投资组合管理，专心致力于担任管理投资公司的首席运营官。同时，弗雷德里克·格林制订了一项交接计划，在接下来的四年里，将公司的控制权分步移交到两位年轻投资组合经理手里。"然后弗雷德里克搬到了亚利桑那州。"贝伦说，他开始专注于他已经发展起来的作为优秀电影制片人的第二职业。他获奖的影片包括美国公共电视网（PBS）的《枪支和母亲》(*Guns & Mothers*)、《含泪的微笑》(*A Prairie Home Companion*)。"这是一个非常平稳、顺利的过渡，"贝伦说，"投资者们已经认识迈克和我了。实际上，在交接的过程中我们扩大了管理资产的规模。"

自接管公司以来，贝伦和香农沿袭了格林的投资策略，尤其是风险套利的保守原则。韦斯切斯特不投资不确定的目标或充满谣言的目标；不购买整合行业中投机的标的；只有在公司公布合并提案、恶意收购出现或公司将自己置于出售状态时，才会进行投资。"如果一家公司宣布已经聘请了投资银行，我们才会考虑。"贝伦承认，"但对我们来说重要的是挤出任何方向性的风险敞口。我们管理合并套利组合的目标是，创建一个市场中性的工具，为我们的投资者提供绝对回报。"

他接着说："这意味着，在股票换股票交易中，首先，我们通过卖空收购公司的股票来对冲方向风险，因为我们最终获得的是收购方的股票。在现金交易中，你不需要这样做，因为无论收购方的股价是上涨还是下跌，你都将得到与对价相同的价值。在国际交易中，我们还将对冲外汇风险。其次，仔细阅读我们投资的每一笔交易的合并协议，了解双方的权利和义务。我们还会审核该交易的反垄断影响，如果需要政府批准，则查看《哈特－斯科特－罗迪诺反垄断改进法案》的申请文件。我们会请专门的外部顾问来解决这些专业的问题。在药品交易中，我们聘用美国食品和药物管理局方面的法律顾问。在通信行业，我们也有美国联邦通信委员会方面的顾问。在公共事业交易中，我们雇用适当的州立公用事业委员会律师。由于我们进行国际投资，我们有欧盟法律顾问、澳大利亚竞争委员会法律顾问，甚至中国的反垄断顾问。"

"我们的研究方法，还有一点不寻常的地方，就是我们常常亲自去拜访公司。公司高管会问：'你为什么出现在这里？你为什么不在电话会议上提问呢？'但风险套利就像保险行业一样，我们冒着交易无法成交的风险，假设你在为某人填写人寿保单，你难道不想看他一眼，确保他是否健康吗？"当然香农很快就否认使用任何内幕信息，他表示，对公司的访问会提升洞察力，或增加韦斯切斯特资本对交易双方承诺程度的理解。"如果在公告和成交之间出现了问题，我们想知道，买家有多大可能实现承诺？通常情况下，公司会对我们的电话做出回应，因为到那时我们往往是他们股票的前十大持有者，我们很友善，因为我们希望交易顺利结束。"

避免令人讨厌的惊喜

贝伦强调："有很多更大的多策略基金和许多更大的全球宏观策略基金，许多公司管理的资本比我们多。但没有多少公司像我们拥有如此多的并购套利专用资产，可谓屈指可数。并购套利基金大多在5 000万美元到1.5亿美元的范围内。"香农补充说，所有的努力都是为了确定交易成功的最终可能性，希望避免即将破裂的交易，避免目标股价大幅度下挫。他们不时遇到的另一个障碍是两个公司之间的文化问题，但一开始这个问题总是被嗤之以鼻："我们相处得很好！"随后，裂痕开始慢慢出现。例如，广告业巨头阳狮集团和奥姆尼康集团的合并提案，于2013年7月高调宣布，但第二年5月，该交易被取消的消息上了新闻头条，原因是文化、税收、法律问题以及谁将管理哪块业务的分歧。从蜜月期到分手，种种不和的迹象慢慢浮现。香农说："我们从一开始就对这次合并的战略合理性持怀疑态度，并认为某一天，他们会意识到'你有可口可乐，我有百事可乐'，谁也不能失去这么大的客户。所以我们一开始就不看好这笔交易。风险套利交易中的风险和回报是不对称的，该项目公告后市场价格和交易价格之间的巨大价差，反映出交易成功的概率很低。"

但贝伦指出，大多数已宣布的交易有相当高的成功可能性。"他们聘请了律师、银行家和会计师，完成了所有的工作，而且交易对公司在本质上具有战略意义。"在这样的情况下，利差不会太大。因此，贝伦和香农努力寻找那些被低效定价的交易。"那些市场上认定的成功率比我们预见的成功率更低的交易。例如，如果一笔交易市场上认定只有 75% 的可能性成交，而我们认为该笔交易成交的可能性高达 90%~95%，这种项目就非常诱人。"

香农澄清道："在现行利率下，我们观察每一笔交易的回报和风险。目前利率如此之低，在一笔交易中损失 100 个基点就已经很糟糕了。明白了交易的潜在风险在哪，我们就会相应调整头寸。我们密切地关注风险价值。"

贝伦强调，他们风险套利过程的核心部分是韦斯切斯特资本著名的深入、基础、定性的研究工作。他们与消费者、客户以及公司本身进行沟通，找出达成交易的战略理由（如果有）。贝伦警告说："你会看到杠杆收购交易，买家的融资已经准备好，但如果战略意义不大，不需要太多的理由——比如说一个业绩表现不好的季度，就会大大降低买家的积极性以及完成交易的可能性。而在一个战略交易中，由于产品重叠和销售力量的重叠，可以实现巨大的协同效应，所以，战略收购方的眼光会比私募股权收购方更加长远。"

香农插嘴说："但如果战略理由过于强大，也不见得就是件好事。我们的下一个问题就是反垄断问题，这笔交易可能会因此而受到挑战。有时候，有些公司看起来很热情，也没有反垄断问题，但我们判断不出它们为什么要进行这笔交易，交易没有任何道理。"贝伦总结道，韦斯切斯特资本崇尚严格的基本面分析和定量研究的最终原因，"是因为我们要对交易成功的可能性得出自己的结论"。

四季皆宜的基金

贝伦补充道："由于我们坚持编织自己的网络，现在共同基金的投资人大约已有 40 万人。我们不向投资人承诺我们的年回报率能达到 30%，但我们在大部分市场环境中尽量保留资本，同时提供具有吸引力的风险调整回报，需强调的是这是风险调整回报。"香农强调说："我们的投资理念是在所有市场环境中提供具有稳定回报率的多元化工具，并在市场不佳时保留资本。确实，我们在牛市中的表现会'弱于大市'，但在熊市中，投资人会很高兴与我们一道投资。"

贝伦赞同道："没错。正如弗雷德里克曾说的，我们的产品是'像股票一样的回报，但只有债券一样的风险'。因此，尽管我们的名义回报随着利率下降而下降，达到创纪录的低水平，但我们的策略和投资工具仍具有吸引力，因为我们可以产生比任何现行利率高的回报。我们投资产品的价值主张是，只有一个标准差风险（历史上相当于短期到中期的债券基金）的投资产品，可获得额外大约50个基点的回报。"

香农打断说："别忘了，合并基金只有两年处于下行状况。自从罗伊和我接手以来，我们只经历了一年的失败。金融危机之前，在与潜在客户交谈中，我们得知还有一个风险套利者的回报比我们高200～300个基点，而且同样稳定，标准差更小。这几乎不可能。我记得，得知这个消息后，我非常沮丧地走出投资者会议。我们怎么可能胜过这样的表现来筹集资金呢？大约三年后，我们才知道，投资者把所有的钱都给了麦道夫，而麦道夫一直在靠造假欺诈敛财。"

虽然贝伦和香农继续执行格林和史密斯的保守套利原则，但他们仍然灵活地适应不断变化的投资环境。韦斯切斯特资本在时代华纳有线电视公司的长期收购战中对该公司股票的投资就是一个很好的例子。亿万富翁约翰·马隆投资的特许通信早在2013年上半年就被广泛传言要收购时代华纳公司。直到2014年1月，特许通信首次公开宣布要约收购时代华纳，出价是378亿美元（每股132.50美元），但立即遭到了时代华纳的拒绝。时代华纳的CEO称此次收购是"不可能的"，并补充说，在有线电视行业整合如火如荼的大趋势下，时代华纳已经告诉特许通信，至少要457亿美元（每股160美元）。但特许通信不以为然，任命了若干董事会成员，并开始实施压力策略。就在2014年2月，半路杀出了康卡斯特，出价超过450亿美元，与时代华纳的要价很接近了。有了这一点，尽管康卡斯特收购时代华纳仍面临许多公共关系和监管方面的障碍，韦斯切斯特和许多其他风险套利集团纷纷涌入，迅速持有大量时代华纳的头寸。值得注意的是，在这场持续不断的代理权争夺战中，特许通信一直敦促时代华纳股东停止与康卡斯特的交易。

"这很少见，"香农解释说，"我们很少投资我们认为只有75%成功率的交易。我们通常处于85%、90%、95%的置信区间。但我们没有看到时代华纳交易有太多负面的问题。我们盘算，如果这笔交易不发生，我们知道特许通信还在那，他们每天都说要买。就像他们告诉监管者的'拦住康卡斯特的交易，我才是个更好的买家一样'。"然后，香农补充说："韦斯切斯特资本知道，康卡斯特在华盛顿的朋友不比别人少，他们与政府和监管部门的关系也不比别人差，所以他们有很大机会完成这笔交易，而我们就能赚钱。"

争夺职位、公开听证会和闭门会议等又持续了一年多。最后，在2015年4月，传来司法部和联邦通信委员会都将阻止合并的强烈信号，康卡斯特撤回了其投标。随后，特许通信加入了这场闹剧，并吊足了套利者的胃口。等了约一个月，待几个有线电视领域较小的交易完成之后，特许通信最终出价550亿美元。合并完成后，特许通信成为比康卡斯特更强大的竞争对手。香农认为，对冲使韦斯切斯特资本在康卡斯特惨败中对时代华纳的持股没有亏损，而当特许通信最终获得了所有必要的监管批准并完成对时代华纳的收购之后，韦斯切斯特资本的透彻分析和耐心等待终于得到了回报。

预测未知

香农和贝伦经历的最惨痛的交易是1998年两家电信设备供应商——讯远通信和泰乐通信的合并失败，在他们的记忆中，这一事件也与那年秋天对冲基金长期资本管理公司的失败密不可分。长期资本的失败引发了一场金融危机，使全球金融体系陷入困境。香农说："讯远和泰乐的合并故事离奇古怪，因为这笔交易看起来非常合适，而且眼看就要成交了。当时泰乐公司正在召开年度股东会议，马上通过交易的木槌就要落下，这时有人走过来，在CEO耳边窃窃私语：讯远刚刚失去了最重要的客户AT&T，而AT&T给其贡献了1/3的年收入。就这样，交易终止了。真是难以置信。这让我们和亏了很多钱的其他风险套利者感到震惊。讯远的股票随即暴跌。好在我们的投资是相当多元化的，投了 70 多家公司，讯远仅占我们投资组合的 2% 或 3%。"

但这个故事并没有就此结束，香农补充道："我们并不知道，一家大型套利对冲基金竞争对手——长期资本，当时拥有 10 个风险套利股票头寸，所有这些头寸都被加了 10~15 倍的杠杆，其中一个碰巧是讯远和泰乐合并案。"不久，风险套利的股票就纷纷出现被迫抛售的迹象。"随后发生的金融危机使大部分的风险套利者以及其他投资者损失惨重。"香农说，"陷入困境的风险套利公司所持股票在 1998 年秋在市场遭到大量抛售。与此同时，俄罗斯的债务危机开始严重破坏国际市场。当对冲基金开始抛售其风险套利股票时，我们所有的风险套利资产利差陡增。"虽然这创造了在巨大利差中建立新头寸的机会，令大多数投资者感到意外。香农摇了摇头。"我们可以猜出是谁在抛售，为什么会这样。但我们和其他人一样，也遭受了损失。"

缺乏常识的天才

一个高杠杆风险套利投资组合的全军覆没并非意外，香农补充道："如果你知道套利的历史。"他解释说："我记得摩根大通的风险套利自营部门每三四年就要开放和关闭一次。这是一种稳定的、低回报率的策略。如果有一个交易破裂，交易部的负责人就会关闭它。问题的关键是，他们没有研究风险数据，因为银行有 5% 的资本比率，他们就会在风险套利账簿上加 20 倍的杠杆。" 1998 年的危机则使情况变得更糟，香农指出，因为处于危机中心的对冲基金经理认为，凭借较低的标准差的投资策略，他们可以把相对集中头寸的风险通过"杠杆化去掉"。他们"缺少的是常识。如果你只卖了十份人寿保单，其中一个人死了，那么所有的保费都会被抵掉。你不能这样，你的投资头寸必须更加的多元化"。

贝伦插话道："不可避免的是，总会有失败的交易。可能一家公司有欺诈行为，可能会发生自然灾害，任何事都可能发生。我们发现，尽管我们尽了最大努力，但我们投资的交易中可能有 2% 不能完成。我们通过限制我们的头寸大小和适当的多元化来处理这一问题。更重要的是，我们坚持这样的理念，即对公司进行估值'押注'不是我们的业务。因此，如果一笔交易失败，我们会以合适、有技巧和认真的方式清理相关头寸。"他解释说："当一笔交易第一次终止时，股票往往会过度下跌。一些投资者被强制要求清仓。我们经常发现，慢慢走出困境更好。我们先将其对冲，然后退出，有时出售看涨期权以获取一点额外收益。"

贝伦强调："我们不是一家交易公司，我们倾向于持有头寸。除非交易成功的概率发生重大变化，否则我们不会为了赚点小钱而轮换仓位。我们也不会进行所谓'最后一英里交易'，即在交易肯定会发生时增持仓位。在交易结束前的四五天内，你可能会赚 5 美分。但对我们而言，风险和利润在上帝出手的时候是不对称的，持有一个仓位，赚 5 美分的利润，却有可能会损失 8 美元，这无法向公众投资者交代。""1998 年初，破裂的洛克希德·马丁公司与诺斯洛普·格鲁门公司的交易就是一个很好的例子。"香农回忆道，"这项交易似乎已经得到了司法部的批准，但离交易完成还有一天的时间，美国国防部出面阻止了交易。这表明，即使是'确定的事情'也存在风险。"

经验的价值

"我们想告诉人们的是，"贝伦补充道，"我们经历了许多市场周期和并购套利周期，学会了如何应对这两个周期的低谷。你必须能够挑选出有吸引力的交易，并且不会让你面临太多的增量风险，尤其是在并购放缓的阶段——当你无法在投资组合中实现 80 笔交易，甚至你几乎无法找到 50 笔你喜欢的交易。因为我们没有义务进行 100% 的投资，所以我们不会投资那些没有道理的交易。我们宁可持有现金，也不投资那些风险调整后不具有吸引力的交易。"不过，香农指出："2002—2003 年，并购活动受到了泰科、安然、世界通信公司，以及阿德菲亚通信公司等一系列知名公司欺诈行为的冲击，这是我们唯一一次将投资组合中的现金比例增加到 30%。在这一时期，我们还暂时关闭了合并基金。"

贝伦和香农都强调，尽管目前盛行，但被动指数基金和 ETF（交易型开放式指数基金）投资工具都不适用于并购套利。香农说："我不知道你如何能建立一个非积极管理的风险套利基金,我也不知道你如何权衡确定市值头寸权重。"贝伦说:"它们无法复制我们积极管理投资组合的一系列缜密研究工作。如果你投资的是随机选择的交易,你最终会碰到一些明显的反垄断问题。而且,算法也无法知道交易的融资是否有保障,也不会知道如何评估合并协议中的或有事项。"贝伦提高了音量继续说:"你必须根据对交易的青睐程度或风险调整回报的情况来分配风险套利组合的权重。统计数据显示,约 91% 的公开交易能够成功完成。因此,猴子投飞镖的成功概率是 90%。风险套利 ETF 也是如此。但是,就是这 10%,相对于他们所投资的可完成交易,仍会损失很多,总体而言,他们不会获得多少盈利。"

事实上,贝伦坚持说:"判断风险套利投资组合基金经理是否在市场平均回报率的基础上,有所增加或实现超额阿尔法收益的方法是,他是否比随机选择的并购套利交易有更好的交易记录。我们以往的业绩记录显示,我们投资交易的 98% 都是成功的,这得益于我们缜密的研究过程,得益于我们对一切都进行风险调整,以及我们有庞大的律师团队为我们提供建议,等等,所以我们能实现超额收益。这就是为什么积极管理的并购套利基金比指数基金更好,除非你不擅长并购套利,而且历史业绩比玩飞镖的猴子更差。"

第 11 章

卡伦·费尔曼

探究动机

记得当我看到《洛杉矶时报》杂志上关于"伊万·博－厄－斯基"（我以为是这么念他的名字，因为我从未听到任何人念）的头版文章时，那还是内幕交易曝光之前的事，我想，"哇，听起来很酷。伊万·博斯基赚了这么多钱，看起来很刺激！这正是我要做的"。

即使到了15岁，卡伦·费尔曼显然还不是比弗利山庄的典型女孩。她是个网球天才，甚至在中学班上被允许和男生一起上体育课。从博斯基的故事中，她看到了华尔街风险套利纸醉金迷的世界。年轻时，她就对华尔街充满向往，正如她在2013年出版的书《费尔曼法则：我只会告诉女儿的商业和生活秘密》（*Finerman's Rules：Secrets I'd Only Tell My*

Daughters About Business and Life）中所写的："我想参与其中，想成为一个赚大钱的人。我喜欢掌控自己的命运和自己的世界。这不像许多女孩所梦想的那样，要成为一名时装设计师或歌手。我听到了命运对我的呼唤。我命中注定要去华尔街。"

卡伦·费尔曼在 CNBC 的《快钱》节目中

资料来源：维基共享。

令人惊叹的是，她一步步向理想靠近，从一开始，她坚持申请宾夕法尼亚大学沃顿商学院——她被告知这是通往华尔街的最快路径。最终，她的成功甚至远远超出了她少女时代的梦想。在 CNBC 每晚的《快钱》(*Fast Money*）节目中，她穿着得体，神采奕奕，甚至穿着牛仔裤依然魅力无比，成为观众最爱的嘉宾。她是迷人的蓝眼睛金发美女，绰号"女主席"，这不仅是因为她的性别，更重要的是，她以基本面为价值导向的投资观点，使她在整个节目中脱颖而出，与短期利益导向的男性交易员观点形成鲜明的对比。

费尔曼在华尔街声誉卓著，丝毫不亚于电视节目辩论组中的其他成员。在辩论中，她几乎毫不费力就可以掌控辩论的节奏，进行巧妙的回答。1992 年，费尔曼才 20 多岁，就与终身好友杰弗里·施瓦茨一起创立了大都会资本顾问有限公司。这是一家位于曼哈顿的对冲基金管理公司，基金管理规模曾两度达到 5 亿美元。1998 年，他们曾从危机中起死回生。2015 年底，她和施瓦茨认为对冲基金业务的辉煌时代已经结束。于是，施瓦茨退休，费尔曼则保留了他们最早的投资人——一家大型基金会，并用这笔钱和自己家庭的钱继续运作基金。

费尔曼的母亲是比弗利山庄知名的骨科医生，共养育了五个孩子。费尔曼将自己的成功归功于母亲对孩子们不懈努力、追求梦想的鼓励与要求。她从小就被"培养成一个只穿名牌时装的卡尔文主义者[①]"，因为母亲不停地对三个女儿说："只准穿卡尔文·克莱恩！这样我们必须搞清楚大学毕业后，我们的生活如何自立？如何赚足够多的钱继续穿名牌！"费尔曼记得母亲总是鼓励孩子在学习、体育或生活中奋力拼搏，去争取更好的。费尔曼还回忆起，自己在幼年时就认识到，经济决定政治。在她的家庭中，谁挣更多的钱，谁就有更多的权力。她说，正是这种认识促使她形成了财务独立的决心，并沿着她所看到的，伊万·博斯基的华尔街致富之路走下去。

从沃顿商学院毕业后，费尔曼利用家庭关系找到了她在金融业的第一份工作。杰弗里·施瓦茨和费尔曼的姐姐温迪·费尔曼（好莱坞影片《阿甘正传》等一系列热门作品的制片人）在沃顿商学院上学期间是好朋友。卡伦·费尔曼在高中时就认识施瓦茨，当时，两个家庭都在佛罗里达的博卡拉顿度假，住得很近。"作为一个 16 岁的假小子，我会和杰弗里在海滩上踢足球，并问他风险套利工作的事儿，他是我认识的唯一在这个行业里工作的人。"

费尔曼很幸运。在 20 世纪 80 年代火热的收购浪潮中，施瓦茨已经成为凯尔纳迪莱奥公司的新星。1987 年，正当她从沃顿毕业时，贝尔兹伯格兄弟——从开发商转型做企业收购偷袭者的加拿大亿万富翁——投给施瓦茨 3 000 万美元，让他经营一家新的风险套利对冲基金公司。这在当时对刚起步的对冲基金而言，是一笔数目可观的费用，尽管贝尔兹伯格兄弟以过度的投资者激进主义而闻名。就在圣诞节前的一周，他们厚颜无耻地试

[①] 指只穿名牌衣服的人，由品牌卡尔文·克莱恩演化而来。——译者注

图拆分 GTE 电信公司，令诸多华尔街银行家感到震惊。GTE 电信公司的董事长愤怒地抱怨说，塞缪尔·贝尔兹伯格在 12 月 23 日《纽约时报》披露此消息后的第二天给他送来一封信，提议 GTE 将两家加拿大公司出售给该家族，并将 Sprint（美国第四大无线运营商）移动部门剥离。而他的正式回应是："我们认为，对本公司而言，将业务视为在售商品，不符合 GTE 股东的最佳利益。"在圣诞节前夜，GTE 紧急召开特别股东会议，股东们以压倒性的投票，支持通过了各种反收购的防御性措施。

像疯子似地工作

费尔曼知道，施瓦茨雇自己进入刚起步的基金公司，并非因为她从最喜欢的课程"期权和投机市场"中学到了什么，而是因为"他需要有人疯狂地工作，让基金运作起来"。费尔曼欣然接受邀请，全力以赴地投入工作，疯狂地学习并实践着风险套利的一切。她很庆幸遇到了施瓦茨，说他是一个"真正希望看到女性成功的长期合伙人。他教了我很多套利行业的窍门"。

费尔曼既做基金的交易员，又做各种繁杂的工作，执行施瓦茨的套利交易。18 个月过去了，她想转到公司的研究部门，并希望借此使自己能够分析潜在的交易，研究它们内在的风险及完成的可能性，她意识到研究能为公司创造的价值要比交易本身多得多。她知道，如果自己要成为成功的套利者，就必须弄清楚如何挑选标的公司以及为什么。

率性的费尔曼并不浪费时间思考自己的想法是否受限于自己的工作范围。她直接找到施瓦茨，告诉他自己想转行做研究，并大胆地要求他不要再雇用一个计划中的研究人员，由她自己来做。为了证明自己有实力胜任研究工作，在几周内，费尔曼提出了自己的股票建议——她"拍着桌子"，强烈要求买入联合百货公司的股票。这家百货公司刚刚收到了加拿大开发商罗伯特·康波旗下的百货公司的要约，价格为每股 47 美元。费尔曼承认，她还没有分析能力来为交易建立模型，但她的直觉（"跟随直觉"已经是她的投资哲学）是"在任何市场上，标志性的物业资产总是被人追捧，无论世界金融市场的状况如何。当一项独特的优质物业资产出售时，总会有自大和充满虚荣心的人站出来买它，并会付很'满'甚至荒谬的高价，而且它一定会被卖掉"。这正是联合百货公司正在发生的事。这家公司拥有诸多超级时尚品牌商场，包括乔丹马什、伯丁斯、马歇尔菲尔德百货和布鲁明戴尔百货等。眼看着竞购战一触即发，康波最终支付了非常高的对价——66亿美元，即每股73.50美元，以防止梅西百货收购联合百货。康波在本次交易中过度使用杠杆，导致他被迫在一年内申请破产保护。但是无论如何，费尔曼旗开得胜，为贝尔兹伯格的风险套利基金获得了数百万的丰厚回报。

有赚也有赔，费尔曼的早期投资并非个个成功。她在自己的书中详细叙述了1989年市场崩溃时，联合大陆控股公司杠杆收购的不对称风险。在这个交易中，期权放大了不对称风险。员工管理集团所发起的76.5亿美元杠杆收购，是这十年来次级债引发的并购狂潮的顶峰，1989年10月13日，星期五，收购方融资受挫的消息重创了股市，道琼斯工业平均指数下跌了近7%，并且大部分发生在收市前一个小时，使1987年股市崩盘的幽灵再次笼罩在华尔街上空。

费尔曼毫不忌讳地说："我完全搞砸了。"竞价战已将联合大陆控股公司的股价从8月的150多美元推到了10月的280美元左右，然后停了下来，股东们等待着最终融资和监管问题得到解决。如果交易在每股300美元的价格成交，大都会资本顾问有限公司将在其风险套利价差中每股赚20美元，共约40万美元。"我做错的是有个1:2的看跌期权，看起来很便宜。我想，如果在交易时遇到障碍，这只股票有可能跌到每股260美元。我计算了一下，以每股2.625美元的价格购买期权，如果交易延期，我们将每股赚20美元；如果交易按时完成，我们仍可以每股赚20美元，只是在期权价格上有成本。"她唯一没有考虑到的是，交易有可能不是延期，而是完全破裂。"我设计的这个'辉煌'的期权交易最终支付了2.65美元的期权费，后来又支付了80美元退出，这是一个巨大的灾难。我忽略了这样一个事实：一个1:2的看跌期权损失几乎可以被无限放大，直到联合大陆控股公司的股价跌到零，或者非常接近。"

这是一个令人清醒的事件，但并未让费尔曼对利用期权对冲风险套利的头寸而畏缩不前。"我记得曾和一个知名的套利者交谈，那是在1991年NCR（全球关系管理技术解决方案领导供应商）和AT&T合并谈判期间。他说：'如果你认为交易会成功，你为什么还买NCR的看跌期权？'我回答说：'如果看跌期权把风险/回报比从11∶3，变为3∶2，你为什么不这么做？尽管交易风险保持不变，但胜算的概率却显著增加了。'"费尔曼承认："但那时，期权市场还相当新。现在期权定价已经很有效了，在今天的期权市场，我很遗憾地说，经常发现期权的定价是合适的，几乎没有什么利润。当然，使用它们仍可以让你确切地知道你有多少风险。但只有当期权未被有效定价时，它们才是添加超额收益的更好工具。"

作假

然而，费尔曼一帆风顺的早期职业生涯突然被打断了。经济危机在市场的小型崩溃后愈演愈烈，其他过度杠杆化的并购者纷纷被迫加入康波的破产保护申请行列，市场迎来了1990年的严重衰退。贝尔兹伯格家族并没有被迫破产，但他们在接踵而来的储蓄和贷款危机中失去了对一家西海岸储蓄银行的控制，并关闭了施瓦茨的风险套利基金。费尔曼失业了。尽管在套利方面的业绩短暂，但她仍决心进入另一个买方研究平台。于是，她开始尽可能多地参加面试，并对自己的经历"注水"。最后，在DLJ，她见到了这家公司新的风险套利负责人克里斯·弗林。他当时刚从行业传奇人物盖伊·怀瑟－普拉特的公司跳槽过来。费尔曼很喜欢读怀瑟－普拉特的《风险套利》，并研究了市场上每一笔进行中的交易，来为她的面试做准备。最终，她很幸运，不仅赢得了这份工作，而且找到了一位新的导师，克里斯·弗林几乎是手把手传授她关于风险套利的艺术，她按照他所希望的那样进行套利研究。

然而，1990—1992年的经济衰退，以及次级债泡沫的破灭，不利于推进风险套利者喜欢的大量企业收购。因此，当费尔曼在DLJ快速锻炼自己的研究能力，几乎达到炉火纯青时，她却目睹了一个又一个的风险套利公司散伙。到1992年中期，她已经清楚地意识到，风险套利的辉煌岁月可能一去不复返了。但她也看到了华尔街一些其他专业人士的业务（如重组过去十年过度并购所产生的企业残余资产）开始增加。她开始寻找新的机会，利用她新获得的公司估值技能，为客户，也为自己创造利润。

  幸运女神再次向费尔曼招手。她原先的老板和朋友施瓦茨找到了她，提出了一个她自己也认为"非常古怪"的想法。她说，他们想创立一个新的对冲基金，并提出让她成为一个初级合伙人，原因是她对那些他们关注的处于困境的银行做过大量研究工作并了如指掌。银行股票受到了储蓄和贷款危机的严重冲击，而那些没有太多问题贷款的好股票则是经典的价值投资机会。费尔曼则知道如何从诸多银行中淘到金子。虽然新设立的对冲基金前途未卜，但这是个机会，她毅然决定辞去DLJ公司的高薪工作。费尔曼说："我没有抵押贷款，没有孩子，没有债务，也没有其他好的机会。"

  自高中以来，费尔曼就一直为这样一个精心测算的赌注做准备。随着大都会资本顾问有限公司的发展壮大，这个赌注的结果显然比她想象的要好得多。即使在1998年，他们遭受俄罗斯债务违约带来的"濒死体验"，她也从未后悔。费尔曼承认，回顾过去，大都会资本的发展如此迅猛，以至其合伙人的傲慢情绪随着资产规模的增长而增长。当小型市值公司的股票在市场衰退中遭受无情打击时，没有耐心的外国投资者和其他热钱快速撤出，导致他们管理的资产管理规模大幅度缩减。他们的对冲也不起作用。这是一次极其悲惨的经历。但是，费尔曼说："没有比1998年危机更好的老师了。"

生存法则

  从危机中总结经验教训，施瓦茨和费尔曼拒绝认输。他们的一些客户，包括一家非常大的机构，都没有把资金撤出。在1999年较好的投资环境中，他们仅花了6个月的时间，就挽回了客户的损失。当时，互联网公司迅猛发展，他们明智地看到了泡沫，避开了这些股票，直到2000年底互联网泡沫破灭，他们才真正再次展示他们价值投资的能力。2000年，大都会资本的回报率超过26%，而标准普尔指数则下降了超过9%。留下来的客户和潜在的客户都注意到了这一切。很快，公司管理的资产规模又超过了 1998 年前的峰值。施瓦茨和费尔曼完成了他们的华尔街救赎。

这一次，他们控制住了自己的骄傲情绪。2015 年，由于价值投资机会太少，他们做出了关闭大都会资本的决定。费尔曼解释道："利差很窄，而市场上挤满了很多对冲基金。这种困难的情况已经持续了几年，特别是在零利率的环境下，2 和 20[①] 这种收费方式也难以实现，因为绝对收益率太低了。即使利差是美国国债的 2~3 倍，也不足以补偿风险，因为什么情况都有可能发生。"费尔曼指出，美国财政部于 2016 年 4 月做出惊人的决定，阻止了正在进行的税负倒置交易，她以此来证明近期交易的风险。这一规则的改变，使辉瑞和艾尔建公司 1 500 亿美元的合并计划落空，许多风险套利者都蒙受了巨大的损失。费尔曼指出，此举"完全出人意料"，"政府不喜欢税负倒置交易，这并不是什么秘密。但是每个人都想：'政府很生气，但他们会怎么做呢？他们能做些什么呢？'好吧，这下大家都知道他们会怎么做了"。

费尔曼说，当一笔交易突然中断时，痛苦的经历告诉她，最正确的决定就是出货。"我就出货。很简单，就是出货。"她继续说："你可以重新审视这个仓位，即使是在同一天或不久之后。但先出货。这就是一个亏损，是一个事实。你可能希望会有什么好事情以某种形式发生。但希望是一种可怕的策略。我努力使自己对此十分有原则，即我建仓是因为有一个事件，既然事件没有发生，那就出货。这对我而言，是一个非常坚定的原则，虽然很痛苦。但有多少次你的第一次出售就是你最好的出售呢？我最大的损失总是从较小的损失开始。"

费尔曼说，套利生涯的多年经验，教会了她对"交易艺术"的深刻理解，以及思考风险、评估风险和试图评估未知的重要性。"我在联合大陆控股公司交易上最大的错误就是没有想过交易会完全失败，这简直愚蠢至极。"费尔曼继续说，她对恶意收购特别着迷。这不仅因为竞争性投标可以推高价格，还因为她喜欢分析事情如何演变。"这会让我想到在那之后会发生什么？不只是下一步会发生什么，而是更多的，把事情看成一个三

---

① 2 和 20 指基金管理人按照资产规模每年收取 2%的管理费，以及对于超过基础收益的部分再收取 20%的超额收益分成。——译者注

维拼图,不只是一个平面跳棋游戏。你需要有原则地不断问自己,如果发生了这种情况,那么会怎样?这能让你看起来更聪明,因为你可以预见到未来几步会发生的事情。"

费尔曼承认,对她来说,恶意交易的另一个吸引力是,"总被相关人员的自大心理吸引,包括公司说的是什么,而真实意思是什么,都是不同的。拒绝'熊抱'[①]的语言里可以有很多微妙的含义,而这些意思会产生所有的差异"。在分析交易时,费尔曼强调,她会专注于战略的合理性(如果有)。"即使在2007—2009年,当所有价差都很大时,大部分的战略交易最终都成交了,投资者赚了很多钱。"她说:"同样重要的是资产的质量和买方的质量,以及合并协议的条款。"费尔曼补充道,对于有监管障碍的交易,"我就是不喜欢。我仇恨有市场逃避条款[②]的合并协议——我讨厌它们"。她继续说:"我也关心律师和投资银行家是谁,我在乎团队是否是一流团队,因为一流的团队可以带交易冲过终点。这就是为什么,当你进入小型交易时,利差应该更大,因为风险更大——你不是在和一流的团队打交道,而且小企业天生的风险就很大,如果在交易中涉及杠杆,风险就会更大。"

探究动机

对费尔曼来说,交易的变化"是无限迷人的,但关键是投资者为什么要做这些交易,是什么让公司有吸引力"。她说:"通常情况下,目标具有吸引力的原因无非是增长再增长。"但事实证明,这些交易比具有战略意义的交易更为脆弱,尤其是在增长更加困难时。她反思道:"我过去很看不上那些拒绝出价的公司。他们会说'我们有自己的计划,可以自己做'。但从长远看,很多情况下他们自己待着会更好。交易时股价猛增20%,哇,如果你是风险套利者,这太好了,可以在两个月内完成交易。但对这些公司而言,他们要向前看很多年。最终,这令我思考'他们到底看到了什么'。"

---
① 未获邀请但价格丰厚的收购要约。——译者注
② 指在合并协议中有市场不可出现重大不利变化等作为交易前提或免责条款。——译者注

费尔曼引用了总部位于艾奥瓦州的凯西百货公司的例子。"这是一个中西部的加油站和小型超市连锁店。早在 2010 年，它就收到了加拿大竞争对手——库世塔德公司的收购出价，起价约每股 41 美元，继而涨到每股 43 美元，然后涨到每股 45 美元。这只股票在收购前，一直在每股 33 美元左右进行交易。但凯西百货公司一直坚持表示，'不，不，不，不'，并得到了凯西百货公司股东们的支持。几年后，这只股票涨到了每股 134 美元。天啊，股东的处境当然比与凯西百货公司达成交易要好得多。这是一个很大的启示。"

当被问到为什么只有很少的女性在管理风险套利基金或对冲基金，而股票交易员却不乏女性时，费尔曼感叹道："这有点违反直觉，对吧？通常大家认为交易更具野性、充满雄性荷尔蒙，而研究工作更加理智和优雅，却发现更多的女性在交易中，虽然也不是很多。"她继续说："我仍然感到惊讶的是，对冲基金行业没有更多的女性。在写书的时候，我四处打听，听到的一个似乎很真实的说法，是一个男性朋友说的，我把它写进了我的书。我问他，为什么他的团队里没有女性分析师。他说：'事情是这样的。当男分析师来向我讲项目建议时，他拍着桌子直接告诉我，能够赚多少钱。当一个女分析师进来的时候，她会告诉我所有可能出错的事情。我的资本有限，而且我每一次追逐的都是上升空间。如果听不进她们的话，我需要她们做什么？'"

"他很坦诚，"费尔曼说，"我很欣赏。然后我突然想到，'女性确实更倾向于用这种方式表达'。"费尔曼认为这是一种风险最小化的策略，不仅将头寸的风险最小化，而且还把她们推荐的风险最小化，给了她们一个未来退出的机会。"她们可以说：'好吧。如果我把所有可能出错的事情都告诉了上级，但他们还是买了，那就是他们的责任。'但如果你想要更进一步，你就必须承担责任。"太多的女性不愿承担这种责任，她们更喜欢协商一致的决策，而且她们不愿意被视为武断、霸凌或激进。费尔曼接着说道："我认为这个业务需要精英领导，就是说，如果你提升了净利润，你就会得到奖励。然而，只有达到一定的位置，你才能体会到这一点是最难做到的。"

费尔曼承认，她总是觉得，让别人亏钱是一个"巨大的负担，即使他们非常富有，这仍然是一个负担"。但是，她继续说："这是你在这个行业中必须要面对的事情。套利告诉我，你必须做很多很多的决定，有些决定会挡住你的路，有些不会。所以，你必须对做决定的过程感到舒服，如果是'看，当时我做了一个决定，尽管是合理的，但最终没能成功'，那我也可以接受。但有时候，情况正相反，你做了一个糟糕的决定，却走运了，这种情况也会发生，尽管频率会低些。"然而，费尔曼并不依赖运气。她发现，"运气"只光顾那些做好充分准备的人。

第 12 章

约翰·巴德

如果你不演化,将会被淘汰

我所学到的是你不仅可通过选择正确的金融工具,或在正确的时间对投资策略进行资产配置,来产生阿尔法收益,还可以通过演化——一个在 20 世纪 80 年代末和 90 年代很被人讨厌的字眼——来做到这一点。

大家都在谈论"风格漂移"[①]以及为何不应这样做。但我认为,如果你不演化,将会被淘汰。约瑟夫·格鲁斯于 1939 年来到美国,开办了一家旅行社,并最终将他的养老金发展成了数亿美元。他过去常说:"在这个国家变得真正富有的方式是活足够长的时间,并且不亏钱——保持资金复利增长。"我敢肯定,在我身处这个行业的每一年里,都有其他人产生了比我们更高的收益,但我们每一年都努力避免出现大幅度亏损,在正确的时间专注于正确的策略,以及演化我们的策略组合,设法生存下来。

---

① 指对原投资风格或目标的偏离。——译者注

当约翰·巴德说"我们"时，他指的是哈尔西恩资本管理公司（Halcyon Capital Management LP）——一家全球投资解决方案提供商，由传奇投资人艾伦·B. 斯利夫卡于 1981 年创办。如今，由哈尔西恩管理的机构资产规模约达到 100 亿美元，包括对冲基金、管理账户、贷款抵押证券、银行贷款、投机性信贷策略以及包含诉讼投资[①]的量身定制结构——所有这些都取决于客户的特殊需求和偏好。这家总部位于麦迪逊大道的公司在伦敦和卢森堡设有办事处，如今拥有 12 个活跃合伙人，他们平均与哈尔西恩保持了 16 年的合作伙伴关系。哈尔西恩由 55 岁的巴德经营，他担任董事长兼 CEO，比起高尔夫，他更喜欢冲浪。他将不断演化"保持领先地位"的理念作为哈尔西恩经营规划的核心理念。

"当我开始从事并购套利业务时——当然已有人先于我开始——在华尔街只有不超过 20 家自营交易柜台和精品公司[②]正在做这件事。这还是一项相对来说并不热门的业务。"巴德回忆道。"同样地，当我接手危困企业业务时，就只有 10 个或 15 个银行家和律师在做所有的相关工作，而我随口就能说出所有主要的不良资产投资人[③]，包括他们的工作和私人电话号码以及配偶的名字。但之后突然有大批不知名的投资者参与到这两项业务中来（并购套利与危困企业业务）。这时的关键问题显而易见：你如何保持自己的领先地位？"他接着说，"我意识到，我需要去做还没有其他人在做的事来保持领先——在市场效率低下时，会有很多赚大钱的机会。这就是为什么在许多人采用这种策略之前，我就开始从事危困资产抵押业务了。因此，我们的成功之处是不单纯固执坚持某个策略，而是设法在正确的时间选择适当的策略，吸引最优秀的人才来帮助我们，并教会我们如何制定新的策略。"

巴德于 1990 年加入哈尔西恩并担任投资组合经理。在这之前，他曾在格鲁斯公司任职三年，从事风险套利研究工作，并于 1985 年至 1986 年在

[①] 指在诉讼中，当诉讼一方暂时不能完全支付或者无法支付诉讼所需的有关费用时，由投资人先行垫付，待案件胜诉后，投资人再收回所垫付的款项以及一定比例的收益。——译者注
[②] 指针对市场特定领域提供专业服务的小型金融公司。——译者注
[③] 指主要从事针对濒临破产或存在经营困难的公司及其他不良资产进行投资的投资人。——译者注

伊万·博斯基创办的管理公司（IFB）作为最初级的分析师辛勤工作，经受了华尔街和并购套利的短暂洗礼，直至该公司因内幕交易案被联邦检察官关闭。而同时，20世纪80年代由德雷克塞尔引领、杠杆收购驱动的并购热潮也随之结束。巴德在1984年转入哈佛大学并计划在法学院继续学习，但在本科学习的假期中，他被兼并收购深深地迷住了。巴德解释说，他曾在多伦多的一家软件公司实习，并花了很多时间阅读《华尔街日报》上描述的激烈收购战。他的兴趣随着"惊人的并购交易金额"快速增长，他开始对其关注的并购交易进行期权押注。虽然巴德回到哈佛大学并在1985年获得了历史学学士学位，但他那时已经放弃了当律师的梦想，一毕业就直奔华尔街。这位年轻的投资人很快就拿到了摩根士丹利的录用通知，但他告诉父亲："我非常想在一家从事并购套利的精品公司工作。"巴德的父亲是一位在纽约开私人诊所的医生。"（我父亲）对这个行业并不很了解。"巴德回忆道。当巴德试图解释他对并购套利的了解以及有谁做过这件事时，碰巧提到了包括IFB在内的一些公司的名字。"我父亲说：'哦，伊万是我的病人。我相信他会很乐意见见你。'"

因此，巴德得到了他梦寐以求的面试机会，但结果是IFB不招本科学历的人做分析师。尽管如此，博斯基还是给了他一份暑期实习工作。"我设法推迟了去摩根士丹利上班的日期，这样才能去为伊万·博斯基工作。"巴德回忆。"这真的很特别。此前我并没有在其他公司工作的经历。如果我有，（我会发现）IFB似乎有些古怪的秘密。当时，我因为无法参加晨会而看不到公司头寸的清单，还有些生气，因此我真的不知道公司在投些什么。"巴德给IFB带来了出色的计算机技术（在当时的华尔街还是非常罕见的），他花时间为其他分析师进行财务建模，但巴德不被允许和他们一起参加晨会。回想起来，巴德推测，可能博斯基一直在保护他。"我不清楚，也许伊万已经知道他当时正被调查。"巴德补充道。

不管怎样，因为那个夏天的出色表现，巴德的模型大受好评，这帮助他在1985年秋季获得了正式的工作机会。巴德说："甚至连投资组合清单的复印件我都从未见过，完全不清楚公司投资的情况。即便如此，我还是学到了很多关于这项业务的知识，了解了不同的情况，我为之深深着迷。

其实，还是有很多人非常诚实努力地在 IFB 工作。记得有一次，我帮研究部主管分析过一份备忘录，其建议我们卖掉纳贝斯克①的股票。"这个要求令巴德非常惊讶，他解释说："（我）没有获取头寸清单的权限。但那份备忘录基本上就是在说：'我们为什么要持有这家公司的股票？他们的基本面非常糟糕。'"巴德摇了摇头，略带讽刺地笑了一下："当然，纳贝斯克在那之后不久就被收购了。我想伊万有我们没有的信息。"

河船赌博②与原则

巴德很快明白，他的下一任老板与鲁莽且追逐名利的博斯基截然相反。"马丁·格鲁斯是位真正的一流投资者，为他工作让我获益良多。我很幸运能在后来去格鲁斯公司工作，在那里我有机会通过更实质性的方式来学习这项业务。博斯基喜欢大量地加杠杆，用全部的家当作为赌注——他是一名大河船赌徒——而在我看来，尽管马丁也敢于持有高仓位，但他是一名更好的风险管理者。"巴德继续说，"马丁根据一系列基本原则进行操作，其中很多都是从他的父亲约瑟夫·格鲁斯（当时和我们在同一间办公室工作）那里学到的。马丁最喜欢的是他的所谓'免费投注'③原则。马丁认为，如果有两个人同时非常想要一样资产，以至必须要通过竞标的方式来决定其归属，就像在苏富比或佳士得拍卖行进行拍卖一样，这将是非常好的赚钱方式。马丁实际上很反感传统的并购套利策略，因为其风险与回报往往是不对等的——你要么获得很少的收益，要么遭受很大的损失。他更喜欢能让他进行免费投注的交易。格鲁斯家族的另一个原则是寻找优质的商品。约瑟夫·格鲁斯过去总喜欢说他更愿意在第五大道而不是南布朗克斯买股票。马丁遵从了这一原则——比起投资三流资产获得更高比例的回报，他总是更倾向于投资优质资产以赚取少量的利润。"

巴德在格鲁斯公司还学到了更多的东西。"马丁非常相信他所谓'不要亲吻所有女孩'的原则。"巴德继续回忆说："因为我们只管理马丁自己

---

① 世界著名的饼干和休闲食品品牌。——译者注
② 指在美国大型内河船或江轮上的赌场中进行赌博。——译者注
③ 指玩家可以在一定的限额内免费进行投注，而不需要本人出资。——译者注

的资金,所以马丁认为他可以承受养老基金可能无法承受的波动。他从父亲那里学到了安德鲁·卡内基的一句著名格言:'把所有的鸡蛋放在一个篮子里,然后精心地照看好它们。'"

记忆犹新

当巴德转去做机构资金运营时,此前所学到的东西仍旧影响着他。"时至今日我仍然相信,投资应该精挑细选,投资优质的品牌,而不是仅仅去复刻某一个大盘指数。"巴德主张,"但是,如果是机构账户,除非有指令,否则我不会把所有鸡蛋都放进同一个篮子里。"他还着迷于与市场表现不相关的投资策略。根据从1987年股灾期间得出的重要推论,当经济衰退足够严重时,大部分的多头头寸是相互关联的。他继续说:"在IFB和格鲁斯公司,我还自学了一些别的东西。不同于那些教授给我的原则,它们更像是我的个人喜好。比如,我发现我很喜欢找到一项引人注目的投资来让我与华尔街大部分人进行反方向的交易,而且他们还搞不清原因。"据巴德回忆,当他第一次这样做时,他还在博斯基的公司任职。

在当时,两层杠杆要约收购[1]数量激增,巴德的任务是负责研究其中一个交易的期权仓位。"在芝加哥,所有的期权经纪人都做了期权远期转换[2],并且认为自己在做的是一项无风险的交易。但在两层要约收购的背景下,情况并非如此。曾有人向我指出:'看,约翰·莫尔海伦一直在大量地购买这些未来月份的看跌期权。为什么?'好吧,我确实没有足够的聪明才智来发明这种交易,但当有人指出来时,我也能搞清莫尔海伦正在做什么。期权平价定理[3]在两层要约收购时并不起作用。那些后期看跌期

---

[1] 指收购者为降低成本,先以较优惠的价格收购目标公司部分股权,取得控制权,随后以其大股东权力,排斥中小股东,并以较低的价格收购剩余股份。——译者注
[2] 指卖出看涨期权并买入行权价及月份相同的看跌期权,两份期权时间价值不同(看涨期权时间价值大于看跌期权时间价值)或远期转换价格小于行权价,将为投资者创造赢利机会。——译者注
[3] 指在标的证券、到期日、行权价都相同时,欧式看涨期权和看跌期权及标的证券价格间存在的确定性关系。——译者注

权[①]非常便宜,并且有巨大的升值空间。所以我们做了同样的交易并赚了很多钱。其他人最终还是搞清了交易的原理,但当时市场的效率还非常低。我也因此认识到,如果能想在前、做在前,你就会有赚大钱的机会。"

在 1987 年股灾的余波中,巴德的这一见解得到了深化,用他自己的话说:"通过我做过的最喜欢的交易之一。"美国联合航空当时还短暂地使用过一个名不见经传的别名——Allegis。而激进投资者科尼斯顿合伙公司不断对它施加压力,要求它最大化股东的利益。Allegis 也在股市崩盘前不久将其持有的希尔顿、赫兹以及威斯汀的股份出售,并向公司股东派发了 20 亿美元的特殊股息。"当市场在 1987 年崩溃时,我发现我有一些个人税务问题。"巴德回忆道:"马丁一直鼓励我按照公司(格鲁斯)所做的交易进行(个人)投资。我们从来都不使用外部资金,因此这其中不会涉及利益冲突,而且能切实地提供非常宝贵的经验。他总是说:'你愿意买下它,但你愿意用你的行动去证明吗?'总之,公司的状况在 1987 年其实非常好,但我并没有特别积极主动地去做交易。但就个人而言,在股灾之前,我有一些损失,但并不大。关于特殊股息,我的想法是,对应收入和利息的部分被视为股息收入,而剩余部分为免税股利。我意识到我最终可能会收到大额的股息却要遭受资本损失,但这些并不能相互抵销用于减税,而且我没有资本利得,无法用资本损失来避税。"

问题解决

巴德继续说:"之后我才意识到,如果连我都遇到了这个问题,科尼斯顿的问题可能会更严重。它拥有 Allegis 超过 11% 的股份。我打电话给科尼斯顿的一个同事,他没有证实任何事,但当我明确指出这个问题时,我能清楚地感觉到电话另一端的不安。我心想:'哇哦。'"然后,巴德补充道:"我指出,如果他们不把这 20 亿美元作为特殊股息派发,而是通过要约收购向股东提供这笔钱,Allegis 完全可以解决科尼斯顿(和我)的问题。由于格鲁斯在可能拥有后期看跌期权的股票上持有高仓位,当科尼斯

[①] 指公司股东有权利将所持普通股转换为现金、债券或优先股,为毒丸反收购策略的一种,有利于阻止恶意收购。——译者注

顿让 Allegis 将派息转换为要约收购时，我们获利丰厚。"巴德承认，这样的机会通常很少而且出现的间隔很长。但它们获得超额回报的潜力"使我一次又一次地试图这样做——通过并购套利和非破产自愿协议①，乃至如今的诉讼融资"。

在 1990 年初，巴德离开了格鲁斯公司，格鲁斯公司仅仅管理马丁·格鲁斯自己的资金。巴德解释说，离职的部分原因是他意识到他不太可能成为"别人的银行账户"的合伙人。但巴德表示，他也承认，在 1989 年 10 月联合大陆控股公司计划的杠杆收购失败并使得市场陷入小型崩盘后，他"对未来几年并购业务的前景并不乐观。他们正在陷入信贷危机，危困企业业务将会停滞不前"。

除此之外，巴德回忆："我在 1989 年底做了几笔非常棒的交易。在联合大陆控股公司的交易告吹之前，在我的建议下，我们加上了看跌期权来对冲我们持有的联合大陆控股公司全部股份带来的风险。之后我们又通过杠杆收购做了一些套利交易：飞利浦工业与伯明翰钢铁，我建议做空而不是去赚价差。当时，我刚与一些银行家见了面，他们与另一家钢铁公司潜在的投资交易有关，并且我非常关注钢铁行业较弱的盈利走势。而飞利浦工业项目是另一个管理层收购一家盈利走势疲弱公司的项目。我觉得这两个项目的风险与回报比就好像每上升一米却要下降十五米。"这两次做空的效果都非常引人注目。哈伯特公司拟以 3.67 亿美元，即每股 30 美元的价格杠杆收购伯明翰钢铁，但由于缺乏融资，这笔交易在 1990 年 1 月流产，（伯明翰钢铁）股价也迅速暴跌至十几美元。而拟议的杠杆收购飞利浦工业，最初定价为每股 25.50 美元，然后降至每股 24 美元，即总价 6.72 亿美元，同样没能成功融资，其股价迅速下滑至十几美元。

是时候离开了

随着信贷危机的爆发，巴德对从事不良债务投资感到越来越兴奋。当时也为马丁·格鲁斯工作的约翰·保尔森同样一直试图引起格鲁斯公司对

---

① 指债务人与债权人在债务人破产或违约时，不经过破产程序达成的协议，通常包括取消此次违约，并重新制定债务条款。——译者注

不良债务投资的兴趣。"虽然我们已经买入了德士古公司的股权和可转换债券，但马丁一开始似乎对不良债务业务并不感兴趣。但后来马丁雇用了一个很不错的人——亚基尔·波拉克，他和我不同，确实有过这方面的经验。尽管我很喜欢他，也知道他在当时对不良业务投资有更多了解，然而这也让我第一次意识到，当他被雇用时，我也应该离开格鲁斯公司了。我确信，在不久的将来，不良债务投资将会变得炙手可热，而套利业务终将没落。但我对马丁无比感激，作为投资者，他对我产生了巨大的积极影响。我也完全理解为什么他会想要一个具备不良业务专业知识的人。是我该离开的时候了。"

当哈尔西恩向巴德伸出橄榄枝时，他兴奋地接受了，开始担任其多策略基金的投资组合经理，其中就包括不良业务的投资。他很快就成了破产法方面的专家，即便是竞争对手也以"百科全书"和"无与伦比"来形容他。巴德很快指出，并不是因为他没有从这个时代大量的破产案中找出足够多的目标公司来寻求残值："但事实是在20世纪90年代，90%的不良债务投资者只是在试图进行聪明的、以价值为导向的股权型投资。这是一种有效的赚钱方式，我们当然也这样做。但我更感兴趣的是在不良业务领域，做一些看起来像套利一样的事情。"例如，价格稳定的清算。"因为一般的清算可能充斥着估值风险，所以我更喜欢价格稳定的清算——（目标公司）资产大部分已被出售，因此你不必过多担心估值问题。分子主要是现金。你只需确定清算债权是有效的，并估计好（拿到回报的）时间。"

"我们是做现金估值的专家！"

巴德引用的例子是蒙哥马利·沃德公司。"这是一家信用卡公司的零售商，它遇到了财务困难，清算债权的交易价格为10美分。当我们分析这家公司时，我相信，包括我自己在内，没人知道它到底价值多少。但是当通用电气信贷公司出现并为这些资产支付了6.5亿美元的现金时，我确切地知道了分子的价值是多少，因为它是现金。我总喜欢和我们的投资人开玩笑说，我们是做现金估值的专家！"

他继续说："那么接下来的问题是，分母是什么？你有多快能拿到回报？在许多破产案中都有一个有趣的现象，那就是最初的未清偿债务金额往往是非常荒谬的。当我们开始做蒙哥马利·沃德公司的交易时，未清偿债券的金额已经从夸张的 450 亿美元降到了约 50 亿美元。破产案中通常存在着大量虚假或重复的清偿要求。清偿要求解决流程解决了这些问题。蒙哥马利·沃德公司发表了一份披露声明，表示在经过五年的法院监督索赔决议后，预计其未清偿债权金额将减少至大约 20 亿美元。换句话说，不良业务的投资者的回报大概会落在 13 美分（6.5 亿美元除以 50 亿美元）至 32.5 美分（6.5 亿美元除以 20 亿美元）这一区间内，剩下的唯一问题就是需要多长时间来拿到这些回报。不仅如此，即使股市在同期可能上涨或下跌，投资者也不必担心资产的价值。这真的引起了我的共鸣。"

"很少会有人关注到这样的破产案。在芝加哥有一个破产诉讼的资料室，我们曾专门派人去那里研究这类案件。他在那里待了好几天，却从没见过其他人来过。这对我们来说是一个非常有趣的结果，特别是在我们找到一家保险公司来申请清偿之后。但即使没有这一点，价格稳定的清算也可能是非常好的机会。它们通常非常复杂，而且人们不愿意对清偿债权进行研究分析。但往往，如果你真的能做好这些基础性的工作，（这种策略）其实非常简单直接。"当巴德意识到上面这些时，他承认，这种交易策略甚至变得更加吸引人了。

聚焦于形

巴德说，真正将哈尔西恩与其他不良业务投资者区分开来的一点是，大部分投资者更倾向于仅仅考虑价值的因素。"但我们在关注价值的同时，也一样关注非破产自愿协议的形式。在重组时，旧债务往往被转换为不同金融资产的组合，包括现金、债务、股权或其他任何能转换的形式。我们很喜欢买入能最终变成现金的清算债权。即使其上涨空间较小，也会感觉更像是在做并购套利。对于杠杆率相对较低且已完成重组的公司，我也很喜欢买入它们将会转化为债务的资产。但这类交易估值的难度会更大并存在一定的波动，因此我们还是更倾向于做全部是现金的交易。我们也愿意买入可以对冲的股权，使其更像是套利交易。虽然我们偶尔会购买旧债务以创造直接股权，但我们也非常注意结果可能出现的波动。"

说到底，其实还是一个词：套利。事实上，除了哈尔西恩的策略在不断地广泛传播外，通过与其高层管理人员的谈话，显然，巴德还为每一个投资项目都带来了成功的并购套利所需的快速、精确而且审慎的思维模式，以及经过精雕细琢的、对变幻莫测的人性的鉴别方法。巴德说，对于每一笔交易，他首先会问的"并不是那些显而易见的问题，比如价差或者回报率是多少，而是为什么要做这笔交易"。他详细阐述道："交易的动机是什么以及他们为什么要这样做。而其次会问的是标的估值是多少、是否合理，以及标的是便宜还是偏贵。即使没有人出高于竞标价的价格，我还是更愿意去投资一笔处于公允价值低端的交易，因为一是好事发生的可能性会更大，二是下行空间很小。"

但以巴德的风格，这其实只是风险套利研究的开始。另一个关键因素是他所谓的"选区分析"。"如果有人问，谁想对谁做些什么？他们是如何获得回报的？他们是如何被激励的？哪些其他选区可能阻止这笔交易？哪些投票在起作用？谁是选民？这一切问题都与探究动机有关，而动机往往既不单纯也不简单。"巴德表示，"阿尔扎公司和雅培的交易在1999年宣告失败，很多人因此损失了很多钱。但我记得在交易破裂前和一个朋友说起过，他还一直在给我讲这个交易的合同有多么精妙。但我告诉他，这是个人尽皆知的秘密，这些人讨厌彼此。他们本应合并的，但他们真的很讨厌对方。所以我们很高兴地避开了这笔交易以及那些损失。但其实我想说的是，这是因为我们关心、关注选区分析。"

但这并不是说它（哈尔西恩）不会犯错，巴德也很快承认了这一点，并讲述了哈尔西恩近期遭受的最严重的损失。那是2014年的一笔税负倒置交易，位于美国芝加哥北部的艾伯维计划收购总部位于英国的希尔制药，并将合并后公司的法定地址迁往英国。但艾伯维在财政部颁布新规大约一个月之后便取消了该计划。"新规定专门设计用来消除税负倒置交易带来的经济利益，"巴德解释说，"我们非常清楚艾伯维的CEO真的想做成这笔交易——他通过口头和书面的形式清楚地向所有人表达了他的意见。但我们在做选区分析时，忽略了一件必须要考虑的事情：董事会是否支持 CEO 的决定。在当时的情况下，很不幸，CEO 没有得到董事会的支持，但我们发现时明显为时已晚。与其他很多人一样，我们在该交易中损失了本不该损失的钱（尽管在我们的风险限额内）。因为他（CEO）所表达出的对交易的渴望不同寻常，我们错误地得出了他得到了董事会支持的结论。如果说我们从这次失败中吸取了任何经验教训，那就是要避免政治化的交易，这类交易似乎总会向着不好的趋势发展。"

并购套利价差已经变大

- 在过去两年的大部分时间里，非恶意的且无争议的并购套利，能够提供3%~5%的年化总回报率
- 在10月16日，艾伯维放弃了以500亿美元收购希尔制药的交易
- 在此事件后，所有并购交易的套利价差大幅度增大
- 恐慌 ⟶ 资本从该策略流出
- 大额交易 ⟶ 高利差

哈尔西恩 2015 年关于艾伯维与希尔交易停止导致价差增大的营销材料

因被迫要采用另一项投资原则，巴德提出："其中一条重要的经验是，每一项有效的投资策略迟早都会商品化。蜂拥而入的投资者总是会挤出投资策略的收益，这迫使人们不断地思考，下一个能赚钱的点子是什么？"巴德几乎立刻就找到了答案："也就是说，我们的老朋友确实回来了。转眼间，时间到了 2016 年 3 月，我们已可以将高度分散化的并购套利投资组合与最终协议组合在一起，并以良好的风险回报比获得可观的收益。这样的投资收益已经在很长一段时间内都没有出现过了。但我的观点是，一个投资策略不可能会一直挣钱。"

巴德耸了耸肩，停顿了一下，然后强调说："问题便回到了通过理解经济周期来创造阿尔法上。你必须了解它何时存在以及何时不存在。最终，我相信，存在着比人们能想到的更多的可以产生阿尔法的方法。有传统的选择单个金融工具的方法，也有在正确的时间对策略进行适当资产配

置的方法，还有发展、完善投资策略的方法，以及收集原始资料和文件的方法。"

无论经济周期如何变化，可以肯定的是，约翰·巴德正在使用能够让他领先于周期的阿尔法工具。

第13章

克林特·卡尔森

你不能以面值来买入任何东西

第一，对工作充满热情。你必须真的热爱它，热爱你所做的工作是你能拥有的最大幸福。第二，你必须保持高度的求知欲以尽可能多地了解关于工作的方方面面，这非常有助于风险套利，但你也需要在识别风险方面充满想象力。你需要时刻思考："会出现什么样的问题？"第三，你需要抱有高度的怀疑态度，甚至近乎犬儒主义[①]。你不能以面值来买入任何东西。

"如果一只股票已经上涨40%，你将如何向你的客户解释，你的投资策略是买入它，却只能赚取最后1%的涨幅吗？"

克林特·卡尔森说，这个尖锐的问题是有人当作玩笑讲给他的，"是

---

① 指西方古代哲学、伦理学学说，现代犬儒主义宣扬"以不相信来获得合理性"。——译者注

一个从 20 世纪 60 年代就已经进入这个行业的套利者"。但这个问题为卡尔森点明了风险套利投资机会的来源。"只是因为所有之前在上涨 20%、30% 或者 40% 时就已经持有该股票的人认为：从持有至交易达成给我带来的职业风险太高了，所以，他们卖掉了手里的股票。"——卖出的价格会低于收购要约上的价格，也就创造了赚取风险套利价差的空间。卡尔森承认，诱人的高价差出现的原因众多。"有一次，一家大型投资银行找到我们说：'这是我们的全部头寸。我们把这些卖给你们，你们会在一夜之间每股赚 40 美分。而我们不想承担风险。'我们接受了这笔交易，感觉很棒。其实，他们担心的是欺诈性转让[①]这一情况发生——如果他们在杠杆收购完成时还持有目标公司股份，并且收到的交易对价是现金，那么他们可能会面临风险。如果目标公司随后根据《破产法》第十一章申请破产保护，其债权人可能会起诉目标公司涉嫌欺诈性转让，并指控他们：'是你们拿走了钱并使公司破产的。'在这样的关键节点，一些大型投资银行会直接就有关政策来限制这种冒险的操作。"而卡尔森资本没有这样的政策，并且还乐于利用这种价差来赚取利润。

实际上，这类具有持续性且有利可图的价差套利是 59 岁的克林特·卡尔森通过其经营的对冲基金所从事的业务的一部分。该对冲基金便是卡尔森资本，总部位于达拉斯，管理着接近 90 亿美元的资金。而当卡尔森不在达拉斯、纽约、格林尼治、棕榈滩或者伦敦的办公室时，你很可能会在阿斯彭[②]的滑道上一些令人头晕目眩的陡坡上遇到他，这也解释了卡尔森最主要的多策略基金——双黑道[③]这个名字的由来。双黑道在 1993 年成立时的管理规模仅为 1 750 万美元，该基金投资七种策略，具体组合方式则不断变化，根据卡尔森当时发现的最佳市场机会而定。

然而，风险套利才是卡尔森创立其帝国的三大核心战略之一。"我想要说的是，我做了大量的量化研究，并提出了三种相互不相关的投资策略，它们都有很高的夏普比率。但事实上，当我成立这个基金时，做的都

[①] 指通过破产托管人，以非法或非公允的方式将资产转移给另一方。——译者注
[②] 位于美国科罗拉多州，以滑雪场著称，是著名的度假胜地。——译者注
[③] 高级滑雪道，有 50 度的大坡以及雪包区和树林区等。——译者注

是我已经知道该如何做的三件事：风险套利、可转换债券套利和'相对价值套利'[①]。本质上，这（相对价值套利）是我在看了数百个小型的银行交易并开始真正了解如何对银行进行估值之后开发的一个配对交易[②]策略。"卡尔森认为这是一个机会，因为银行业在20世纪80年代末和90年代初经历了痛苦的整合。"你可以做多一家银行，然后做空另一家银行，并通过这两笔交易创造一个真正独特的风险回报比率。"

卡尔森回忆说，不久之后，他就将配对交易策略扩展到了受达拉斯消费热潮影响的股票上（能源板块）。此后，"在2002年，我们增加了信用套利策略[③]，主要关注不良信用"。而且多年来，卡尔森一直在逐步增加投资策略。他解释说，卡尔森资本的七种策略之间的相关性各不相同，但基本原则是"这些策略在大多数时候不会高度相关。有时候，一切都是相关的，但这是无法避免的"。这一切都可以追溯到卡尔森的理念，即"所有投资业务都是周期性的。如果你只狭隘地致力于某一项业务，无论是从绝对还是相对的层面来讲，有时候它都会变得毫无吸引力。作为一个投资者，你不会甘心只在一个狭小的领域把唾手可得的事做到最好，你会更渴望拥有能延伸至其他领域的灵活性"。

谁是"凶手"？

卡尔森和他拥有175名成员的团队认为，在今后的24年中，可转换债券套利是唯一需要从对冲基金的工具包中剔除的策略。"早在21世纪第一个十年的后期，它（可转换债券套利）就变得非常商品化，不再是好的投资机会了。"这并不是说卡尔森不再从事可转换债券套利，因为偶尔还是会有好的机会出现的，他说："但它已经成了另一个策略的一部分。真正聪明的人其实是可以对可转换证券进行分析的，而且你会想要保持这种能力，却再也没有机会进行20亿美元规模的可转换债券套利。"

---

① 指利用高度关联或相同或相似资产之间的定价误差，建立多空头寸套利的策略。——译者注
② 指通过买入一只股票（通常为被低估股票）的同时，卖空另一支相关性高的股票（通常为被高估股票），以赚取价差。——译者注
③ 指利用公司的负债与其他证券之间的定价误差进行套利的交易。——译者注

"是科技扼杀了它。多年来，我们的交易室里都会有一个程序员，不断地改进我们的可转换债券套利模型。后来，彭博在其无处不在的终端上也推出了一个该策略的模型。我们认为我们的模型是非常有效的，但当它与彭博的模型得出了几乎完全相同的答案时，这项策略确实没有什么好做的了。"人们终于意识到"在竞争日益激烈的可转换债券套利领域里赚钱非常难"。与此同时，卡尔森发现，那时还有少数仍在赚钱的可转换债券套利投资人坚持在做是"因为他们只是系统化地做过度对冲或者不足额对冲[①]，但这已经不是套利了"。卡尔森继续说道："我不知道为什么要在发行可转债的那部分公司里去寻找买入和卖空的目标。有些基金管理人很擅长这件事，但现在已经没有套利业务生存的空间了。我不会说永远都不会有，但到目前为止，我们总会适时地退后一步，因此这么多年来一直没有遭受太大的损失。"在短期利率接近零的时代，尽管经常会听说风险套利业务中一些所谓"老前辈"对通过管理风险套利投资组合来赢利近乎绝望，但这其中并不包括卡尔森。"当然，当短期利率回升至7%或8%时，名义上你会赚很多钱，但这是因为在不加杠杆的情况下，风险套利的回报应该是无风险利率的两倍。这差不多就是长期以来的情况，也包括现在。你将会获得相应的风险补偿。"

"这些年来，卡尔森资本的杠杆率有所变化，但最近已由1.8倍升至2倍，计算方法为用多头市场价值[②]除以资本。这可能是一个分散化投资组合比较审慎的风险或回报比率。如今，如果管理的投资组合的配置较为集中，则需要降低杠杆率。但错误的策略是：'我的价差很小，所以现在我要加高杠杆。'不，只有当价差很大而且机会真的很好时，你才能这样做。"

卡尔森对风险套利和其他策略投入资本的多少，取决于他对相对机会适时而变的评估。"有些时候，风险套利是我们多策略基金中最大的敞口，而同时在其他基金中，它可能只占10%~12%。目前（2016年春季）其占

[①] 当实际对冲的头寸大于计算得出的所需对冲的头寸时，称为过度对冲；反之，当对冲金额不足时，称为不足额对冲。——译者注
[②] 指账户中所持证券市场价值总额，通常以前一日收盘价计算。——译者注

比达到30%，但这只是因为机会非常好。"当时，在卡尔森资本全球风险套利的账簿上，他的资本分布在30~40笔套利交易中，根据卡尔森的描述，"其中有20笔交易至关重要，而主要由于流动性的限制，其他的很多交易规模都相对较小"。卡尔森补充道："我从来没有弄清楚过哪些是先行指标而哪些又是滞后指标，但并购活动往往会在市场达到最高点时达到顶峰。因此，市场能在高位保持多久，风险套利周期就将持续多久。之后，新交易的数量便会下降。机会集在高峰过后还将保持不错的态势，但不会再有新的机会出现。到那时，我们可能会进入不良债务业务的周期或采用一些其他类似套利的策略。"

着迷于风险套利

与此同时，卡尔森观察到，"在这样的利率环境下，即使通过没有可识别问题的交易，你也不能真的指望能获得12%的年化收益，这是一个比'安全交易'更好的表述，因为根本不存在安全交易"。这就是为什么它被称为风险套利——既是原则也是策略。卡尔森坦率地承认，在1985年，当他的一个朋友提醒他在休斯敦有一个风险套利分析师的职位空缺时，他对这些还一无所知。自从12岁买了第一只股票后，卡尔森就迷上了金融市场。他先后在莱斯大学获得了文学学士和MBA学位，并在休斯敦大学拿到了法律学位，但在通过律师资格考试后，他从未真正从事过律师工作。"我对投资这个概念深感着迷。"他解释道。刚从法学院毕业，他就接受了在得克萨斯商业银行的一个金融类职位，然后花了几年时间在休斯敦的美国资本资产管理公司管理成长型股票账户。但卡尔森并没有安于现状。他充满求知欲，所以当他的朋友提到了一个风险套利机会时，很快就引发了他对伊万·博斯基刚刚出版的《并购狂热》的兴趣，这其实是一首自吹自擂的"赞歌"，就像其书封上描述的那样："一个由无所畏惧的专业人士组成的兄弟会，敢于向并购交易的结果下数百万美元的赌注。"

博斯基的书是少数几个能找到风险套利策略信息的地方之一，卡尔森回忆道："这听起来很酷。当然，现在我们知道，关于博斯基的风险套利操作，有很大一部分内容他并没有在书中提及（具体来说就是内幕交易)。"无论如何,卡尔森在短时间内学到的关于风险套利的实践知识,对他基本的投资理念有极大的吸引力。同时他意识到,在理解关于公司合并的法律问题方面,曾经学习法律的经历让他具备一定的优势。"我理解其中的原理并且清楚整个过程是如何运作的,这让我如虎添翼。"

事实上,直到今天,卡尔森还是坚定地认为,法学院是一个比 MBA 更好的投资工作培训基地:"这是因为他们教给你的思维方式——主要是关于权衡问题的利弊,并针对两个方面都提炼出对应的观点。即使不一定能直接得出明确的结论,我认为这也是对投资业务能力极好的训练。这并不是说你不需要了解货币的时间价值、衍生品的原理以及如何构建赢利模型。但比起这些,学会如果思考更加重要,而法学院在这方面做得更好。"

这合理吗?

那个关于风险套利的职位空缺其实是金融家查尔斯·赫维茨的迈克森集团风险套利基金的联席经理。"查尔斯控制了许多不同的投资主体,而且当时风险套利是配置过剩资本的一种方式——我们还没有任何外部投资人。"在迈克森集团,卡尔森找到了投资组合经理罗恩·许布希作为他的导师,他教导年轻的套利者,要不懈地专注于在每笔交易中找到对应的投资理论,并持续跟踪与该理论相关的进展情况。"罗恩说:'听好,无论是风险套利交易还是特定的选股策略,都有一个关键因素可以决定你的投资成功与否,你必须要专注地把这个问题搞清楚。'这也是为什么直到今天,我首先会问的问题还是:'这笔交易合理吗?双方是否应该做这笔交易?'"

就像与许布希合作一样,卡尔森还有一些其他有意义的发现。他回忆说:"当我为赫维茨工作时,我们的资本有很大一部分来自他个人的储蓄和贷款,但我在查看了我们每月的预算和利润表后发现,我们的房地产冲销额与套利利润完全相同,我认为这在未来可能会是个问题。"因此,在 1988 年,当卡尔森"接到了位于沃思堡的巴斯兄弟的电话时",他准备好离开了。"当时,理查德·雷恩沃特刚刚离职。托马斯·泰勒接手了他们的投资业务,并且正在找人管理他们的风险套利业务。我回答说:'嗯,我觉得这是一个很好的机会。'"

对于巴斯兄弟而言,有卡尔森为他们管理套利或"非方向策略"[①]也是很有益的。卡尔森将他对深度基础研究的偏好与套利者重点关注交易价差的概率原则相结合,在这个并购交易比较稳定的时代,持续考量风险所对应的回报,为巴斯兄弟及其合伙人创造了非常可观的利润。直到1993年,与许多其他来自得克萨斯州的青年才俊一样,卡尔森决定:"这些巴斯兄弟的人通过管理对冲基金赚得盆满钵满。我也要成立一家公司,我一样可以做到。"

卡尔森回想:"一般而言,经营一家公司,尤其是创业型公司,其有趣之处就在于这件事往往是非理性的。如果仔细考虑一下成功的可能性,你就会发现你其实不应该这样做。所以你必须保持着那份天真,相信自己的能力,否则干脆就不要这样做。"卡尔森从初始投资者那里募集了1 750万美元,"我认为我有一个很好的开始。这是一个很有趣的故事。我静下心编制了A、B、C三份潜在投资者名单,心想这些就是我的资金来源。但A名单根本没起作用,B名单还不错,而C名单却卓有成效。这三份名单都给了我找到更多投资者的渠道,事实上,我通过打电话找到的潜在投资者比我开始募集资金之前认识的都要多。因此,筹款的秘诀就是坚持不懈。当然,你首先需要有一个好的产品,而我认为我就有一个。但更多的还是要去打电话、建立联系、及时跟进以及做正确的事情"。

对于卡尔森来说,在风险套利中,最重要的是那些根本性的问题。"我总是试图弄清楚这笔交易的行业逻辑是什么?他们为什么这样做?它是增厚的还是摊薄的?我做了大量的估值工作并设法了解这项业务,因为如果我不了解这些,我就无法知道会有什么风险阻碍交易的完成。"卡尔森有学习法律的经历,或许恰恰就是因为这一点,他敏锐地意识到风险套利从来不仅仅是,"好了,我熟读了并购协议,这些是其中的重要条款,并且已经跟我的监管律师讨论过,所以这就是我的投资策略"。

例如,卡尔森说:"相比研究利好因素,我们总是花费更多的时间来

---

① 指不根据关联股票的涨跌趋势进行买入或卖空的策略,通常通过股价的高波动性获利。——译者注

弄清楚可能会有什么样的风险，并随着时间的推移不断更新针对风险的测算，以追踪价值的变化。"卡尔森强调，他职业生涯早期在基础岗位学到的经验仍然至关重要。"可怕的是，大多数并购交易不是什么好主意，但不管怎样它们就是会发生。其中很多交易都被掩藏了，所以你永远都不会知道（它们的存在）。但我认为并购交易并没有创造出多大的价值。虽然存在一些非常有原则的买家，他们也确实创造了很多价值，但其中大多数只是为了扩大规模，或仅仅是因为自负。甚至有时，自负驱动着交易的整个过程。"

尽管如此，这并不是在说卡尔森认为收购兼并业务很快便会消失。"听着，内生增长真的很难实现，所以公司必须找到其他的发展方式。融资的成本其实非常低，而且直至最近几年，我们唯一缺少的就是管理层和董事会对于承担风险的信心。一旦他们有了信心，并购交易就开始如没有缰绳的野马般增长。"根据迪罗基发布的数据，并购交易的数量和金额在 2015 年均激增至创纪录的水平，在 2016 年和 2017 年也几乎没有明显的放缓趋势，而 2018 年伊始并购活动继续以惊人的速度增长。在第一季度结束前，全球已公告的并购交易价值总额已飙升至超过 1 万亿美元，创下了历史新高。

意愿是关键

卡尔森说，归根结底，他的风险套利理念的核心是："如果这是一笔很好的交易，而且双方都有意愿，通常他们都会找到完成的方法。如果中间有什么问题出现，他们也会想办法解决。但如果买家或卖家决定'我不想再这样做了'，那么你就真的面临风险了。他们一有机会就将退出交易。"卡尔森解释说，在实践中，对于套利交易，他会把目光放得更加长远，以全局为重。"因此，一旦我确定他们要完成这项交易，我就不会太担心过程中出现的小问题了。"这并不意味着如果情况出现变化，卡尔森会没做好调整头寸的准备。但他会坚持自己的投资策略，以避免在时机尚不成熟时清仓。"围绕套利交易进行操作并不是一种赚钱的策略。你需要支付更多的佣金，而且你不会像平时一样总能做出正确的决定。"

他继续说:"这是一个非常简单的概念,交易的策略是什么?我认为是这笔交易能够完成。因此,我将买入目标公司,卖空收购方。之后如果交易真的成功了,我就能赚钱。"现金交易是个例外,针对收购方并没有操作的空间。"但即使在这种情况下,策略仍旧是认为交易将会完成。这是一个简单却有效的策略。"他很快补充道:"我喜欢风险套利业务的另一个原因是,你完全不需要担心卖出的时机。我的意思是说,等交易完成,你的头寸自然就消失了。"却留下了利润。"如果随便问一个套利者:'你卖出的原则是什么?'他会耸耸肩:'在交易结束的时候!'"

然而,卡尔森强调,坚持原则对于风险套利的实践至关重要,他警告说,如果一个套利者禁不住诱惑,"做多一些"看起来被低估的套利股票,这对他来说将是致命的。"如果你这样做,小幅度的市场下行就将彻底消除你的价差。如果你想要一个多头投资组合,则不要根据套利交易来选股。"

卡尔森也承认,这并不意味着他完全不会在套利交易失败后购买一只因抛售而受到冲击的股票。"如果这只股票具有很高的增值性,而且仅是因套利者抛售而面临着压力。"但这些买入操作是基于一个完全不同的投资理论,卡尔森不会把它和自己的套利策略混为一谈。

"我们一直强调的一件事情是,在每一笔风险套利交易中,我们都会持续地研究我们认为存在的基本面风险。我们同时会判断交易的基本价值体现在哪里。"卡尔森强调,持续的基本面分析至关重要。"知道内在价值在哪里意味着你可以利用套利者抛售带来的技术性[1]卖出压力,这可以创造一个极佳的机会。但前提是你必须要完成好这项工作。"然而在大多数情况下,当风险套利交易破产时,卡尔森建议,最好就干脆放弃并去寻找其他的机会。"我会说,有75%的时间,股价会快速趋近于公允价值。而最难的事莫过于承认自己错了,并且承担这些损失。你有时必须要承受这样的情况。"

---

[1] 指仅通过价量信息进行市场操作,而不进行股票的基本面分析。——译者注

不相关的收益

卡尔森认为，风险套利作为一种投资策略非常类似于固定收益，因为它与股票市场不相关，而这就是它的价值主张[1]。"没错，当交易市场面临压力时，价差就会突然增大，而在金融危机中，公司债也会出现同样的情况。事实上，如果压力足够大时，所有的相关性都会趋近于1。通常，风险套利的价值主张仍旧是不相关的。在某种意义上，还可以把它视为保险业务。总要有人来承担交易没能完成的风险。我其实是在承保交易能够完成，因此，我在为传统多头策略的投资者承担交易失败的风险，他们持有（目标公司的）股票并且会说：'我不想承担那些风险。'所以套利价差实际上是我的承保保费。如果我有良好的承保标准而且做得足够多，我会持续赚钱。但并不意味着这样的情况会一直持续。"卡尔森强调，应由套利者来决定，套利价差何时有足够的吸引力来让他们做这项业务。

虽然，评估某笔交易完成的可能性是卡尔森风险套利头寸分析的关键部分，但卡尔森坚持认为这"不是一项关于概率的业务。对于我们来说，这是关于基本面的。我读过一些学术论文，也知道有研究表明，如果每一笔并购交易你都只做多，你的回报将是风险套利策略收益的90%。但我们不认为这能取得和基本面策略一样好的效果"。卡尔森得出这个结论，不仅是因为他对基本面策略的偏爱，更是基于实践经验。"我们实际上在2003年和2004年开发了一个基于指数的风险套利模型并且实践了一段时间。但它的表现从未超越我们的基本面风险套利策略。即便两者高度相关，该模型却始终没有跑赢基本面策略。这个量化策略背后的理论是，成功的高风险交易的数量很多，足够补偿那些没有成功的交易。它可能适用于有大量高风险交易的市场。但在价差很小且交易稀少的情况下，如果该策略在一笔交易中亏损，那么将很难把钱赚回来。"

卡尔森继续说："在交易的过程中，你可以做出很多关于投资组合管理的判断，比如改变头寸的规模或根据风险调整权重，这些判断可以真正在风险套利策略中增加很多价值。"他补充道，尤其是在涉及特殊定价期、

---

[1] 指一种商业或营销声明，其总结了消费者购买产品或使用服务的原因。——译者注

看涨/看跌期权或其他特殊性的复杂交易中，交易的判断能够增加很多价值。卡尔森说，例如，在复杂的交易中，"你要么在创造看跌期权，要么在创造看涨期权，这取决于交易的结构，我们的理念一直是，如果我们能够做出一个免费看跌期权，我们就一定会这样做。但我们不想创造免费看涨期权。如果出现崩盘或市场不稳定，我们就会立刻面临剩余的多头风险敞口，在该情况下，如果我们持有的是看跌期权而不是看涨期权，这将有利于整个投资组合"。

尽管对于风险套利策略，卡尔森一再强调他基于基本面的、内在的且精挑细选的投资方法，但他还是赶紧澄清："我们会关注每一笔具备一定规模的交易，因为你永远不知道什么时候会有机会参与其中。"那些本来缺乏吸引力的价差可能会增大。因此事先做好准备非常重要。换言之，我们会首先进行基本面的研究。在这之后，如果我们认为交易会发生，我们会确定："考虑对应的风险水平，我是否能接受这个价差？我们不会优先考虑价差的大小。目前，我们常用的衡量标准是，如果价差能带来40%的年回报率，那么这笔交易则不太可能完成。"

如果稍稍回顾一下过往，卡尔森认为，对于风险套利者来说，1988年第一季度是有史以来最好的时期，因为"我们有很多充满竞争性的交易"。他回忆说，1987年10月的股市崩盘已经将整个市场的估值拉到了非常低的水平。"因此，到了次年第一季度时，你会开始注意到一些出价（这些出价对应的很多交易是杠杆收购，但并不全都是），并且当其他潜在买家也看到这些价格时，他们会说：'哇，真的太便宜了！'因为股票价格实在太低了。于是，竞价开始了，而正是所有这些竞争创造了风险套利的黄金时期。然而这是由于估值走低而为出价留下了很大的提升空间。尽管现在我们仍然能看到竞标的情况出现，但出价的空间已经很小了。除非目标公司被市场严重的错误估计，否则就不会出现全面的竞价战。"

抓住细节

从根本上说，卡尔森认为："风险套利业务能立刻让你领悟到要非常迅速地进行研究。你必须在很短的时间内了解很多关于公司和行业的情况，而且一定要自己去做这件事。你必须知道，有多少事情可能会出问题？问题是什么？监管机构是谁？融资条件是什么？我能从并购协议中得到什么信息？其中有什么不常见的风险吗？你必须要迅速找到所有这些问题的答案。"他补充道："从事这项业务的时间越长，经历的事情越多，你就能越快解决这些问题。"

卡尔森继续说："有一次和一位投资银行家交谈之后，我得到了最为宝贵的建议。他警告说，'他们只会告诉你他们想让你知道的事情'。这其实对关于投资的各个领域来说都是非常好的建议。你必须认识到公司的情况是相当复杂的，他们只会告诉你他们想让你听到的东西。所以你必须知道他们实际表达的意思。他们不会告诉你内幕信息，你也不应该得到内幕信息，但重要的是要从他们所说的话中抓住细枝末节，注意他们说话时语气的变化。"

卡尔森指出，从事风险套利的一个缺憾是无法找到自己独特的思路来源。"这是我很不喜欢的地方。你的思路可能来自《华尔街日报》的头版，但你和其他套利者身处同一个世界，因此无论你如何发挥创造性，来定义自己的投资域或扩展你的投资组合，交易都会变得'拥挤不堪'。"虽然卡尔森资本有时会因为他们低调而激进的方式处理交易而被报道，但卡尔森说："我们不会刻意去追求那些东西，这种事非常耗时，因此我宁愿不出现在任何媒体上。尽管我们也会表达我们的观点，特别是涉及股东投票和我们的价值观时。但这是因为如果我们能够创造价值，那么这样做就是我们的信托责任。但登上媒体并不是我们的信托责任。"卡尔森不屑地补充道，媒体往往会追着那些传言中的收购目标进行报道，而且他所谓的"流言套利"[①]，严格来说是一个牛市策略。"追踪最新的谣言是一种艰难的谋生方式，"卡尔森补充道，"我见过那些把'流言套利'作为他们策略重要组成部分的人，当标准普尔指数上涨15%时，他们的表现往往很好。但当标准普尔指数回落10%时，不仅股价会下跌，而且他们也会失去所有的收购溢价，所以这个策略会带来不小的伤害。"

---

① 指利用相似资产的价格差异进行套利交易，而价格差异往往来源于市场上的流言。——译者注

卡尔森表示，他给那些希望追随他脚步的风险套利新手的建议，在整个投资领域都非常适用："第一，对工作充满热情。你必须真的热爱它，热爱你所做的工作是你能拥有的最大幸福。第二，你必须保持高度的求知欲以尽可能多地了解关于工作的方方面面，这非常有助于风险套利，但你也需要在识别风险方面充满想象力。你需要时刻思考：'会出现什么样的问题？'第三，你需要抱有高度的怀疑态度，甚至近乎犬儒主义。你不能以面值来买入任何东西。"

卡尔森接着说："但这些都是差异化的特征。"他还指出，当然，必不可少的先决条件还是要"聪明而勤奋，并且具备高度的职业道德修养"。但是，如果一个人没有热情去探究事情深层次的原因，那么他就无法像卡尔森一样取得成功。卡尔森信心十足地说，相比之下，从价差的角度思考并根据风险程度不断分析交易的利好因素，这一原则的应用会随着经验的增长变得更加容易。他也告诫说，真正没办法学的是怀疑主义的思维方式。"当然，首先要从文件开始，阅读并购协议，通读10-K表格[①]。这里没有捷径。但不要像有些人那样，错误地认为，'如果并购协议看似牢不可破'，那么其他的东西就无足轻重了。公司的具体情况其实非常重要。如果你认为，存在着某些问题使得有人想退出交易，那就意味着交易的风险非常高。你就不能仅仅依赖于一份'牢不可破'的并购协议了。"

作为证据，卡尔森在2016年5月的一次采访中指出："ETE（能源传输公司）与WMB（威廉斯公司）的交易的并购协议是典型的、非常严密的，其中仅提及了很少的可以让ETE退出的方式。"尽管如此，卡尔森补充道："在这个节点，我认为两家公司都不想做这笔交易了。早些时候，在价差真正消失之前，每个人都说：'是的，我知道能源市场的形势已经恶化，而现在这对ETE来说是一笔非常糟糕的交易，但他们没办法退出。'好吧，我们走着瞧。"

卡尔森表示，在5月我们采访他时，他就已经停止继续跟进这笔交易了，因为他的公司早已卖掉了手中很小的头寸。而不到两个月之后，事

---

① 即年度报表，适用于美国上市公司。上市公司要在每个财政年度末后向美国证券交易委员会递交，内容包括公司历史、结构、股票状况及盈利等情况。——译者注

实证明卡尔森是有先见之明的。一位特拉华州法官于 2016 年 6 月底裁定，ETE 确实可以退出这笔"牢不可破"的 330 亿美元的并购交易，而且无须支付分手费。

正如这笔最终流产的交易一些幕后情况所表明的那样，这就是抱有合理怀疑主义思维方式的价值所在。ETE 在 2015 年 6 月拉开了这出闹剧的序幕，它主动提出收购报价，表明寻求收购另一家管道运营商 WMB 已有六个月的时间。ETE 当时的股价为 37～38 美元。这一消息使 WMB 的股价从大约 46 美元飙升至 57 美元以上。而不到 30 天后，在石油和天然气价格的动荡期，ETE 重申其对 WMB 的浓厚兴趣，宣布其报价为每股 64 美元。然而，之后的发展却让那些匆忙进入的套利者非常失望。到 2015 年 9 月下旬签署并购协议时，价格已经协商降至每股 43.50 美元，这与能源价格的持续下跌相关。

石油和天然气的价格仍旧持续下跌，而套利价差却在不断增大。2016 年 1 月，由于 ETE 的股价跌至每股 8 美元以下，而 WMB 自己的股票交易价格也已低于 20 美元，双方的董事会认为应该发布一份新闻稿以重申其对这笔据称是"牢不可破"的并购协议的承诺，以对抗认为交易不会成功的"市场投机行为"。但当这一切都不起作用时，WMB 克服了自身的胆怯，于 2016 年 4 月在特拉华州和得克萨斯州的法院起诉了 ETE，双方的矛盾正式升级为法律纠纷。一个月后，克林特·卡尔森向我做出了他自己的预测。特拉华州衡平法院在 6 月底裁定，因税务问题，ETE 有权终止这笔交易，而 WMB 董事会半数成员随即辞职。总而言之，他的预言成真了。然而，针对该裁决的上诉一直持续到 2017 年 3 月，当时特拉华州法院支持 ETE 退出该协议。但即便那样，ETE 的律师并未收手，ETE 向法院要求一笔 14.8 亿美元的终止费，该要求直到 2017 年底才被法院予以驳回。

并不是说卡尔森成功预言了这个故事中的每一个曲折的情节，他也没有必要这样做。到 2016 年 5 月，他已对这样的事屡见不鲜，从而保住他客户的投资回报。

第 14 章

詹姆斯·迪南

最好的套利者能料想到三四步之后的"棋局"

如果你热爱投资的同时也喜欢人类心理学，那么风险套利对你来说将是一项非常美妙的工作。你会觉得你不仅是在投资，而且是在玩一个智力游戏。你会像在下棋时一样思考。而那些最好的套利者会像博比·费希尔[①]一样，料想到三四步之后的"棋局"。他们早在观众弄清楚是怎么回事之前就看清了结局。他们能够通过加仓来利用优秀的公司获利，也可以在其他公司真正陷入困境之前及时退出。

"我在并购套利中看到的最大变化是获取信息的成本和方式。如今，一个有无线网络（Wi-Fi）的孩子就能获得99.9%我所掌握的信息。而30

---

① 美国国际象棋棋手，国际象棋世界冠军。——译者注

年前，只有20家公司掌握了我们手中的所有信息。"位于曼哈顿的对冲基金约克资本管理公司的创始人詹姆斯·迪南表示，其结果是"在风险套利中不再能具备信息优势，而只有依靠个人判断的优势……套利者显然需要具备良好的量化技能，但没必要做到非常杰出。但你确实需要杰出的判断力，而判断力基本上就是去理解人类的行为和状态。因为在套利中，决策是由人来做的；套利也是由个人来驱动的。每个人都有自己独特的个性，所以你甚至会希望自己是人类心理学专业的学生，如果你热爱投资的同时也喜欢人类心理学，那么风险套利对你来说将是一项非常美妙的工作"。

迪南有一头浓密的银发，眉毛乌黑而富有表现力，57岁的他身材健美而匀称。如果你是好莱坞的选角导演，可能会安排他坐在通用大厦办公室中的玻璃会议桌前，出演一个角色。但这位约克资本的创始人（大家都叫他杰米），可是货真价实的职场精英。作为一位白手起家的亿万富翁（据《福布斯》最新计算，其身价已达18亿美元），迪南长期以来一直采用风险套利策略来推动其由事件驱动的多策略对冲基金的增长。该基金在1991年逐渐起步，从DLJ的前同事那里筹集到大约400万美元，而根据最近一次的统计，其资产管理规模已增加至约170亿美元。约克资本的办公室遍布全球，主要分布在纽约、伦敦和中国香港，他们将一套著名且有深度的基本面研究和投资选择理论，与经受过检验的风险管理方法相结合，试图在不同的领域和市场周期中产生持续的风险调整收益。通常情况下，他们都完成得相当不错。

毫无疑问，这就是关键所在。迪南对风险套利的迷恋可以追溯到1981年，他得到第一份工作的时候。当年，从宾夕法尼亚大学的沃顿商学院毕业之后，他只收到了一份来自DLJ投资银行集团的聘用通知。这位在马萨诸塞州伍斯特市土生土长的年轻人随即搬到了纽约，并发现"自己是部门里最年轻的人，所以我也就是那个要做所有工作的人"。幸运的是，当迪南入职时，恰逢得克萨斯州的一位相当引人注目的石油商T.布恩·皮肯斯选择DLJ作为他的投资银行顾问，当时他决定像大卫挑战巨人歌利亚那般，使用他的梅萨石油公司恶意收购两大石油巨头城市石油服务公司和海湾石油。迪南回忆说："从一个投资银行家的角度，我很快发现，有一种业务叫作并购套利。像罗伯特·鲁宾和伊万·博斯基这样的人都在打电话给 DLJ，他们的电话会被转接给我。好消息是我真的不知道布恩在想什么，因为我的职级还不够高，但我确实告诉了他们有哪些内容已经获得了批准。"

他们将会腰缠万贯

这位年轻的银行培训生很快就明白了那些套利者的意图。"因为身处其中，所以我很快就发现了这些人实际上在做些什么。而布恩刚刚向目标公司报价每股 50 美元。但是我很清楚，在我的模型中，他会愿意提高到最多 65 美元，而股票的交易价格却只有 52 美元。"迪南突然明白，"这些以 52 美元购买这只股票的人将会赚很多钱。他们还不理解这一点，但我已经搞清楚了，这是一门很棒的生意。"迪南很快意识到，尽管他不能投资于 DLJ 参与的交易，但（在那些日子里）没有什么能阻止他用自己的账户进行其他的套利交易。"我记得我是从仅仅 1 万美元起步的，但只不过靠着我的银行家思维，加之当时很低的市场效率，我的收益还不错。"

在兴趣被完全激发之后，迪南于 1983 年秋前往波士顿，拿到了他在哈佛商学院的毕业证书。但在这之前，迪南还做了暑期工作，在另一个 DLJ 的同僚乔治·凯尔纳的手下从事风险套利，而他在几年前刚刚成立了凯尔纳迪莱奥公司。迪南回忆："我很幸运，我在 DLJ 的老板把我介绍给了乔治，而他给了我这份工作。但有趣的是，历史会随着时间的推移而变化，这取决于这是谁的记忆。而在乔治的记忆中，我是他在 DLJ 认识的一个非常聪明的人，这正是他给我这份暑期工作的原因。但问题是乔治是在我加入公司的大约一个月前从 DLJ 离职的。这是一个难以忽视的事实。"

尽管如此，在完成了 MBA 学业后，迪南在那年夏天的出色表现帮助他拿到了凯尔纳提供的全职工作机会。而迪南坚信他"非常幸运，因为凯尔纳迪莱奥公司信奉两件事——研究和风险"。迪南说，凯尔纳来自 DLJ，并在当时因他自己通过研究打造的经纪公司而闻名，他确保了"与高盛的风险套利操作一样，凯尔纳迪莱奥是一家研究驱动的并购套利公司。但有些人会使用不同的模型（我并不是指内幕交易）。还有些人仅仅是打电话给 10 个朋友并买入他们买入的东西。他们没有去自己做研究。而我学到的是要自己做好这项工作。"

迪南回忆起他作为实习生所做的一笔交易。这笔交易给他留下了难以磨灭的印象，让他意识到进行深入研究的重要性。"在 1984 年夏天，有传言说哈罗德·西蒙斯试图收购一家位于俄勒冈州梅德福的木材公司。我拿起电话，打给当地的报社，并和他们的商业版编辑攀谈了起来。他真的很高兴跟我说话，因为他也是体育版和宣传版的编辑，但更重要的是，他曾身临现场。我记得他说过：'我不知道发生了什么事，但是有很多人坐着黑色的林肯城市轿车来到这里，是每个来自纽约的人都穿深色西装吗？'我回答说：'是的，差不多。'他回应道：'嗯，这些人都穿着深色西装。而且，你知道的，没有人穿着不配套的西装上衣和裤子。'现在，这意味着很多很多。"迪南回忆说，"这很可能意味着在梅德福有所动作，这与我们在纽约了解到的情况相吻合，也与我们判断的交易时间表一致。因为那位编辑只是一个无名小卒，所以我是唯一一个给他打电话的人。这就是我们过去常做的调查研究。"

迪南回忆起另一个案例，是关于他尝试对前美国联合航空进行估值，当时它旗下拥有威斯汀酒店。"我记得，因为广场酒店隶属威斯汀，所以我当时真的去了那里，并从酒店大厅拿了一本宣传册，上面列出了威斯汀旗下的每一家酒店。我仔细研究了这本宣传册，并根据房费对每个房间进行了估值。事实上，我提出了一个独立的估值，它比华尔街使用的数字〔EBITDA（息税折旧摊销前盈利）乘以一个倍数〕更接近于鲍勃·巴斯最终为威斯汀支付的价格。"迪南的声音里带着一丝遗憾，他补充道："但是如今即使在这里，人们也不再做这种调查研究的工作了。你在网上就能找到非常多的信息。"迪南总结道，这表明，与其他任何业务一样，并购套利成功的因素是"动态而非静态的"。不仅如此，在当今这个各类数据都唾手可得的信息时代，"个人的判断已经变得更加重要。"

蒙受损失

承担风险是迪南在凯尔纳迪莱奥所学到的关于并购套利这门艺术的另一个基本要素,个人判断对其同样至关重要。迪南说,他尤为幸运,因为他经历过风险偏好带来的好与坏。"他们愿意承担风险,将你买入的公司列为是确信买入的,因为他们认为对于值得高度确信的公司,你相应的头寸比重会更高。如果你要持有 50 个头寸,它们不会每个都占比 2%。"迪南解释说,但当时许多自营交易柜台,比如普惠公司,尤其是狄龙里德,他们所采取的策略截然相反。大多数的自营柜台,其各个头寸的规模大小都是一致的。"在凯尔纳,如果你真的看好某个公司,你要适当地调整头寸规模的大小。现在,在某些情况下,他们会对一个公司持有较高头寸,就像对美国联合航空一样。但当交易没有完成时,轻微的下行就会带来极大的损失。所以,我体验过真正的痛苦,也因此才学到了尾部[①]风险管理。"

这段经历让迪南相信"并购套利的真实情况是,如果你判断错误,你会损失很多钱。因此,如果你真的想让投资策略奏效,那么你必须选择那些如果判断正确就可以赚很多钱的头寸"。在他看来,这使得"不要仅做十拿九稳的事情,而是要直面风险,勇于去做结果带有不确定性的事情"成为当务之急。事实上,迪南认为:"美国长期资本管理公司的问题在于,他们所做的一切只是在压路机的追赶下捡五分和一角硬币[②]。那种策略中,没有一元美钞,更没有百元大钞可以赚。但他们确实面临所有结果可能都很糟糕的尾部风险,而这也是为什么事实的确如此。套用罗杰·洛温斯坦[③]的话,'天才们失败的时候,如果说我学到了什么,并且是通过置身于这项业务中才真正学到的,那就是在并购套利领域中,真正杀死你的是那些糟糕的公司'。"

迪南承认,想避开它们并不容易。"我很喜欢用我的一个合伙人的一句很精彩的台词:'看过电影,知道结局。'所以,想避开糟糕的公司基本上可以比喻为要看成百上千部的电影,并记住这些结局。你实际上并不知

[①] 收益概率分布的尾部,通常指少数极端情况。——译者注
[②] 比喻面临的风险巨大但收益甚微。——译者注
[③]《华尔街日报》资深财经记者,著有《巴菲特传》《赌金者》。——译者注

道结局是什么,但你知道它可能是什么。然后你必须要有原则来明确。'是的,如果这奏效,我会因此赚钱。'但这并不意味着我清楚这是否能带来一个好的风险回报比。其实这并不复杂,但你会因此把价差看作一个指标,来反映你抓住机会的相对概率。如果价差较大,相对概率则可能不会太高。"交易往往会很诱人,迪南继续说:"当发现一个好的价差、一份高额的回报,所有人都会趋之若鹜,但这其实更像是飞蛾扑火,你只是被吸引了。如果仅仅因为它看起来像一个较大且有利可图的价差,并不意味着你就应该这样做。如果说得沙文主义[①]一点,就是你不必在派对上和每个女孩跳舞。这项交易可能看起来很有吸引力,但如果有什么事稍有不对劲,就会有很多其他的问题出现。因为真正的关键是避免那些糟糕的公司。结果你可能会因此错过一些好公司,但记住,即使你判断正确,赚的钱也微不足道,而一旦你判断失误,损失会异常惨重。如果能帮助你躲过灾难,哪怕代价是放弃很多好的投资机会,也是值得的。"

远离反垄断

例如,迪南指出,约克资本历来都试图避免在涉及反垄断问题的交易中建立头寸,就包括那些在奥巴马政府势弱时期,导致哈利伯顿/贝克休斯和欧迪办公/史泰博交易失败的问题。尽管"这些交易中的大多数最终成功了"。他指出,只要涉及权力人士,包括法官和总统,概率准则就真的不再适用了。迪南说,他还了解到,存在着两种恶意收购,他称其中一种为制度化交易,在这种交易中,受到攻击的公司会突然受银行家和律师驱使,因此结果在某种程度上是可以预测的。迪南补充说,而另一种恶意收购,创始人仍然拥有公司25%或更多的股份,这通常是一个小型或中型的交易。对于这些交易,他说:"你猜怎么着?规则在此并不适用。这不是一个制度化的过程。"

接着,迪南又提醒说:"每隔一段时间,你都能发现一笔金额较大,而且你认为是制度化的交易,但是之后你会意识到董事会成员其实全都是

[①] 原指极端的、激进的爱国主义、民族主义。——译者注

CEO 的好朋友。而代表律师只是一家当地的律师事务所，并不是知名的世达国际律师事务所，而银行顾问可能是一家来自克利夫兰叫麦当劳的公司。这笔交易已经有了 10 万美元的定金，而不是惯例的 200 万美元，但却已承诺提供 2 500 万美元的成功费。要远离这种交易。你没必要参与其中。其结果是二元的，而如果（交易成功与否）只取决于一个人、一个决定，你所做的所有分析，你最好的模型中内置的所有概率，它们就都不再适用。"此外，迪南还说，他是概率思维的忠实拥护者，"无论你有多么确信某些事情将会发生，其中总会伴有一些不确定性"。

"我一直认为，并购套利最危险的部分就是在你得到一条你认为是非常有用的信息的时候，无论这条信息是你在一次谈话中、在投资者大会的公司报告上，或是从一份法律文件、新闻稿中得到的。那时，它对你来说就是事实，你把它放进你正在创建的精神算法中，通过综合所有这些或模糊或精确的信息，还真的得出了正确的结论。这几乎就像是统计学中的第二类错误。分析的过程是正确的，你只是没有意识到你使用了错误的数据。这就是关于数据的可怕之处，即使它是正确的，数据的有效时长也是不确定的。今天的事实在明天可能就是完全错误的。你没有办法确定。因此，我们犯的最大错误往往是，过程没有错，而是数据发生了变化，或者数据根本就是错误的。无论如何，如果有人告诉你一些他们本不该告诉你的事情，那你就可以认为这是不良信息。如果有人告诉你'A 公司要竞价'，'他们要提高竞价'，或者'我已经安排了三家白衣骑士'，他们是站在自己的头寸的立场上才这么说的。而如果一个人声称他有三个白衣骑士，那他其实什么都没有。"

迪南指出，不同的风险认知肯定会存在很大的差异。"我发现人们在做非常简单的常规交易时会低估风险，而在非常复杂的情况下又会高估风险。所以，这句话你可能已经听腻了，当心存疑虑时，要欣然接受问题的复杂性。复杂性是你的朋友。原因很简单，这是你可以增添价值的地方。"

蟑螂理论

迪南补充道，作为一家公司，约克资本从来没有利用杠杆来赚取回报。相反，他们更喜欢挑战复杂的事情。"有几个原因。第一，这更难。第二，很少有人愿意参与，很多公司喜欢躲进安全的业务领域，去做那些无聊的、回报率为6%~8%的交易。"迪南的态度是："人的生命只有一次，你不妨让生活变得更刺激一点。一旦你到了可以负担生活开支的地步，你不妨去尝试一些更具挑战性的事情，而不仅仅是赚取地方政府债券的票面利息。"尽管如此，迪南提醒："当你接受了复杂性，你最好遵循一定的规则。"他遵循的一条规则是，当交易出现问题时："从来不会只有一个。我称之为投资的蟑螂理论。当你发现一个问题时，就撤出去，因为还会出现更多问题。"

他还倾向于避免并购协议"实际上只是其中一种选择"的交易，例如，交易是以融资情况为条件的。"要干脆远离买方可以无条件退出的交易。而相较于'相对价值交易'，处理现金交易时要更加小心。换股交易是'相对价值交易'，所以你不必太担心系统性的问题。但在现金问题上，你要多注意，正如我们在金融危机中看到的那样。"

迪南表示，约克资本实际上在2007年陷入了危机，账面上几乎没有交易。"主要是因为利差如此之小，而且我们不是股市分析的火箭科学家，不知道贝尔斯登将要破产、次贷市场即将崩溃，也不清楚当银行陷入困境时，所有过桥融资贷款都将被中止。但当时我想，'现在所有的价差都非常大'，它们大都是私募股权交易。所以我有一个简单的原则：这是一个'交易还是不交易'的问题。我们在办公室模拟过。想象一下你是亨利·克拉维斯[①]，或者你是汤姆·李[②]。于是大家都戴上了他们的傻瓜帽，一起讨论这些交易。'我们想收购哈蒙国际吗？'KKR有收购协议，但答案很简单：'不，不要做那笔交易。'"而KKR也确实没有做，他们援引了一个很少使用的名为"重大不利变化"[③]的条款。"或者克里斯·弗劳尔斯公司怎么样。"迪南继续说，"站在他们的角度，我们要收购萨利·梅公司

---

① KKR公司的创始人。——译者注
② 美国著名金融分析和投资专家，尤其是在私募股权和杠杆收购方面。——译者注
③ 指交易中的一项担保或者交割的先决条件，目的是在目标公司的条件发生重大不利变化时，能够为买方提供退出交易的机会。——译者注

吗？见鬼，当然不。那笔交易也从未发生过。"但迪南指出，即使在金融危机中，这些失败的交易也只是个例。"我忘了我们具体做了多少，但我们列了一份清单，上面有八到十个战略性收购是合理的，我们也相应建立了头寸。它们中的每一笔交易最终都成功了。这就是常识。"

这位约克资本的创始人进一步说："我相信，如今造就一名优秀的套利者的因素之一是他们愿意将资产类别视为投资组合模型的一部分，而不是整个投资组合。有时候，价差会周期性地消失，而你可以利用这一点。我们现在正处于这一阶段（2016年5月）。但有时却几乎没有任何操作空间。但那些专注于此的套利者仍然必须这样做，比如那些并购基金的人。但我认为优秀的套利者知道什么时候该离开这个'派对'，而他们会找到另一个逆周期的好的'派对'，因为我们都是'派对狂'。"迪南指出，对于一些投资者来说，他们的业务甚至是买入失败的套利交易。"埃迪·兰珀特过去在公开场合和私下里都常说，他喜欢买入那些套利者正在抛售的交易。参与到失败的套利交易中，经常可以发现真正的价值所在。尽管其他人做得很好，但这并不是我擅长的事情之一。要让我说，了解你的力比多[①]很重要——要知道自己做什么事才感到比较舒服。"

提防安全价差

事实证明，让迪南感到舒服的并不是安全的价差交易。"我总是会担心'最多会亏损20美元，但至多只能赚50美分'，这是长期资本管理公司的策略，没什么意思。"相反，他更喜欢这样的情况："最多会亏几美元，却可能赚很多钱。我不知道发生的概率各是多少。但我经常会在你不清楚价值是什么的地方发现最好的交易。在高科技领域，生物科技行业的上涨常常令人感到惊讶，但同时你也有一个下限作为保障。"作为一个例子，迪南在我们5月初的采访中讲述了围绕着生物科技公司麦迪韦逊医疗展开的收购投机行为。麦迪韦逊医疗是免疫学的专家，并且拥有一系列很有前景的抗癌药物。他开始叙述这个故事："赛诺菲以52.50美元的价格发起恶

[①] 人的本能，泛指一切身体器官的快感。——译者注

意收购，这可能是一个低出价。麦迪韦逊现在的平均股价为 62 美元。我们之前买入了它的股票，因为报纸上有传言说该公司会被并购。随后赛诺菲出现了，麦迪韦逊股票开盘在 55 美元左右，于是我们买入了更多。我首先阅读了麦迪韦逊的治理文件。有途径可以控制这家公司吗？这可是一家特拉华州的公司。"

"上帝保佑特拉华州、爱特拉华州，这是乔·拜登的地盘。远离俄亥俄州。永远不要在俄亥俄州做交易。在那里会有不好的事情发生。俄亥俄州的法律是最糟糕的。而马里兰则非常危险。远离斯皮罗·阿格纽的地盘。你务必要牢记。但说回麦迪韦逊，我不知道其股价的走势。它可能涨到 80 美元。但我知道的是我有一个 52.50 美元的硬止损点，而且法国人通常会在口袋里多放点钱来把事情搞定。赛诺菲作为买家享有良好的声誉。我喜欢这种情况。这是我的'力比多'。"事实证明，当辉瑞公司加入这次"狩猎"时，赛诺菲退出了对麦迪韦逊的竞价，而这家美国医药巨头最终在 2016 年 8 月赢得了竞标，出价为每股 81.50 美元，合计 140 亿美元，甚至高于迪南所做的估值。

"《哈利·波特》中有一个著名的场景，"迪南说，"有一顶古老的巫师帽，叫作分院帽。有人告诉哈利：'是帽子选择了你。'嗯，在某种程度上，我认为同样是投资者选择了你。"迪南解释说，他所得到的结论是："来到我们这里的投资者往往与那些可能会投资普通并购套利基金的投资者大不相同。他们在寻找更高的回报和更复杂的交易。他们不仅需要而且理解这个策略——他们理解这个策略不是总有效。因此，我们可以承担更多的风险。但如果我们降低风险并注重安全，我们也会受到更多的惩罚。所以，是的，如果我们有一个长达六个月或者九个月的困难时期，确实会听到有人说'你们太差劲了'。但我们也有很多长期的大投资者，他们传达的信息是：'我们想要更加激进。我们不想让你保持中性。忘记那些约束吧，我们需要一个愿意承担风险而又富有创造性的基金经理。'我坚信，在大多数市场中，你越是脱离风险曲线，风险回报比就越好。因为大多数人都在'安全'的领域。"

控制下行风险

然而如迪南所说,即便是约克资本的违约头寸"也是我们想做的"——接受风险来赚取回报。他对上升空间有无限的喜爱,也因此常常会小心翼翼地通过两件事来设法控制下行风险:从"非满仓的,25%的头寸"开始进行增量投资,并动态地"随着风险的降低而增加规模(假设风险会逐渐降低)"。"最重要的原则是,如果情况发生变化,而你不该再持有它,那就卖掉它。这再简单不过了。人们不喜欢卖掉跌了1美元的股票。他们会非常乐意把涨了1美元的卖掉。但如果价格下跌,人们会希望至少能把投入的钱收回来。记住,'希望'不是策略。是愚蠢的。"

为了强调这一结论,迪南回忆起一笔套利交易,其最终为约克公司创造了收益,但"真的很伤脑筋",很大程度上是因为该公司没有遵循迪南的增量头寸调整原则。这笔交易是赫兹公司在2011年恶意收购达乐·苏立夫提租车集团。"不知为什么,我们在达乐·苏立夫提上获得了16%~17%的收益。所以我们必须向美国证券交易委员会提交一份13-D[①]文件,让每个人都知道我们持有什么。但我们同时也持有赫兹的股票,所以我们其实在做多这次合并。赫兹出价72美元,达乐的股价则一度飙升至80美元以上。但紧接着风险爆发了。当时是2011年,并且交易存在一个反垄断问题,因此达乐·苏立夫提股价跌至50美元。安飞士汽车租赁公司也曾表达其作为白衣骑士的兴趣,但它随后退出转而收购了安飞士欧洲。最终,赫兹把出价提高到85.50美元,全部为现金对价,我们也在2012年11月退出。但需要记住的一点是,最可怕的是那种无法退出的投资。即便对约克资本来说,这也是一个异常值。"

对于体育版读者来说,迪南鼎鼎大名,他是"纽约金融家三人组"中的第三位成员,他们在2015年买下了常年垫底的NBA(美国职业篮球联赛)球队密尔沃基雄鹿队。到目前为止,这个三人组在提升球队价值方面已经取得了一定的成功,他们为球队引进了新的球员并承诺使用高额的政府补贴建造一个全新的球馆。球队在2016—2017和2017—2018赛季都赢

---

① 指当美国的公司或个人通过交易上市公司证券获得超过5%的收益时,必须向美国证券交易委员会提交的文件。——译者注

得了超过一半的比赛，但均止步于季后赛首轮。（艾威资本的马克·拉斯里和堡垒投资的韦斯·埃登斯也在球队经营中扮演了关键角色，这两位华尔街人最近为了迎合密尔沃基的球迷，宣布他们将引入当地的体育偶像、绿湾包装工队的四分卫阿龙·罗杰斯作为有限合伙人。）

当问到迪南是如何放松的时候，他脱口而出，他会花无数个小时看他的三个孩子参加他们最喜欢的运动的比赛。然后他补充道："关于我有一件鲜为人知的事：我喜欢自己动手做东西。虽然有时这会惹我妻子生气，但我特别精通各种电动工具，我喜欢建造工作台，贴墙纸，做模型以及绘画。"所有的技能都可能派上用场，毕竟迪南在卡托纳、南塔基特岛、迈阿密、加勒比以及曼哈顿都有房子要维护。

同样，当这位亿万富翁提到他那些极具异国情调而又有些危险的旅程时，话匣子一下子打开了——攀登乞力马扎罗山，驾驶独木舟通过荷属圭亚那，与挪威北极群岛斯瓦尔巴群岛的北极熊一起露营。[在斯瓦尔巴群岛，他带来的拉菲特城堡红酒冻成了冰。"天气很恶劣，（我们）在严寒中野营。我发现，如果天气够冷，我带去的那些高档酒就会结冰。酒基本上在我们的塑料杯中结晶了。我应该带那种'两美元抛售'的葡萄酒，还是叫其他什么名字来着。"]但无论从哪方面来说，迪南这些异域故事的重点往往还是强调他对华尔街交易的深深迷恋。或者，就像他说的："我变得非常魔怔，所以我有部卫星电话和全套的设备。这些天，我通常会在早上和一天结束时与公司通话。其实在某个时刻，你应该放手不去想工作。而当我年轻时，这就更难做到了。"卫星电话要大得多。迪南回忆说，当他在1996年攀登乞力马扎罗山时，市场正值萎靡时期，他随身携带了第一代卫星电话，还需要带一套重80磅、有"手提箱大小"的卫星天线接收器。迪南额外雇了一名搬运工，专门帮他把装备带上山。"一周15美元。"迪南笑着说。

仔细想一想，（迪南的特质）一切都很适合（这项工作）。无论是他的价值取向，自力更生的品质，对价格的极端敏感，对细节几近强迫症般的关注，还是合理计算的风险承担，简直就是为并购套利而量身定制的。

第15章

德鲁·菲格多

有限度的风险

在这项工作中，人们损失惨重是因为他们在交易破裂之前就开始对自己持有的交易摇摆不定了。这项工作的重点并不高深莫测。而是要奋斗、努力工作、勤奋并且抛开自负。因为如果你认为自己在交易中更聪明、更正确，那你会非常频繁地陷入失败的境地。我的方法一直是：与市场相比较，假设自己是不正确的，并从这个角度来设法控制风险。

TIG（蒂德曼投资集团）的普通合伙人、全球并购套利投资组合经理德鲁·菲格多表示，他在"一个小到可笑的年纪"就对金融充满了热情，但他甚至不知道这份热情从何而来。"我父亲是一名化学研究员，但自我开始阅读报纸上的并购交易故事，里面的情节让我心驰神往。"菲格多说，事实上，他最爱的家庭故事发生在明尼阿波利斯的一个加油站。那是一个夏天，当时他们全家正开着露营车穿越美国之巅。"我向我爸要了25美分去买了一份《华尔街日报》。然后我就坐在角落里看报纸。"那时他只有11岁。

在1983年以优异的成绩从康涅狄格大学毕业后，菲格多进入纽约大学斯特恩商学院的晚间项目学习金融，这对他来说算不上巨大的飞跃。对于菲格多来说，身处兼并收购蓬勃发展的大环境之中，没有比选择分析恶意收购与善意收购的市场表现比较作为他的硕士毕业论文更顺理成章的了。"从根本上讲，论文认为人们对风险的认知与现实不符。在一笔恶意收购交易中，（一旦）有看法认为交易可能不能完成，也没有任何承诺，人们可能就会退出。因此，人们对风险的认知程度很高，但对机会集的认知却很低。"菲格多研究了当时近一年的披露交易，但因为是在20世纪80年代中期①进行的测算，他承认研究结果可能存在单纯因时间点问题而出现偏差。结果是他发现恶意收购的表现比善意收购要高出惊人的11个百分点。"结论是，市场对风险和机会集的定价都是错误的。"

刚从大学毕业的菲格多，先在普惠公司痛苦地做了一年金融分析师，之后他在海湾石油公司的战略规划部门找到了一份工作，这也使他得以攻读他的MBA学位。1986年，在华尔街传奇人物卡尔·H.蒂德曼创立TIG的六年后，菲格多凭借他的MBA学位和论文加入了该公司，担任套利分析师。1992年，菲格多成为公司的普通合伙人，1993年，成为TIG套利基金唯一的投资组合经理。

尽管他浅棕色的头发上零星散落着灰色的斑点，印证着他已经有30年从事风险套利的经验，但菲格多看起来依然年轻而且精力充沛，让人感觉他仍然像11岁时那样，对并购业务如痴如醉。虽然这项业务在菲格多的职业生涯期间已经发生了天翻地覆的变化，但是他仍旧被各类五花八门的挑战所吸引。"现在的信息流已经截然不同了。"他自嘲地说。最显而易见的是，他不用每隔20分钟就去一台藏在售货橱里吵闹的"自动售票机"

---

① 美国曾于1980—1982年爆发经济危机。——译者注

上拿新闻动态，也不再花钱让别人从华盛顿把刚刚提交的 10-K 表格传真过来。"如今，部分业务变得相当商品化。而考虑到我们已经经历的市场波动和混乱，价差并购套利现在（2016 年 4 月）还具备一定的吸引力。但它是周期性的。我认为，去年夏天大多数善意收购的价差的定价都太低了。尤其是相对于低利率的大环境而言。"

菲格多继续说："由于利率非常低，你的价差很小。仅仅因为利率如此之低，你现在的涨/跌比率要劣于在其他时期可能达到的水平。如果现在的利率是 5%，那利差就将是 2 美元而不是现在的 1 美元。我认为，市场的定价不是很有效，因为人们看看那些交易，就说：'好吧，我们的收益率为 4%，市场利率只有 0 或 1%。足够好了。'但如今的下行风险已不同于以往，情况变得更糟，而上行的概率却大幅度萎缩。"

菲格多补充道，一般而言，市场乐观时的风险套利投资组合并不能让人感到欢欣鼓舞，而市场情绪紧张时的风险套利投资组合却是有吸引力的。"我非常强烈地感觉到，至少在过去，我们做得很好的一点是，当情况很糟糕时，我们仍朝着正确的方向前进——风险——而这就是你得到补偿的时候。事实才是最好的例证，所以让我们回想一下 2008 年。"菲格多继续说："在那个极其糟糕的金融危机时期，我的前六大头寸的市场价格与价差价格相比有一定显著的折扣——如果交易的成交价格是 100 美元，那么它们的市场价格只有 75~80 美元。所以，平均来说，它们带来了 25%~33% 的盈利空间。而且这些价格都会在短时间内确定。无论好坏。我们假设，你可能的亏损仍然是 25%~33%。换言之，考虑到对风险的认知导致的巨大折扣，你是在涨跌相同的情况下进行交易。全部六笔交易最终都按原始价格成交。因此，在 2008 年第四季度，我们的投资组合并未陷入困境，而且还以正收益结束了这一年。"

你无法把恐慌商品化

菲格多说："事实上我坚信，关于并购并不存在我喜欢还是不喜欢，重要的是价差，是机会到底存在与否。你真正要寻找的是市场中商品化程度较低或下行压力较大的领域，因为市场在风险定价方面效率低下。"他补充道:"例如,对我来说如今的恶意收购和 1985 年时一样,并没有被商品化,因为你无法将恐慌商品化。虽然机会集会随着时间变化,但总体的盈亏比率和每笔交易的利润其实是相当稳定的。"

为了证明这一点,菲格多列举了西湖化学公司在 2016 年上半年对埃克塞尔公司的收购案。"在 1 月底,西湖化学对埃克塞尔进行恶意收购,出价比前一天的股价溢价 109%。而在恶意收购的价格仅为每股 20 美元的情况下,埃克塞尔的股价几乎瞬间就涨到了 17 美元左右。如此一来,该笔交易的折扣约为 3 美元,这在历史上简直闻所未闻。市场是在恐慌中定价的,因为大家知道西湖化学的过去。西湖化学上一次提出竞价还是在好几年前,并且最终退出了当时的交易。他们受到了怀疑,市场也因此以巨大的涨跌幅来进行定价。但是我们经过研究发现,西湖化学已经做出承诺——要缩小这个价差,他们所要做的就是发动代理权争夺[①],作为兼并收购的战术,这是一个相当低成本或者说低风险的替代方案。他们之后确实发起了一场代理权争夺战,将价差缩小了 3 美元,我们也得以通过这笔交易赚到了钱。"

菲格多承认,他对风险的迷恋从未中断过。而毫无疑问,正是这份迷恋已经为 TIG 的投资者带来了高额的红利。"在公司历史上,我们做得很好的一点就是在市场陷入恐慌的时候增加我们的风险敞口,就像在 2008 年、2011 年、2015 年以及其他时期所做的那样。当市场在 2015 年七八月暴跌时,我们的投资组合的多头总仓位从 62% 增加至 105%,这是因为我们所面对的是不同的机会集。一直以来这都是相当一致的。这个思维过程的其中一部分可以追溯到对恶意收购的喜爱。我在读研究生时所做的研究对我来说确实产生了重大影响,因为它是关于人们如何为风险定价,关于如何带给你一个充满机会的投资组合的。人们认为风险是不好的。现在通过观察人们如何投资,我发现了这一点——目前,人们投资的重点是善意的公开交易,因为这类交易被认为是低风险的。然而,今天市场上复杂交易的定价是一涨三跌或者一涨四跌,而善意收购的价格则是一涨二十跌或一涨三十

[①] 指第三方要通过股东选举的方式,来争夺董事会成员的投票权,以达到特定目的(通常为争夺公司控制权)。——译者注

跌。那么，在分散的投资组合中，什么是更好的选择呢？"

不要追踪指数

菲格多继续说道："从理论上讲，我们所做的是赚取绝对的阿尔法收益。所以我想要做的是专注于非相关的投资组合的研究思路，而这完全取决于我们团队的研究和差异化交易的能力。根据定义，不管我是对是错，这都是阿尔法收益：它是独立的，它是不相关的。"因此，坦率地讲，菲格多的风格与追踪指数的策略南辕北辙，也更倾向于极短期的操作。菲格多解释说："我们聚焦于寻找短期事件，因为这些事件的风险较小，让我们可以集中时间，进行集中研究和交易。我给你讲时下的一个例子。上周五（2016年4月1日）有消息称，此前被阿拉斯加航空和捷蓝航空竞购的维珍美国航空公司可能会在下周一被阿拉斯加航空收购。现在，航空公司的交易让人提心吊胆。油价会影响交易，劳动力会影响交易，还有时间和波动性（可能会极度剧烈）都会影响交易。但我们看了看，然后说：'好吧，如果事件发生在周一，那么从周五到下周一我会有多大的风险？包括我面临所有的事件风险。但在石油、劳动力和基本面方面，我并没有太多的风险。'这些风险可能会在周末过后对你造成影响，但它们变得显著或真正发生的概率很低。事实上，市场在周五就知道了这个消息，确切地说是当天下午3点50分。还有另一份报道称，竞标结果将会在下周一公布。这样一来，几天之内你就会有结果。在一笔交易中，你要做的就是让自己处于一个能得到看涨期权的位置。在这样特殊的情况下，这不是流言套利。据我所知，拍卖过程已经被广泛报道，首先是刊登在《华尔街日报》上。现在，无论交易成功与否，都会在短期有个结果。然而，尽管所有这些都已经是市场公开信息，但上周五你还是能够以每股39美元的价格买入维珍美国航空。当周一交易公布时，交易的价格是57美元。那么，市场对风险和机会的定价是否正确？显然不是。"

菲格多接着说："我的一位分析师周一早上走过来对我说：'这太疯狂了。谁会想到能有57美元。'但我回答：'这就是我们为什么要这样做。人们不会在这种机会集中正确定价。'"菲格多继续说道："他们会说：'好吧，股价是 39 美元，所以交易将以 45 美元的价格完成。'但事实是，随着时间的推移，这些股票的买入价越来越高。这笔交易有两家公司竞标，而且（都与目标公司）具有巨大的潜在协同效应。维珍美国航空的 EBITDA 为 3 亿美元，我们反复讨论认为协同效应所带来的潜在收益也会在 0~3 亿美元这个范围内。而根据阿拉斯加航空自己的预测，协同效应将会是 2.25 亿美元。这是一个强有力的数字——3 亿美元的 EBITDA 和 2.25 亿美元的协同效应。我一直痴迷于对风险的认知是如何影响市场价格的。"

有限度的风险

然而，菲格多并未过多参与这笔尽人皆知的大宗交易，在那个周五他并没有在他的投资组合中增持维珍美国航空。"我已经有了头寸，但我希望它的规模能更大一些。我们研究过，但我们努力想要做好的一件事就是在面临风险时，坚持贯彻我们在从事这项业务的 30 年中所学到的规则来保护自己。在这种特定情况下，我们的规则是持有（不超过）100 个基点，即 1%，因为这是一个将在周一披露的交易，你可以看到它是如何进行的。对于恶意收购我们也有相应的指导方针。如果交易满足某个标准，那么头寸规模应该是 X。如果收购是在有融资的情况下发起的，且不涉及反垄断或其他问题，交易的质量也就更高，我们会扩大头寸规模。你要做的就是在面对风险时保护自己，把风险抵消掉。"

他继续说："待售交易在投资组合中的头寸规模应该是相似的。几年前，我对传闻中的一笔山景城制药公司的待售交易下了很大的赌注。那次的损失非常惨重，我彻头彻尾错了，而且它的规模比其他任何头寸的规模都要大。我还一度认为这是笔好交易。我们从中吸取了教训。我们犯错，然后从中学习。于是我们开始制定规则，'我们允许的每个头寸的仓位百分比是 X'。在这个医药公司的案例中，我们低估了交易失败的风险，同时低估了下行风险。所以（待售交易的）过程是关键。当你在看一个待售交易时，从定义上讲，这个过程越久，对我们来说前景就越糟糕。"因此，菲格多补充道："如果维珍航空于三个月前就已经正式宣布自己待售，这个过程就变得很糟糕了。你必须持有这家公司的股票大概三个月，却不清楚它的动机，还有很多事情也都不了解。但如果把同样的事放到一个周五，而到下个周一他们要么即将签署并购协议，要么交易失败，这显然是一个更好的交易。"

这并不是说菲格多是厌恶风险的，事实远非如此。他会谨慎地估计自己的胜算。其中很重要的一部分就是要意识到交易风险是如何随着时间变化的。"彻底与世隔绝（在市场危机期间）可不是一个好策略，因为我坚信亏损迟早会找上你，这样做是没有用的。如果你不是真的在设法赚钱，亏损会找到你，而你又没有在赚钱，这样一算，你就可能会亏钱。我一直在风险中寻找机会，因为风险总是被错误定价。"

作为一个彻底的逆向投资者，菲格多很乐意在一笔大规模交易失败后进行风险套利。"当希尔制药与艾伯维的交易失败时，所有的交易价差都突然增大。但其中大部分价差的增大其实是毫无道理的，因为至少 90% 的交易都处于不同的、不相关的行业。"菲格多以 2015 年美敦力与科惠医疗这笔成功的交易为例进行说明。"尽管这也是一笔税负倒置交易，而且从广义来说与希尔制药及艾伯维处于相同的行业板块，但这仍是不同的交易。在希尔与艾伯维交易破裂的前一天，美敦力的交易总价差为 3%～4%，而在希尔与艾伯维交易宣告失败的第二天，价差到了 12%～15%。显然，这样的风险更小。"

极致的研究

但菲格多并不仅仅依靠改变价差关系来进行投资组合的决策。他还"最大限度地进行调查研究"。他解释说，TIG 方法是 DIY（自己做）。"我们会直接与公司、竞争对手和监管机构会面。"因此，在希尔与艾伯维交易失败后的第二天，美敦力与科惠医疗在明尼阿波利斯召开分析师会议，菲格多立刻坐飞机赶去参加。"同我的 20 个竞争对手一起，我与美敦力的 CFO（首席财务官）共处了一个半小时。这是一个难得的机会，因为你就在现场。当你问他们问题的时候，你能够看着他们的眼睛。这很传统，却是我们真正相信的东西。我们的方法是真的去探寻深层次的阿尔法收益，而调查研究会在其中起到很大的作用。在调查研究中，你可以问一个人问题，然后对他的回答做出判断。所以我们坐在那里，听美敦力的CFO为他们的交易辩护，而就在前一天，刚有一笔交易宣告失败。大部分提问也都是关于这一点的。而且因为政府刚刚有所动作，所以关注的焦点也不在政府的下一步动向上。那时，问题的关键在于美敦力是否还想做科惠医疗这笔交易。确实，美敦力看起来非常坚定，而且价差已经增大至原来的四倍，所以我坚持持有科惠医疗的股票，尽管头寸的规模很小。当时，面对我们在希尔制药的头寸和整个投资组合上承受着的巨大痛苦，要做到这一点并不容易。但没有关系。你仍然要承担风险，尽管这会带来难以承受的痛苦，而且因为机会也出现在此时，价差已达到了原来的四倍。"

菲格多又回忆起在2012年赫兹公司与达乐·苏立夫提的并购案中，他这套亲身实践的研究方法被证明是极有价值的。由于这笔交易一直处于监管的不稳定状态，他亲自去了在拉斯维加斯举办的一个汽车租赁连锁经营展览会，来"与赫兹和苏立夫提接触，但更重要的是，是为了见一见他们的竞争对手和加盟商"。菲格多的问题涉及面很广。"你觉得这笔交易怎么样？经济效益如何？谁会购买那些被剥离的资产？"菲格多说，他当时只是在拉斯维加斯体育馆里四处溜达，但这时他注意到一个人，他的徽章表明他管理着一家行业协会。"我问：'你认为谁会买那些被剥离的资产？'他回答：'不是我，而是我的朋友。'"有了这个答案，对于反垄断资产剥离可能导致交易失败的问题，菲格多的担忧逐渐消失。

同样，对于菲格多来说，"风险定价不是线性的"，这是他秉承的宗旨。他假设："如果一笔交易突然被发现存在反垄断问题。那么这笔交易就从没有已识别问题的'安全'状态变成了需要接受美国司法部第二请求[①]调查的情况。那么现在交易因此告吹的可能性有多大？风险可能会增加20%。但价差却不是从1美元增大到1.20美元，而是从1美元到2美元，或者2.50美元。这是一个非线性的反应。但还是很棘手。这是关于风险收益比率的一场很有趣的辩论，因为如果交易失败，你损失的不是收益率，而是真金白银的本金。这是一种平衡风险的行为。但我发现很多机会其实

[①] 指根据美国反垄断法，由联邦贸易委员会和司法部反垄断部门发起的、针对可能出现的垄断问题对收购兼并进行的调查。——译者注

都存在于这些非线性的关系中。"

菲格多承认,有时难免会出现那种事件,对他风险套利中的一个头寸产生不利影响,而他应对的方法是要"看情况"。他说:"基本上,如果你发现风险在增加,要做第一个卖出的人,因为退出头寸总是没坏处的。我们内部有些流行语,比如'你的第一笔卖出就是你做得最好的卖出'。而如果交易是突然终止的,情况就不太一样了,因为那时每个人都知道这个消息,但这只是结果,所以你还是必须要回到你的研究中去。例如,当有新闻报道希尔制药破产时,交易也就结束了。在这种情况下,买入其实是你更好的选择,因为其他人都在惊慌失措地逃离。在类似的交易中,通常更好的做法可能还是继续持有,并至少坚持到出现一次反弹。但一般来说,我们的策略就是承受住打击卖出并在之后卷土重来。"

资本保全,重中之重

菲格多强调:"资本保全是风险套利业务的关键。按照设计,这应该是一项追求绝对收益的业务,而如果你的收益为负,你的客户一定会非常不满意。1987年我作为一名年轻分析师在 TIG 工作的经历就如同一场灾难。(我们的)投资组合一天损失 100 万美元,主要是由于组合构建方式崩溃了,而它一开始的规模也仅有 2 000 万美元。"但 1987 年那炼狱般的经历带给菲格多的经验教训让他永生难忘。"因为在严峻的市场形势下,企业重组很容易失败,所以我不得不面对绝对收益很低且受到严格约束的并购套利业务。我亲眼看到我们到底损失了多少钱。我听到有客户抱怨说:'我还以为你们是绝对收益策略,但你们真的不是。'当你因为大环境恶化而亏损 20% 时,就会发生这种事。因此,当我在 1993 年接管公司的投资组合时,我确保我会严格按照我们提前向客户承诺过的策略去操作。如果你告诉客户你的任何头寸最多都只会亏损 1.5%,那么你必须坚持这个目标。即使有状况出现,也不能改变。"菲格多接着说:"但具有讽刺意义的是,客户往往倾向于在事后才发现它的好处。换句话说,尽管我们还在赚钱,2008 年对我们来说是一个非常黑暗的时期,因为每个人都在把自己的钱从基金中撤出。部分原因是他们可以这么做,我们也没有限制他们这样做。但他们也很恐慌。直到一年后,他们才意识到:'哇,你们做得很棒。我会投入更多的资金。'这表明耐心和坚持是赚取长期绝对收益的关键。"

菲格多补充道:"这绝非易事,但你必须要有这种心态,当负面的情况出现时,这不是坏事,而是一个机会 ——要以积极的心态去看待风险。"菲格多回忆:"我经历过的最好的事情之一就是欧盟阻止了通用电气与霍尼韦尔的合并。当交易破裂时,我只有少量的亏损,因为我一直在按我讲的那样,在交易的形势开始恶化时,就进行了减持。所以到欧盟裁决下来的那天,我手中几乎没有头寸。这不是因为我是天才,而是因为我在过程中就已遭受过损失。但是,当这笔交易破裂时,其他所有拟议交易的价差都增大了,而那些有反垄断问题的交易的价差更是大幅度增大。实际上,我认为,这样的'欧盟黑匣子监管决定'(EU black box regulatory decision)[1]今天仍在扩大欧洲的交易价差。我作为套利者的角度来看,这(持续性的影响力)使它成为历史最佳的事件之一。"

菲格多会对他年轻同事们强调的另一个要点是:"没有说的话,往往和说出来的话一样重要。"他讲述了一个发生在2007年米尔肯与德雷克塞尔交易的会议上,关于一场特殊而生动的非语言交流的故事,以佐证他的观点。"杠杆收购的价差已经相当巨大,信用正在瓦解,市场也摇摆不定。我在这次会议上走到每一笔交易买方代表的跟前,验证一种理论。我会问:'你们的交易在经济层面是失败的,融资成本正在飞速上升,你会怎么做?'我走到一家私募基金公司代表的跟前,他们计划收购佩恩国民博彩公司,当时的情况非常有趣。我甚至还没来得及开始我的提问,他就真的向后绊了一跤,只是为了赶紧避开我。其实,如果交易顺利,你不必如此。但如果交易出现问题,这就是你需要做的。对于说过的和没说过的话,以及说话的方式,你都必须要保持敏感。"

---

[1] 欧盟于2001年7月3日以"通用电气收购霍尼韦尔后将导致通用电气在不同市场的垄断地位,严重阻碍航空市场自由竞争"为由,否决了此前已获得美国司法部批准的规模为450亿美元的交易。这也是美欧在反垄断问题上首次出现分歧。——译者注

检验理论

菲格多说，他能够高效地从公司高管、机构股东、监管机构等处搜集到信息的一个原因是，他努力"不成为一个贪图小利的人"。他解释说："你想成为一个能增添价值的人。但如果你问了一个'愚蠢的套利'问题，你的消息源会感觉受到了侮辱因为他知道自己被利用了。与其如此，不如问一个关于价值理论的问题并提供一种思路。这不仅带动了对话的气氛，还提高了答案的质量。因此，我们总是设法检验一个理论，而不是提那些没有答案的问题。"

菲格多补充道："当投资组合中出现大额亏损时，我会回家拥抱我的妻子和孩子，并试着提醒自己，在这个行业中，明天总会到来，如果你能从错误中吸取教训，你就会成功。"之后，菲格多和他的团队会进行总结，通过"一个被我们称为经验变压器的过程。我们会从正确的决策开始，到我们所犯的错误，并从积极的角度总结今后在哪些方面还可以做得更好，这是关键。我得到的一个惨痛的教训是，如果你在早上九点对某人大喊大叫，说'你这个白痴，你把我的钱亏掉了。你到底在想什么'。公司里的每个人都会感觉如履薄冰。没人会再关心如何赚钱，包括你自己。机会也就白白地溜走了"。

在2016年4月一个星期一的下午，艾尔建和辉瑞之间拟议的倒置并购交易告吹，当时菲格多正在接受我们的采访。美国财政部部长雅各布·卢办公室发布的报告迅速传播开来，其中概述了对税收和并购相关法规的一系列修订。隔壁房间里TIG交易台上的说话声很快就变得越来越大，越来越激烈，分析师与交易员们或者聚在一起讨论，或者激烈地操作着手机和电脑。不久，一位分析师在会议室门口向菲格多示意，他很快就借故出去，自己浏览了这份报告并与同事们进行了讨论。没有发生的事更值得注意，其间没有尖叫，没有叫喊，也没有听到菲格多或其他人讲脏话。只有训练有素的团队合作。不到十分钟，菲格多就回到了会议室，他向我们转达了这个消息，并为刚刚的中断道歉，同时建议我们在一切尘埃落定后再继续这次采访。当两周后我们继续采访时，菲格多直奔主题，将这件事的前因后果娓娓道来。"卢的通知中包含了一项关于倒置交易的三年追溯条款。在我看到'三年追溯'的一瞬间,我就知道我们完蛋了。在此之前,相关法律与兼并收购行业规则的约束期为两年。如果你在考虑一笔为提高企业税收效率而进行的并购交易,税法规定一项交易计划的冷却期应被视为两年。但他们制定了一条本质规则,规定此前的两年期限不再适用,三年内所做的任何操作都将被假设为是为了合并进行的。财政部的报告坐实了这些假设,而我几乎立刻就意识到,不管辉瑞怎么想,这都是交易的终点了。"

在交易方面,菲格多继续说道:"辉瑞的股价没有变化。自前一交易日结束,我们对辉瑞的空头头寸增加了不到1%,这样一来我很容易就平仓了。那天收盘时,我也就不再有权利来做空辉瑞了,因为在我们看来,交易不会发生了,或者最多只会在重新调整后进行。(我们)判断错误的风险不足1%。就像我说的,只要市场还不清楚交易的结果,你的第一笔交易往往就是你最好的交易。很明显,市场还不知道,因为交易双方什么都没说,政府也只是发了份公告。在交易的另一边,我们以225美元的价格卖出了我们艾尔建头寸的20%,价格与我们从风险收益比角度做出的预期大体一致,之后我就结束了当天的操作。第二天,艾尔建的股价高达245美元,在接下来的两天内,我们卖出了大部分头寸,平均价格约为235美元。因此,整体下跌幅度为30~40美元,达到12%~15%,这让人恼火又痛苦,但事实已然如此。市场不关心你的成本是什么。但这无关紧要,不要管它。而之后的好消息正如我所料,所有其他交易的价差都增大了,而且幅度极大,我们也利用了这一点。"

并不高深莫测

菲格多补充道:"在我从事这项业务的23年里,我只有8笔交易的损失达到或超过了投资组合的1.5%,这不算太好,但也清楚地表明了我们在控制损失。我们的目标是更早地承受损失,这可能有点奇怪。而从本质上来说,就是永远不要认为你比市场聪明(这是一个愚蠢的想法)。而且还要随着时间的推移持续地对投资组合进行管理。在这项业务中,人们损失惨重是因为他们在交易破裂之前就开始对自己持有的交易摇摆不定了。这项工作的重点并不高深莫测。而是要奋斗、努力工作、勤奋并且抛开自负。因为如果你认为自己在交易中更聪明、更正确，那你会非常频繁地陷入失败的境地。我的方法一直是，与市场相比较，假设自己是不正确的，并以此角度来设法控制风险。作为一个团队，我们努力工作。关于研究，我们也会坦诚地对待彼此和自己，并不断地重新评估我们的头寸。我们多年来一直在度量的一件事是，我们能够以多快的速度退出一个头寸，将我们的观点从积极变为消极，因为这才是衡量成功的标准。事实证明，在所有失败的交易中，我们只持有过其中的60%，而且平均来说，到它们失败的那天，我们只持有初始头寸的不到30%。这说明了我们对自身过程的一贯坚持。"

事实上，菲格多认为："如果你在并购交易中有一个满仓的头寸，要么你认为交易没有任何包括反垄断或其他问题在内的风险，要么你就是疯了。"只要有任何出现问题的迹象，TIG就会减仓。对于一个风险套利基金来说，它并没有在管理一个特别分散化的组合，其中可能持有25只股票，每只股票最多占比5%~6%。"但当交易临近时，我们会设法制定一个集中化的思路，"菲格多总结道，"我们不是一家买入并持有的并购套利价差机构。相反，我们将重点放在成为一家复杂的、针对事件交易的并且充满创意的机构。"

菲格多清楚地知道，风险套利在很大程度上是一门艺术，风险管理也并不高深莫测。他的天才之处在于高度自律且经过深思熟虑的交易过程，他在这个过程中运用这门艺术为客户创造阿尔法收益。

第16章

杰米·齐默尔曼

事件驱动下的价值投资

对于交易的收购方、目标公司以及相关行业,莱特思必得需要做大量的基础研究工作,设法了解主要人员都是谁,他们为什么要做交易,他们看到了什么,以及交易的动机是什么。危困业务的交易同样需要做大量的研究。碰到一个破产的公司总是很有趣,因为它用太多的钱购买了另一家公司,反而使自己陷入了困境。你可以回顾最初的股东投票结果,并把他们承诺会做的事以及最终发生的事做比较。但没有人认为他们会失败从而去做关于这些方面的研究。可是有时候,因为种种原因,交易就是行不通。

如果让杰米·齐默尔曼描述一下她是靠做什么谋生的,她会立刻回答说:"我就像一个调查记者,在受金融事件影响的领域寻找价值。数字只会告诉你过去的事,而你必须弄清楚这些数字明年会如何变化。没有人能确切地知道。但你可以进行分析和预测。"

率真又直言不讳的齐默尔曼于 2000 年创立了莱特思必得合伙公司（Litespeed Partners）对冲基金，为投资者管理着数十亿美元的事件驱动型资产，但她却从未打算在华尔街留下属于自己的印记。她在纽约繁荣的斯卡斯代尔长大，在成长过程中她心中那个典型女学生的理想从未动摇过——齐默尔曼立志成为第一位就职于最高法院的女性。在 1981 年以优异的成绩从阿默斯特学院毕业的几个月后，齐默尔曼就被由里根总统任命的桑德拉·戴·奥康纳①抢了先，但她仍然勇敢地继续上了密歇根大学法学院。在那里，当大多数研究生只有一个学位的时候，现年 57 岁、因无穷的精力而闻名于投资界的齐默尔曼同时获得了法学博士学位和英文文学硕士学位。同时，她有了一个不可动摇的信念：她绝不会花一辈子的时间当律师。经过毕业后的各种尝试，齐默尔曼坚定了自己对于写作的热爱，并且"在地方检察官办公室、银行和《体育画报》（Sports Illustrated）进行了各种奇特的面试"。但没有什么能真正触动她的心弦。

1984 年，为了给自己争取一些时间，齐默尔曼在纽约南部给一名破产法官当职员。齐默尔曼解释说："（破产）法案在 1978 年刚刚被重新修订，所以它对所有人来说都是全新的，法庭也花了一段时间才将它完全推行起来。而我从一开始就在研究它，因此我对它的了解几乎比其他任何人都多。但我真的不知道我想做什么。我只知道我本来想做的事（当法官）让我非常痛苦。"

为了寻找灵感，齐默尔曼带着任务参加了阿默斯特学院的五周年同学聚会，并对她的同学进行了一次调查，来看看谁对自己的工作和生活都感到满意。她发现，医生们都忙得"汗流浃背"；而那些获得哈佛大学 MBA 学位并成为咨询顾问的人"大部分时间被困在偏远地区某个工厂旁边的霍华德约翰逊快捷酒店里"；投资银行家们则全天候不间断地工作。齐默尔曼说："只有那些成为债券交易员的同学收入很高，很快乐并且拥有自己的生活，这让我觉得：'好吧，我要去做这份工作。'"齐默尔曼继续说，

---

① 美国最高法院第一位女性法官。——译者注

她越分析越觉得，参与经过计算的"押宝"的这个想法深深迷住了她。"这就是我对仅仅在法律行业当一个顾问感到不舒服的地方。事实证明，我喜欢冒险。"

"权宜之计"却成一生事业

齐默尔曼回忆说，为了实现这个想法，她咨询了已在华尔街工作的朋友。他们建议她去从事企业融资，但她最终"几乎是纯属偶然地"在罗斯柴尔德的风险套利部门找到了一份工作，而就在两周前，伊万·博斯基刚刚因内幕交易被捕。齐默尔曼补充道："我当时是被罗斯柴尔德的联席研究主管迈克尔·戈登雇用的，我还记得他后来的合伙人（在安吉洛戈登[①]）、时任罗斯柴尔德套利主管的约翰·安吉洛还曾祝贺我有胆子加入一个套利团队！但是，说真的，刚开始的时候我只是把这份工作当作一个权宜之计。我曾想在做新闻记者之前大赚一笔。"可事实是，齐默尔曼在罗斯柴尔德的套利交易台上感受到的快节奏、刺激与挑战几乎让她立刻深陷其中，无法自拔。齐默尔曼的话语和思想在谈话中以惊人的速度倾泻而出，而且经常能在探究和挑战假设（她自己或者别人的）的时候，以意想不到的方式相互联系起来。

她发现，公司这种快速研究和快速决策的文化正对她的胃口。齐默尔曼的努力、激情和毫无胆怯的声音很快吸引了同事们的目光。她几乎即刻就领会到："风险套利是一个关于大小和时机的策略。可以进行货币化，或者用一只证券交换另一只证券或一些现金。"而其中的风险却很简单，就是交易没有发生。不仅如此，由于博斯基的丑闻以及随后迈克·米尔肯的垃圾债券公司被起诉且最终解体，齐默尔曼在进入这个行业时正值20世纪80年代中期的兼并收购热潮消退期，但由于她有破产法方面的经验，在此时入行实际上帮助了她。齐默尔曼解释道，罗斯柴尔德交给她的主要工作是处理债券市场的交易机会并且"当所有的危困和破产业务突然开始落在套利部门的人手里时，他们牢牢地把握住了机会。我也开始在工作中

[①] 迈克尔·戈登与约翰·安吉洛后来合伙成立的风险套利公司。——译者注

发挥我的优势。于是我们变得非常忙。这对我来说太棒了！"事实的确如此，所有那些迅速解体的杠杆收购给他们提供了做危困业务的难得机会。此外，德士古在 1987 年底寻求破产保护，这在当时是有史以来最大的公司破产案。（鹏斯公司曾于 1983 年在收购格蒂石油公司的竞标中经历了一场苦涩的失利，之后在宾夕法尼亚州向竞争对手德士古提起了诉讼。而德士古，这个石油巨头为了逃避陪审团做出的巨额诉讼赔偿裁决，在绝望中申请破产，但最终以失败告终。）

齐默尔曼在 1988 年离开罗斯柴尔德加入狄龙里德公司，专门从事套利和破产业务。她刚开始主要在传奇套利者艾伦·柯蒂斯手下工作。"他的要求很高，"齐默尔曼回忆，"他是一位很棒的导师。我从他身上学到了很多东西。"她讲了两个故事来说明这一点。第一个是她投资的一个金融公司交易。该公司的一个汽车贷款投资组合被发现存在欺诈行为，当消息传到行情显示器上时，交易宣告失败。"我在一分钟内损失了 100 万美元，这在当时是很大一笔钱，我真的感到恶心反胃。朋友们都在问我是不是要吐了，我失魂落魄，颤抖着走进了艾伦的办公室。但他只是说：'你是没办法发现汽车贷款组合中存在欺诈行为的。你怎么可能知道呢？你没有做错任何事。'然后他补充道：'但的确，我们损失了这笔钱，所以让我们开始新的工作吧。'"

第二个关于艾伦·柯蒂斯的故事同样涉及一笔套利交易。交易内容是两家银行合并。其中一家银行取消了对一处房地产的抵押赎回权，这引起了市场的担忧。如果有强制要求在该地块上进行费用高昂的环境清理，交易将被推迟。齐默尔曼说，她针对该情况进行了大量的调查研究。她打电话给地方官员、房地产经纪人甚至新闻记者，设法证实真伪。不仅如此，她还致电对这个案件有管辖权的州自然资源部门。她利用自己在法律方面的经验在通话中博得了官员们的好感，并且"套"出了监管机构对此案的看法，即如果该银行受到影响，则金额上限也就是 100 万美元。因此，齐默尔曼断言这笔交易仅是标准的简单交易，于是公司坚持持有手中的头寸。她记得当时大约是 4.99%。"然而有一天，出人意料地，股价一落千丈，从差不多 36 美元下跌到 28 美元。我会被'钉上十字架的'！因为是我说这只是一笔常规交易。结果，这只是因为我问过的一位记者决定写一篇报道，说交易有可能会推迟。"齐默尔曼继续说道，"既然如此，我就坐在那里打电话给所有参与交易的人，并且告诉他们，关于或有责任金额的上限，必须在媒体上发布一份声明。但那整个下午，我们都只能忍气吞声。直到第二天早上他们发布了这份声明，卖出压力才随之缓和，股价反弹至36美元。自打交易出现问题之后，艾伦不断地冲我大吼：'你为什么要说这只是常规交易？'但我坚持自己的观点，而且我们也趁着价格处于低位买入了更多股票。然后当然，在股价反弹之后，他想知道为什么我们没有再多买入一些！"齐默尔曼笑道："顺便说一句，我认为身边能拥有这种人很棒，他们会严格要求自己和他人。艾伦在这方面就做得很好。"

做好自己的工作

齐默尔曼回忆："我学到的是只管去做我自己的工作，知道你在做什么，并且相信你自己的判断。你学到的任何东西都会使自己与预测相关的能力更强，（这些能力）都是关于实际业绩表现的，而不是外表。"她若有所思地说道："这和当律师有很大不同。从事那种职业，你会非常在意外界对你的看法。但整个投资行业都只对正确的答案感兴趣。只要你得到了正确的答案，即使你在电话里听起来像个白痴也没关系，你懂我的意思吗？"

1989年末，联合大陆控股公司的员工向公司发起高杠杆收购但最终失败，而在事件发生的30年后，齐默尔曼已经无法回忆起其中的细节了。"我是新人中的新人，所以这也不是我能负责的交易。但我的确记得，在此之后，所有的交易融资都突然消失了。而我在狄龙里德公司的老板也退休了。"（该公司在联合大陆控股公司的交易中作为套利者曾大规模公开参与。）"那时，我决定换一份工作，于是同时参加了奥本海默危困业务部门以及美国证券公司风险套利部门的面试。我记得美国证券公司的尼尔·戈尔茨坦告诉我，再也不会有任何套利业务了，所以我应该去奥本海默做危困业务。至少在之后的四年内他都是对的。"

然而，齐默尔曼高兴地指出，20世纪90年代早中期的环境"对重组非常有利。我是说简直太棒了。这就是为什么我一直认为风险套利、债券和企业破产只是信贷周期的不同方面。在过去，至少在量化宽松策略扭曲了市场情况之前，你总还可以指望至少其中一项可以为你提供非常吸引人的投资机会。如果融资稀缺，你就会遇到很多重组案；而如果融资充裕，就会有很多并购交易和风险套利。在事件驱动领域，总有一些有利可图的事情可以赚钱"。长话短说，齐默尔曼之后一直在奥本海默基金公司工作，直到1997年多伦多多米尼奥银行聘请她负责一项新业务研究，并推动该业务纳入风险套利和特殊情况投资组合。然而，就在第二年，银行对这项业务的投入却出乎意料地仅停留在纸面。长期资本管理公司的快速破产和随之而来的金融危机，使该银行在惊慌中削减了其对事件驱动领域的资产配置。理所当然地，齐默尔曼将这视为一个征兆，随即开始寻找潜在的投资人，而她的第二个孩子也在1997年底出生了。是时候开办自己的公司了。

分娩之痛

这正是她所做的，她于2000年10月成立了莱特思必得管理公司及莱特思必得合伙对冲基金。她最初的大部分资金本应来自一位朋友和他的一项高科技业务，但这项计划因互联网泡沫而失败。莱特思必得最终仅以400万美元的资金正式开张，其中很大一部分是她从以前的老板那里筹集来的。齐默尔曼显然没选对时机。但命运在这之前已给了她更残酷的打击。在1998年初她的丈夫突然去世。齐默尔曼说："事实是，在那个时候如果我丈夫没有死，也没有两个孩子，我早就该拿到别人的投资了。每个人都在说：'哦，等等，等等，你确定吗？'终于，我说：'好了，见鬼去吧。我对这个很在行。开始行动吧。'"她停了一下，喘了口气，接着补充道："我们的资产规模曾一度高达35亿美元，这真是不可思议。虽然我们目前不到35亿美元，但我们会再次做到这个规模。"

齐默尔曼一直都是运动健将。从阿默斯特学院毕业后，她曾花了整个夏天与朋友从俄勒冈骑行到弗吉尼亚，横穿整个美国。她用她最喜欢的竞赛自行车品牌莱特思必得来命名自己的公司。但对冲基金莱特思必得并未实现迅猛地发展。她承认自己曾天真地认为,只要她第一年即获得超过22%收益的业绩的消息传出去,资金就会简单地涌进来。然而,经过整整两年的经营,莱特思必得的资产管理规模仍然只有数千万美元的水平,因此她聘请了一名市场营销人员来帮忙募集资金。2003年,莱特思必得的业务实现了全面突破。齐默尔曼交出了她有史以来最好的业绩,实现了45%的增长;她的对冲基金在这一年年末超过了1.2亿美元的资产管理规模。2003年12月,《巴伦周刊》刊登了一篇齐默尔曼的采访,标题是"受难的少女"(Damsel in Distress)。从那时起,莱特思必得的资产规模开始突飞猛进,直至2008年。在这一年,同许多其他对冲基金一样,雷曼兄弟的倒闭让她举步维艰,尽管做了对冲,但当年最终还是亏损了21%。齐默尔曼在此后的第二年反弹至超过30%的增长,并在此之后,一直在稳步恢复。

齐默尔曼强调,从破产到并购等各种事件驱动情形,莱特思必得都有能力进行投资,这使其具备一定的优势。"因为你清楚股权价格的走向。另外,当人们无法偿还其资本结构中的债务时,你也清楚会发生什么,这给作为投资者的我们提供了一系列窍门。"她继续说,"事实上,在我们赚得最多的债务重组业务中,很多情况都是我们买入了最终会转换为股票的债权。"她举了美国航空公司的例子。"在公司破产期间,我们是其非常大的债券持有人。我们分别以17美分、20美分及23美分的价格买入了很多债券。而这些债券的价格最终达到了1.20美元。然后我们用其中的很多债券交换了公司股份,并最终获得巨大的收益,这是因为我们正确地把握了航空公司的周期。最初的债务重组最终导致了行业的整合。"

齐默尔曼指出,在现在的多策略对冲基金中,如果你看看有多少是以套利基金的形式起步的,那么风险套利作为一种原则的巨大优势就可见一斑。她问道:"为什么会这样?"几乎没有任何停顿,她自己就给出了答案:"因为这是一套风险管理系统。你假设合同法有约束力,假设人们签订合同、花钱聘请律师和财务顾问是真的希望把交易做成。因此,风险套利实际上主要是关于如何评估风险,如何调整头寸规模,了解上涨的幅度、时间点以及潜在的下行风险。"而在周期的另一侧,在破产协议中,相同的合约框架则可进行反向运作。

莱特思必得的投资组合很少会添加杠杆，哪怕只是很小的一部分。因此与其他大多数对冲基金经理相比，齐默尔曼相对更加"保守"。她多次强调，在进行风险套利交易时，她首先考虑的是潜在的负面影响。"我的意思是，任何形式的交易其实都只是笔买卖。所以问题是你在承担什么风险，你期望得到什么，这只是一个风险和回报的问题。另外，你对你的下行和上行的预测有多大把握？"齐默尔曼接着说，"那么，如果一场竞标战或其他诸如此类的事情爆发，在你持有一个有利可图的头寸之前，你首先必须要决定：'如何确定规模？'"她指出，如果仅仅关注潜在的回报，这总是很有诱惑力的。"但更严格的做法是考虑可能会出什么问题。如果有问题，我的损失会是多少？如果问题真的出现，我最多能承受多少？"她言辞激烈地总结道："你最不想做的就是自杀。你必须活着才能继续明天的战斗。如果你的规模合理，即使出了问题，你明天还可以去别处赚钱。"

玩转周期

对于交易的收购方、目标公司以及相关行业，莱特思必得需要做大量的基础研究工作，设法了解主要人员都是谁，他们为什么要做交易，他们看到了什么，以及交易的动机是什么。危困业务的交易同样需要做大量的研究。碰到一个破产的公司总是很有趣，因为它用太多的钱购买了另一家公司，反而使自己陷入了困境。你可以回顾最初的股东投票结果，并把他们承诺会做的事以及最终发生的事做比较。但没有人认为他们会失败从而去做关于这些方面的研究。可是有时候，因为种种原因，交易就是行不通。齐默尔曼继续说道："看看拉尔控股，它在收购波斯特公司后的四年内就将其分拆了。或者看看 2008 年收购了依诺得公司的起重机制造商马尼托瓦克。交易成功了，但如今他们还是在激进股东的压力下对依诺得进行了拆分。"

齐默尔曼指出，对于风险套利，乃至所有事件驱动型投资来说，时机是另一个关键却又充满不确定性的因素。"我们现在（2016 年夏季）持有全球星公司（Globalstar）的头寸，而他们用了三年半的时间，才把拟定的交易条款建议公告,变成联邦通信委员会八楼的正式裁决。这太疯狂了——耗费的时间太长了。真正决定回报率的是价格和时机。如果你知道某笔要约,时间是30天,或者是某笔合并,那可能需要90天,但如果涉及一个漫长的监管过程,那可能需要9个月甚至1年。但不管是什么类型的交易,我们在时间上的把握都尽量保守,而且回报率要求也显然使我们必须考虑到这一点。但这其实并不仅限于风险套利,对于每项投资其实都应如此。否则,假设就会变得不受约束,而你只是跟着市场走势随波逐流。"齐默尔曼认为,"对我来说,我在交易中发现的风险越高,我要求的回报率就越高。"

真正把齐默尔曼与许多同行套利者和事件投资者区别开来的是对冲问题。她说:"如果我们非常确定一加一可能等于三的时候,我们通常会放松而不去对冲所有的头寸,或者仅对冲一部分。"她说:"但只有在做了详尽的基础研究之后,我们才能清楚地了解我们的下行风险。"她的理由是:"有时候做对冲实际上风险更大。看看辉瑞与艾尔建的交易发生了什么。"她解释说,财政部在2016年春天突然采取措施,阻止拟议的税负倒置并购,并同时重新改写了其税收政策。"作为一个套利者,如果你忽略了传统做法,没有做空收购方,你将损失更少的钱。因为收购方辉瑞的股价在交易破裂时实际上上涨了。辉瑞公司今天的股价约为34美元,而在财政部否决交易之前,它的股价曾一度跌至28美元。"

事件驱动投资下的价值投资

齐默尔曼在驾驶奔驰AMG旅行车时会平稳地换挡,她把这种稳重的"妈妈式驾驶"表象称为"完美的伪装",这样她可以在高速公路上将时速飙上135英里却免于处罚。她认为许多套利者同时从事破产重组的原因与企业日益复杂的资产负债表有关。她指出,套利者必须要能很熟练地分析复杂的证券和晦涩难解的转换比率,以评估估值。她强调:"我们是披着事件驱动投资外衣的价值投资者。"但她同时强调,我们也是别具优势的价值投资者。"风险套利和重组的美妙之处在于,通常你不用等待市场的流动性就可以变现。也许有人会以票面价格即1美元买入你以60美分买入的债券。因此，这些策略的好处在于，你可以保持市场中性或与市场不相关。你不必在市场上卖掉你的头寸就可以变现，而且由于你不用真的卖出，你在一个头寸中最多只会犯一个错误（一次糟糕的买入），而不是两个（错误）。"

当某些事情无法避免地出现问题时，齐默尔曼不一定会遵循那些在风险套利领域被广泛接受的观点。"我们不会立即卖空失败的交易。以澳大利亚的富邑葡萄酒集团为例。KKR 曾在 2014 年对其进行了竞价，罗恩资本与德太投资也随后进行了追加出价。KKR 提出的收购价是 5.30 澳元，我们认为交易是能成功的。但他们（富邑）在澳大利亚周日晚上的电话会议上取消了拍卖。当时正值九月，而我正从汉普顿斯回家。我在别人的车里听了这个电话会，股价立刻从 5.30 澳元跌到了 4.20 澳元。我们最终决定继续持有它。（但持有的）时间不够长——因为我们在最终卖出后，股价上涨了。现在的价格应该是 9.0 澳元。事实证明，公司拒绝这些出价是正确的。他们刚刚聘请了一位新的 CEO，而且在澳元持续疲软这一趋势的巨大帮助下，成功扭转了局面。当澳元贬值时，他们能够出口葡萄酒以满足远东地区日益增长的需求，取消竞拍是完全正确的。对于 KKR 和德太投资来说，他们真的错失了良机。谁知道他们为什么不提高价格？总而言之，你不应该总是在交易失败的时候卖空关联股票。"

齐默尔曼说，另一个例子是与艾伯维交易失败后的希尔制药。"我认为希尔已经恢复如初了。你必须对你的风险回报比有感觉，以判断是持有还是卖空。"同样地，欧迪办公并购案也是如此。在 2016 年欧迪与史泰博的交易被法院否决后，齐默尔曼说："我们卖空了史泰博，但仍继续持有欧迪。当时它交易在不到 EBITDA 四倍的水平，而且没人在真正管理这家公司。我不是说这是一只成长型股票，但我也不认为它明天就会彻底消失。让我们拭目以待吧。"在 2016 年 5 月底接受采访时，齐默尔曼依旧在坚持莱特思得在艾尔建上的头寸，尽管其与辉瑞的税负倒置并购计划刚刚失败。"你可能会争辩说，一旦艾尔建在未来一两周内以 400 亿美元的价格将仿制药业务出售给泰华制药，并开始回购股票，它的股价就会随之走高。那你现在为什么要卖呢？然后是辉瑞。你为什么要急着去卖空它？

他们显然想收点东西。所有这些公司都在竞价诸如麦迪韦逊医疗，这种有很长的产品储备却没有现金流的公司。如果辉瑞打算收购这样的资产，谁知道市场将如何看待获得的回报？因此，最好把做空保留在那儿。"（辉瑞公司在本次采访时的股价略低于 35 美元，与其在 2016 年 8 月 22 日的价格差不多，但那时辉瑞公司已经宣布了将以 140 亿美元即每股 81.50 美元的价格收购麦迪韦逊医疗。一个多月后，辉瑞的股票交易价低于 30 美元，但现在已经反弹至 36 美元左右，而且还在随着本书出版的临近而不断变化。）"没有任何一个单向的套利方法。"齐默尔曼坚定地表示。

在齐默尔曼的概念中，不是只有一种方法可以用来分析风险套利的情况。她说，在欧迪办公和史泰博最近一次尝试合并的早期，莱特思必得并没有参与。齐默尔曼说："我真的希望联邦贸易委员会否决这项计划。"因为她研究了五名联邦贸易委员会委员的政治背景、反垄断部门负责人的法律记录以及工作人员在联邦贸易委员会网站上发表的立场文件。然而，自从争端上了联邦法院，齐默尔曼就尽情地发挥她法律背景的优势，重新评估这笔交易。她确定，在法庭上，双方的诉讼人之间甚至没有争辩。"似乎从一开始，史泰博的首席辩护律师就像是给对方上了一课"，为联邦贸易委员会缺乏经验的律师做了次示范。"我们本以为这意味着法官会做出对联邦贸易委员会不利的裁决，但结果证明我们错了。"

齐默尔曼认为，尽管在研究方面做出了最大努力，但正是因为结果是不可预测的，合理确定投资组合中套利头寸的规模显得尤为重要。她解释说，这样的做法是一种风险管理系统，这是风险套利实践中所固有的。"基本上，如果你参与一笔交易，"她观察到说，"那是因为你认为它会成功。但是，在你的投资组合中，你必须合理调整投资的规模，这样一来，即便交易失败，你的损失也不会超过一个月的利润，或者其他你认为短期内能够赚回来的金额。"齐默尔曼继续说："你必须记住，这些基本上就是赌博，你不一定总能保持正确。更重要的是，当你对一个头寸判断错误的时候，你不能让这件事影响你的情绪，让它击垮你。你必须振作起来去做下一笔交易。"这也许就能至少挽回一小部分的损失。

活跃，但不是公开的激进投资者

迄今为止，莱特思必得一直避免与其他风险套利者一起采取公开活跃的头寸以"催促"潜在交易的完成。但这并不意味着，当齐默尔曼看到莱特思必得有能力影响管理层时，回避在幕后扮演"负责任的股东"角色的机会。"只是没人知道我们很活跃。如果你头寸太大或者搞出很大动静，而且你持有大量股票的消息还上了头条，那么你的头寸将不具备流动性。你肯定不想这样，所以我们认为，在激进主义行为和出现问题时退出这两个方面，你必须把握好平衡。"她继续说道，"我认为每一只投资基金都很活跃，我们认识很多管理层人员，他们通常也都知道我们的想法。因为这是我们的工作。"齐默尔曼回忆说，第一个例子是在一次没有引起很大反响的分拆交易中，莱特思必得持有一个头寸，齐默尔曼敦促该公司的CEO去聘请一家品牌推广公司。但是她后来发现事情没了下文，因为CEO打了电话但没有得到这家推广公司的回复，齐默尔曼说："我们于是引荐了他们，也因此非常深入地参与到了交易之中。"

在第二个例子中，从2015年5月开始，莱特思必得就持有布兰肯集团6%左右的头寸，而这家位于澳大利亚的国际采矿设备配件供应商在之后的经营中遇到了一些困难。布兰肯在交易柜台上最为人熟知的是其在行情显示器上的代码BKN AU，它是全球领先的磨机衬里和履带块生产厂商，而且在加拿大、印度、美国和中国均拥有世界一流的生产设施。这两类产品占布兰肯营业收入的80%，是采矿业的"剃须刀片"——主要取决于其生产水平，而不是资本开支的大小。布兰肯位于魁北克的衬板厂处于行业领先地位并实现了自动化生产。它在堪萨斯的工程产品铸造厂在锻造大型、复杂零件（如火车车架和鱼雷管）方面同样是独一无二的。当齐默尔曼第一次买入其股份时，布兰肯的股价下跌至约2.35澳元，因为它此前拒绝了太平洋股份合伙和科氏工业每股2.50澳元的收购要约。此后不久，当年6月，布兰肯向一个智利工业集团（Sigdo Koppers SA）和一家私募基金（CHAMP）组成的财团发行了价值7 000万美元的可赎回可转换优先股，每股转换价格仅为2澳元。布兰肯的主席尼克·格雷纳同时也是该私募基金的副主席。齐默尔曼说："其中的利益冲突显而易见。由于董事会的行为不符合股东的最大利益，布兰肯的股价跌破 1 澳元。"

这件事很快上了新闻头条，意味着莱特思必得在这个头寸上遭受了 1 100 万美元的"痛击"。但齐默尔曼没有放弃，反而将莱特思必得的头寸以最低价提升至 13% 左右。（在澳大利亚，只要没有达到 15%，就不会被认定为内幕人士。）布兰肯的格雷纳曾因"违反已知和公认的诚信标准"的行为被迫辞去新南威尔士州州长一职，而在涉及美国并购公司卡斯尔·哈伦的收购案中，他因操纵投标而被罚款。格雷纳不喜欢齐默尔曼，因为她曾打电话揭露他的行为对股东们很不利。齐默尔曼决心在澳大利亚发起一场代理权争夺，并开始打电话联系其他股东。在短短几周内，莱特思必得与公司的每一位机构股东都取得了联系，并在未实际提交任何正式文件的情况下，成功迫使布兰肯的董事会做出改变。与布兰肯任职 CEO 多年的布赖恩·霍奇斯一起，格雷纳和另外两位与其同盟的董事均同意下台。在莱特思必得的帮助下，一名连任的董事会成员菲尔·阿诺尔成了布兰肯的新董事长和临时 CEO。但该公司的董事会动荡，而且明显缺乏对未来有规划的新领导人，在这样的情况下，其股价在 2015 年底下滑至 0.485 澳元。

齐默尔曼回忆说："当年 12 月，我们在澳大利亚拜访了阿诺尔和公司董事会，随后在纽约会见了 CEO 的竞争候选人保罗·祖克曼。我们与保罗分享了我们搜集到的所有信息，主要关于谁对公司无益，而谁对公司的未来很重要，以及我们认为有什么买家在寻求什么样的资产。我想我们当时非常坚定地认为他应该接受他的股权激励，因为我们认为这会激励他为自己和股东赚很多钱。2016 年 2 月 15 日，新成立的布兰肯董事会正式聘用了祖克曼担任 CEO，任期自同年 3 月 1 日开始。而祖克曼此前曾在弗莱彻建筑有限公司担任 CEO。次年 1 月我们在自己的办公室见到了祖克曼，我们很高兴看到他掌舵布兰肯。4 月 26 日，祖克曼聘请波士顿咨询集团就'供应链成本节约和降低后端成本'提出建议。到第二季度末，布兰肯的股价上涨至每股 1 澳元。"

齐默尔曼继续说："随后在 7 月 27 日，祖克曼发布了一份新闻稿，宣布对布兰肯的商业模式和高管团队进行重组，将 5 个部门削减至 3 个，并迫使几名前任高管退休。2016年8月23日，投资者们第一次从祖克曼那里听到了公司对未来的预测。他证实了我们对EBITDA的预测，并从形式上概述了节约成本的方案。"齐默尔曼甚至都没有试图掩饰自己的声音中来之不易的满足感，她总结道："在第三季度结束后的几天，布兰肯宣布将以每股3.25澳元的价格收购日立建筑机械公司。CHAMP和Sigdo将它们持有的优先股转换为了普通股。如果它们的优先股是按面值赎回而不是被转换成普通股本，我们将额外得到0.25澳元/股。但布兰肯在2016年10月4日的交易价格已高达每股3.20澳元。"

在面对投资中的不确定性和偶发的、不可避免的挫败与逆境时，齐默尔曼依旧保持乐观。她把这种罕见的乐观归因于她一生都在积极参与竞技体育。作为一名在阿默斯特学院同时从事三项运动的运动员，她从未停下过脚步，她清晰地记得，从最低年级开始，就作为"执教学校所有运动队的运动教练的长女"的感受。她补充说："我一直鼓励我的女儿们也去参与体育，因为我一直坚信，不经历失败的痛苦，你就不会体验到胜利的喜悦，让她们学到这一点非常重要。如果你抵触失败，如果你不在年轻时就了解到即使失败也是没关系的，这会切实地对你造成阻碍，因为生活中真正重要的是振作起来并继续前进。每个人都会跌倒。这是你在跌倒之后要做的。你是要振作起来继续前进，还是就此放弃？这就是长期赢家与失败者的区别。"她重申："只有当你愿意冒失败的风险时，你才能体会到胜利的喜悦。即使你一直在为胜利而努力，想做到永远不失败也是不切实际的。"

进一步探究齐默尔曼在华尔街30年的经历，她总结了自己的职业生涯："在最高法院任职的想法相当不错。这在很大程度上是一种希望为社会做贡献的想法。但日复一日担任法官或辩护人，而不去冒险，这不是我。如果有人在我上学的时候真的告诉我说，'嘿，杰米，这不是真正的你'，那么我可能会少走些弯路。"作为两个女儿的母亲，她补充道："我总是告诉她们，你必须在学校尽可能多地学习，因为没有人真正知道未来的发展点是什么。你必须有开放的心态和足够多的技能，这样你才能在世界周期性的变化中发现发展点并朝着它前进。"

非常出色的教导。

第 17 章

基思·穆尔

保守的风险套利策略,却可以获得持续的复利回报

投入共同基金的大部分资金是存款。人们不愿意在这里冒很大的风险。但在其他任何策略中,如果不承担非常大的风险,就很难赚大钱。而如果保守地采取风险套利策略,却可以获得持续的复利回报。

基思·穆尔并没有把我们的会面安排在市中心镀金的摩天大楼中,而是在午后时分,安排在一间爱尔兰酒吧宁静的花园里,这间酒吧离纽约市郊亨廷顿火车站不远,坐落于一个古老的街区。他秃顶而且戴着眼镜,看起来更像是一名大学教授,而不是一名经验丰富的华尔街风险套利者或者风险套利领域最具综合性的教科书的作者。但基思·穆尔恰恰就是。他拥有博士学位,并且是特许金融分析师。他没有假装自己是"领域中的大师"。

作为一个长岛本地人,他爱好广泛,从金枪鱼垂钓到教授并购套利

业务中那些精妙的细节。而在过去的 40 多年中，他已经拥有了一段非凡的职业生涯经历。他曾先后在"大行情板"[①]、纽伯格伯曼、DLJ、朱庇特资本（一家小型对冲基金）和凯尔纳迪莱奥等公司任职，并在之后去了华尔街的另一侧，在经纪公司 MKM 合伙担任董事总经理和事件驱动型策略分析师，目前他就职于 FBN 证券。其间，他抽时间在罗德岛大学拿到了金融学博士学位，并且在那里担任教师。此外，他还曾在圣约翰大学和纽约大学任教。他所著的权威教科书《风险套利：投资者指南》(*Risk Arbitrage: An Investor's Guide*) 在 1999 年由约翰·威利父子出版公司首次出版，而其经过全面修订和更新的第二版精装书则刚刚发布，并且被收录于全球各个 MBA 课程的书目清单中。

纽约证券交易所

资料来源：维基共享。

"听着，就我个人而言，我是世界上最幸运的人，无论是在生意上还是在个人生活上。我有一个优秀的妻子，一个幸福的家庭和一群挚友。风险套利业务充满着巨大的商机。这么多年来我都是如此热爱它——我不敢

---

① 指纽约证券交易所。——译者注

相信人们会付钱让我去从事我所做过的这些事。与华尔街最聪明的人竞争是如此具有挑战性。我迫不及待地想去亨廷顿火车站拿份报纸，看看我们今天该做什么。而在办公室里，这都是电子化的。"

穆尔说，经过暑期在纽约证交所交易大厅为专家詹姆斯·加拉格尔工作了短短两周后，16岁的他对投资业务异常痴迷，以致他不仅舍弃了"为我的钓鱼之旅支付费用的大型草坪业务企业集团"，还放弃了学习工程学的计划，并开始在每个学校假期都在交易柜台周围"给自己找麻烦"。加拉格尔是穆尔父母的邻居，他把这个新手拉进了自己的羽翼之下，并把他推荐给了艾伯特·科恩。科恩是一位资深的风险套利者，而且曾和约瑟夫·格鲁斯一起工作过。加拉格尔会为年轻的穆尔提供建议。"我一个礼拜起码会听到五次：'如果有机会，你一定要去为科恩工作。'久而久之，这句话慢慢影响到了我。"

很快，加拉格尔的专业公司被格鲁斯收购，这位年轻的大学生开始把他空闲假期的每一分钟都花在格鲁斯的交易柜台上，并"试图弄清楚自己在干什么"。当穆尔带着新婚妻子和在罗德岛大学刚拿到的理学学士学位回到纽约时，他发现自己选择的时机并不好。那时正值1974年夏天的熊市。"即使詹姆斯·加拉格尔喜欢我，其他人也喜欢我，但我仍旧没有工作机会。在1974年，即便我是合伙人的儿子也没用。"穆尔暂时搁置了他的华尔街梦想，在化学银行做了一份信贷分析师的工作。穆尔说："事实证明，这段经历非常宝贵，让我学习到了资产负债表和损益表的具体细节。当我终于有机会的时候，我很轻易地就把这项技能应用到了股权投资业务上。"

贤内助

穆尔一有机会就继续去格鲁斯公司交易台附近晃悠，过了不到一年，他终于转运了。穆尔回忆说："艾伯特·科恩已经换工作去了纽伯格伯曼，而他的套利分析师也离职去了斯坦福大学法学院任教。我去了那里，和所有人正式见了面。当我回到家，我告诉我的妻子一切都很顺利，但没有提及我心中的疑虑。我在那里已经待了很长时间，所以我知道他们会对年轻人大喊大叫,甚至用电话砸他们。"穆尔说,他的妻子是一个非常娴静的女人,她回应说:"拜托,这个机会你都已经等了好几年了。"于是他迈出了这一步。如今他回忆道:"当然,在纽伯格伯曼工作有时压力会很大,但这是一个无价的学习机会。那些经常和我一起挨训的年轻人现在都管理着一些华尔街最受尊敬的对冲基金。我们极其幸运。"

穆尔回忆说,在20世纪70年代后期,套利者的群体仍然很小。只有八到十家公司(从事这项业务),而纽伯格伯曼的套利交易柜台对所有公司都开通了专线。"其中一条接往贝尔斯登的埃斯·格林伯格,还有一条接往当时负责高盛套利业务后来的美国财政部部长罗伯特·鲁宾,等等。每当高盛的电话灯一闪,我就很害怕。我也不知道这是为什么。我从来没有见过罗伯特·鲁宾,但在电话里他总是像对待王子一样对待我。不管怎样,通过与所有这些人六七年的互动,我掌握了这项业务。离开(纽伯格伯曼)对我来说很艰难。艾伯特教会我工作与生活,以及如何待人接物。我永远都欠他的情。"

但就在穆尔即将步入而立之年时,他的机会来了。"DLJ找到了我,这时乔治·凯尔纳和他的套利团队刚刚从那里离职。他们对我说:'我们希望你能重启我们的套利业务。'所以我离职去了DLJ并组建了一个团队。这家公司很棒,而且20世纪80年代也是风险套利的黄金时期。我们做得相当不错。"当然,这只持续到1987年的大崩盘。"现在当我教课的时候,我会把它称为'小插曲',"穆尔巧妙地说,"我们当时正值创纪录的一年,但随后,我们所有的成果都被毁掉了,而且影响还远不只如此。"

然而第二年,穆尔的运气又回来了。他的导师艾伯特·科恩离开纽伯格伯曼创办了自己的公司。而为了找人接替艾伯特,纽伯格伯曼联系了穆尔。他和他整个DLJ套利团队随后都跳槽到纽伯格伯曼。在那里,穆尔不仅进行风险套利,还在他的投资组合中,添加了可转换债券套利和在纽约证交所交易大厅交易的封闭式基金。但是穆尔很快就发现他在纽伯格伯曼的处境很尴尬。"你要知道,纽伯格伯曼在1987年的大崩盘中因为套利而损失惨重。1989年,在我为纽伯格伯曼工作的头两个月里,当时联合大陆控股公司的收购还悬而未决,我被叫到了一个级别非常非常高的合伙人的办公室里。他告诉我：'我知道你对我们损失了很多钱这件事非常敏感，而且有些人对于我们回到套利行业感到不快。但我想让你变得更有侵略性。'"穆尔回忆道："那时我就知道我死定了。我是赢不了的。如果我变得有侵略性，那些人会讨厌我，但如果我不这么做，他就会讨厌我，而他是公司的掌权者。"

被看跌期权拯救

穆尔补充说："在那个关键时刻，我们已经有了联合大陆控股公司的头寸，我像以往一样担心下行的风险。但时至今日我依然记得，在整个头寸上，我们都买入了联合大陆控股公司的看跌期权。这些期权都是'极度'价外看跌期权①，执行价格要比股价低20美元左右。每天，它们都在减值，减值再减值。随着谈判停滞不前，有一次，我找到我的交易员，她是一位很了不起的女士，我对她说：'也许我们应该把这些卖掉。我们在浪费钱。'她说：'我会仔细研究一下。'过了几天，我发现我们仍然持有这个头寸，于是我向她询问原因。她告诉我，没有人愿意买它们，而且它们已经跌了这么多，何必还要卖呢？好吧，我真希望我能把决定继续持有这些看跌期权的功劳算到自己头上，因为当交易破裂时，这保住了我们所有人的工作。我以前从未见过像这样的看跌期权交易。最终，这些期权的价格在100美元左右。这救了我的命。'要有侵略性。'不过，风险套利仍是一项很棒的业务。"

穆尔和他的团队在纽伯格伯曼又待了六年。他说，在此期间，他曾试图劝说公司的合伙人在即将发行的共同基金中增加一个风险套利期权，为寻求"安全的存钱场"的投资者提供一个备选方案。穆尔列举了几家专注于风险套利的共同基金的成功案例。如果这些投资者们能听从他的计划就好了，穆尔沉思道："他们本有机会管理的东西将使他们现有的资产相形见绌。"投入共同基金的大部分资金是存款。人们不愿意在这里冒很大的风险。但在其他任何策略中，如果不承担非常大的风险，就很难赚大钱。

---

① 指执行价格低于关联资产价格，从而导致期权内含价值为零的看跌期权。——译者注

而如果保守地采取风险套利策略，却可以获得持续的复利。

1997 年初，穆尔受雇于一家小型的对冲基金创业公司。但在当年 6 月，在基金的高管层意识到风险套利可能会导致部分损失后（部分原因是当时一位联邦法官允许联邦贸易委员会阻止欧迪办公与史泰博的首次合并尝试），穆尔改变了自己职业生涯的轨迹。穆尔耸耸肩说："其实我们在其他地方把钱赚了回来而且结果还不错。"但他很快就签了一份合同准备写一本现在已经成为经典的关于风险套利的教科书，随即他"开始疯狂地写作。我需要休息一下。我被那段对冲基金的经历搞得筋疲力尽"。

转而从"学"

当《风险套利：投资者指南》出版时，穆尔已经深入他的博士研究中了。他决定将自己长期以来的副业（他在纽约大学斯特恩商学院晚间课程教授学生风险套利，他自己也在该学校获得了 MBA 学位）转为正式的学术任命，而且他也需要这份文凭。穆尔解释说，自从临时收到通知接替"不可避免地被拘留了的伊万·博斯基"成为客座教授，他便发现与学生互动是件令人愉悦的事。但他现在认为，回到罗德岛大学攻读博士学位"可能是我 40 多岁时做过的最愚蠢的事情了"。他曾作为经济和金融学的助理教授在圣约翰大学任教了四年，"但我发现一些学者就是不喜欢华尔街的人侵占他们的地盘"。最终，穆尔架不住老朋友乔治·凯尔纳多次的恳请，加入了凯尔纳资本管理公司。穆尔曾担任凯尔纳公司的联合首席信息官、凯尔纳迪莱奥公司并购套利基金的投资组合经理和风险管理总监。直到几年后，他决定从卖方角度进行套利研究。2009 年底，他担任了 MKM 合伙的事件驱动部的管理职位，并于 2015 年转任 FBN 证券的董事总经理和事件驱动策略师。

穆尔说，在风险套利中他一次又一次深刻体会到的一个教训是："每当事情真的变糟时，你内心深处会有种感觉，那就是一切都将跌入深渊。迄今为止，在我的生命中，次次如此。这种时候你就应该闭上眼睛，直接买入。"但问题在于，穆尔说："你可能会买入太早。当然，在 2007 年，我就是这样。但当每个人都试图朝着同一个方向前进时，通常都意味着是时候换个方向了。"穆尔补充道："我注意到的另一件事是，在我的职业生涯中，尽管华尔街的许多做事方法都变得更加复杂，但人们的行为方式并没有改变。虽然有许多人从事风险套利交易，但有不少人甚至还没有经历过一两个完整的周期。这意味着他们的反应往往是下意识的，而这就创造了机会。其中部分原因是他们因为缺乏经验而无法做出与众不同的事。但这也是由于机械化风险管理系统迫使许多风险套利者做出他们原本不可能做出的决定。"

穆尔回忆道："在过去，管理合伙人可能会说，'这家伙已经为我们工作五年了，他很不错。如果他告诉我们现在不要卖，也许我们应该给他一些自由'。但在今天，那些人不会得到这份自由。这就是为什么欧迪办公本周的交易价格仅为每股 3.40 美元（这是联邦法官阻止其第二次与史泰博合并的直接后果）。"穆尔指出，最讽刺的是，与许多其他套利者一样，他不止一次，而是两次都在这笔失败的、合并办公用品超市运营商的交易中乱了阵脚。穆尔认为，这两笔失败的交易中间相隔了差不多 20 年，是印证套利者队伍缺乏经验却又禀性难移的绝佳案例。

穆尔说，时至今日，他还是很喜欢在法庭上进行套利研究，通常是和他聘请的反垄断法律顾问一起。"我会提前了解一个交易案的背景，然后上法庭旁听，并且凭借我的经验和常识，在裁决出来之前判断法官会怎么做。我这样成功了不知道多少次，我很幸运。"

法庭闹剧

但也有例外的情况。2016 年，再次尝试将欧迪办公和史泰博合并的议案就是一个很好的例子，而激进投资者斯塔博德价值基金公司在其公布之前就已经推动这次合并有一年多时间。穆尔回忆说，他最开始是持怀疑态度的。因为联邦贸易委员会将不得不撤销其在 1997 年对上一次合并议案的反对。如果交易完成，办公用品超市市场将被一只 800 磅（约 362.87 千克）重的大猩猩[①]统治，市场集中度将翻一番，并且创造出一家规模比

---

① 美国习语，指因强大而无须有所顾忌的人或物。——译者注

其直接竞争对手大 15 倍的公司。斯塔博德、史泰博和欧迪办公辩称，自联邦贸易委员会做出此前的决定以来，市场格局已经发生了巨大的变化，这两家超市需要通过合并节省成本，来与亚马逊和沃尔玛等公司竞争。穆尔说："我和客户还有朋友都有过很大的争执。他们一直在引用 2013 年麦克斯办公与欧迪办公的合并案中的一份文件。文件中，联邦贸易委员会认为企业市场不存在问题。但之后我看了这份文件，文件中说这是因为史泰博和欧迪办公之间存在竞争。我想了想，然后认定："如果他们是仅存的两个，那就有问题了。""

穆尔说，他出席了法庭审理，而法庭准备让联邦贸易委员会获胜，但同时也打算继续保持开放态度。"尽管这对我来说很困难，我还是在那里坐了 10 天，每天晚上读 400 页的庭审记录。现在作为一名卖方分析师，当我不打电话给客户时，他们就不会发出指令。"穆尔在法庭上看到的是联邦贸易委员会的律师犯下了许多"非被迫的错误。从证词以及法官的反应来看，史泰博一方更有说服力"。正如穆尔所说，虽然他敏锐地意识到，"猜测法官的想法很难"，但当联邦贸易委员会的陈述完成时，他已经认定史泰博会败诉。他急切地等待着公司方首席辩护律师黛安娜·沙利文的陈述，这位美国律师是韦尔－戈查尔&曼奇事务所的合伙人，被称为"一个职业反坦克火箭筒"。

说到这里，穆尔仍旧感到惊讶："相反，史泰博和欧迪办公没有进行陈述。辩护就这样结束了。我想我知道原因。这有技术上的解释。此外，联邦贸易委员会的律师们的确表现得很糟糕。"按照穆尔的说法，最终的结果是直到辩护结束，法庭上这些旁观者们都没办法判断法官对这个超市并购案件的反应。他补充说，在那一天，所有以前认为只把律师派去听证会就足够了的套利者们"成群结队地出现了。这是件好事。法官在辩护行将结束时对这两家公司的辩护团队提出了非常尖锐的问题，这让套利者们感到恐慌，但最终也帮他们省了一些钱"。穆尔说："当法官退庭去决定结果时，我告诉客户，我认为可能性是 60% 或 40%，这不是好迹象。而当我在研究这笔交易时，我希望其成功率是 80% 或 90%。但是很不幸，结果是我认为有 60% 概率而且是相反方向。"穆尔补充道，鉴于他在史泰博与欧迪办公交易中的业绩记录,"如果还有第三次,我可能不应该再关注了"。

受教良机

然而,作为一名教授,穆尔会把失败的交易视为一个受教良机。"当一笔交易失败时,如果你还没有弄清楚出清价格应该是多少,你真的需要去做这件事。怎样的价格水平才能最终让一个机构投资者或者卖方分析师在赶完工作后说:'嘿,你知道吗?它的交易价格是这么多,但其实应该再高一点。'"穆尔评论道:"不知为何,当人们正在遭受很大损失的时候,他们完成这项工作的速度不够快。他们中的很多人都试图在事后匆忙确定这个价格,但这样其实不利于人们的决策,因为在此之后情绪和风险管理会占据上风。"穆尔建议,出清价格与当前股价之间的关系决定了套利者是否应立即抛售失败交易的股票。穆尔回忆说:"尽管我很爱我的导师科恩,但我们之间一直存在分歧,因为他在犯了错误之后,喜欢继续持有失败交易的股票。他总是坚定地认为我们会把钱赚回来。随着时间的推移,他基本是正确的。但这取决于两点,一是人们的情绪逐渐消退后的股价会收回任何金额资金的概率;二是你要严格地把各个头寸都视为整个投资组合的一部分。"需要记住的是,水涨船高。

事实上,穆尔在读博士期间就这个问题已经进行了一些研究。他写道:"如果你持有失败交易的股票,经过一段时间,你往往会获得很高的回报率。但是,如果你通过事件分析[①]来仔细研究回报率,将市场带来的回报率与特定股票的回报率区分开,你会发现反弹大都来源于贝塔系数[②],阿尔法却微不足道。所以你不用自欺欺人。如果你想追求市场回报,那就持有失败交易的股票吧。"

这位风险套利教授说,要想做好套利,从业者需要一定的专业技能:财务分析与建模能力,以及与反垄断和公司交易相关的法律知识相结合

[①] 在市场或公司发生重大事件后,通过观察股价及其趋势在事件前后的变化以分析事件的影响。——译者注
[②] 起源于资本资产定价模型,是一种风险指数,用于度量个股或投资组合相对于整个市场的波动性,通常用来衡量市场风险。——译者注

的能力。"但最重要的是原则,这是这个行业中需要坚持的最重要的事情之一。我是从我的老板科恩那里学到的。如果你没有原则,就很容易铸成大错。而如果你真的酿成大错,就会给别人造成严重的损失,坏事就会发生。"略带一丝讽刺,穆尔还指出:"我也知道,如果你过于谨慎,结果也不会好。我发现关于这项业务最有趣的一点是,那些看起来像是因为缺乏原则而搞砸基金的人,有时会比他们那些坚持原则的竞争对手更容易找到新工作或者筹集到更多的资金。换句话说,我已经意识到,我生来保守的天性在套利行业里未必是件好事。我不得不告诉自己要更有侵略性,在不违背原则的情况下产生更好的回报率。"

穆尔观察到:"在华尔街有一种在超高点和超低点之间摇摆的趋势,它影响着你和你的日常行为,特别是你的决策。你必须要调和这两个极端。如果一切都进展得很顺利,也许你应该松一点油门,因为你不知道拐角处会有什么。相反,当事情变得非常糟糕的时候,这并不是世界末日,机会仍然存在,而且将会是更好的机会。"

然而,那种传统的通过头寸限额避免套利者陷入困境的方法,并不是这位教授所推崇的。"当我为很多公司管理资金时,我总是有头寸限额的限制。它就像是被写进了《圣经》里,而我却永远都没办法理解。但我经常被告知,对于任何一笔交易,我最多只能投入可用资金的10%。"穆尔说,他曾反复抗议:"这没什么太大意义。我也许会用这10%买入一只可能下跌20美元的股票,或者将这10%投资一只可能会下跌5美元的股票。你最好设定一个总体的止损点。但我从未在华尔街发现有其他人相信这样的方法。只有我,所以我制定了自己的规则。"作为一名博士研究生,穆尔把投资组合配置规则的评估作为他论文研究的一部分。"我先分别单独测试了最大头寸10%和最大亏损限额2%这两个规则。然后我测试了一个双重规则:你可能面临的最大亏损为2%,但在任何一个头寸中的配置都不能超过总资金的10%。我所做的模拟表明,两个规则的组合产生了最优结果,就像我一直以来都暗暗期盼的那样。奇怪的是,模拟还表明,在这样的规则下,随着风险的下降,回报率反而上升了。太好了,尽管回报率上升的幅度不大。"

近年来，作为一名卖方顾问，穆尔不必在投资组合配置问题上纠结太多，他说他仍然喜欢"与真正聪明的人交流。其中一些人很令人吃惊，因为他们太聪明了"。但这项工作也会带来挫败感，例如我会被要求就国外市场的交易提出建议："但是要么没有人回电话给我，要么他们回电话，却听不懂我说的话，我也不明白他们在说什么。我希望我能帮上忙，但如果我不能做好研究，那么就像肮脏的哈里[①]说的那样：'一个人必须清楚自己的不足。'"

---

① 美国经典动作片中的男主人公。——译者注

第二部分
来自另一侧的观点
——CEO 们

第 18 章

威廉·斯特里茨

现在推动一切的关键词是股东价值

"现在推动一切的关键词是股东价值——提高股东价值。"83 岁的谷物实业家、赛马老板威廉·斯特里茨说:"没有比这更难的游戏了。"他是圣路易斯文化与生活方式的忠实守候者,他说:"外部顾问往往代表机构资本,会告诉公司该如何行事。这些人包括并购交易导向的律师、投资银行家、激进投资者和风险套利者——他们总是为在短期内如何实现股东价值最大化而争辩。也许闪电般的快速交易是机构投资者想要的,就像他们要合法避税一样。但那些长期拥有公司的人,包括那些在公司工作的人,却有着截然不同的利益诉求。我们就此话题在社会上展开的辩论还不够多。"

不要以为这是"活在过去的老家伙"的怀旧式冥想,更不要犯低级错误,怀疑斯特里茨对资本主义经济恒久不变的感激与欣赏。资本主义经济使他从 20 世纪 40 年代后期，靠打零工在奥沙克念完高中的普通孩子，变成"鲸鱼 CEO"（Whale CEO）。35 年来，他给投资人的累计回报超过 610 倍，远远超出同期标普 500 指数 37.5 倍的总回报水平。这使他在美国企业超额收益名人榜排名第二，仅次于媒体大亨约翰·马隆（依据独立市场研究机构 Fundstrat 2015 年进行的统计排名。这个计算排名并未包含沃伦·巴菲特）。

当然不能用"退休"来形容比尔·斯特里茨[①]。目前，他仍全身心地从事企业经营与管理，担任宝氏集团的董事长。这家公司是斯特里茨 2012 年初从拉尔控股分拆出来的，是一家知名的燕麦、早餐食品和营养品公司。值得注意的是，在分拆上市后的五年里，宝氏的市值增加了四倍多。自 1994 年拉尔控股从罗尔斯顿·普瑞纳分拆出来之后，斯特里茨就一直是拉尔控股的董事长。2011 年，他花了大量时间，用强硬抵制的方式，防御了康纳格食品公司对拉尔的一系列"熊抱式"收购要约。此后不久，他就精明地选择了"跳槽"到宝氏。

虽然有一些媒体作家，把康纳格称为这场长达 20 个月拉尔控制权争夺战的最终"胜利者"，但康纳格的获胜至少是代价高昂的。在斯特里茨拒绝了康纳格两轮报价——49 亿美元和 52 亿美元（尽管这些报价比目标公司当时的市值有超过 20% 的溢价）之后，康纳格似乎失去了追求拉尔的兴趣。2011 年底，康纳格进行了一系列较小的其他收购。而与此同时，斯特里茨则将宝氏从拉尔控股中分拆出来，使后者成为一个"单一"的私标食品公司。但在 2012 年 11 月，康纳格突然又回来了。对剩余的拉尔公司资产，康纳格给出了全现金的"熊抱式"出价，每股高达 90 美元，总计 50 亿美元。交易完成后，如果包括承担的债务，康纳格总共花费了 68 亿美元的交易成本。尽管如此，交易使这家男厨牌意大利面制造商，可以宣称自己是美国最大的私标食品生产商。一直以来，华尔街套利者和激进投资者对斯特里茨拒绝与康纳格谈判之后的股价表现及宝氏分拆怀有不满。这次，他们终于等到了令人欣喜的时刻。

---

① 比尔（Bill）是威廉（William）的昵称。

然而，康纳格公司在内布拉斯加州奥马哈总部的庆祝是短暂的。他们向私标食品高调进军很快失败了。三年后，康纳格有了新的CEO，他宣扬公司将重新聚焦高端品牌食品，并将拉尔公司的资产以大约40亿美元的价格（低于收购价）转让给树屋食品。在这个过程中，康纳格离开了其创立城市，迁徙到位于芝加哥商品中心的新潮总部，顺便抛弃了1 000多名奥马哈总部的员工。

复兴艺术大师

斯特里茨不仅是以精通资本管理而著称的传奇企业家，还曾在2000年至2006年，通过韦斯特盖特集团涉足私募股权投资。他承认自己"多年前曾在一个套利基金投了一点钱，以更好地了解套利策略"。他说："风险套利对保持市场价格的合理性和有效性发挥重要市场作用。但是，我的使命是管理所有股东的资产，而未被邀请的'熊抱式'要约，可能会威胁到公司的生存。"

1981年，作为罗尔斯顿·普瑞纳的集团副总裁，斯特里茨开始将自己的品牌创意、公司建设的创新想法和价值创造的方法应用于公司资产。他提出了一个大胆的战略，以唤醒公司的财富。当时，罗尔斯顿·普瑞纳的股价已至少有十年停滞不前了。斯特里茨欣慰地回忆道，在公司董事玛莉·韦尔斯·劳伦斯（广告公司韦尔斯里奇格林的创始人）的支持下，他的计划赢得了公司董事会的支持。斯特里茨在只有46岁的时候，就成为这家庞大的综合性食品集团的CEO。当时，公司拥有分布在美国和全球各地的数百家不同且几乎业务毫无关联的企业。

斯特里茨的梦想任务，即"弄清楚如何让罗尔斯顿·普瑞纳的资产赚更多钱；如何将这个组织从非常疲惫的官僚机构，转变成具有创造性和适应能力的创新机构，并做出新的成绩"。这位年轻的CEO很快就证明自己是一个精明的价值分析师，并擅于设计仿佛永不休止、及时的资产剥离、收购和资产分拆计划。他清晰化了公司战略，并为公司位于棋盘广场的总部增加了现金流和利润。20世纪80年代初，他还明智地对公司被低估的股份进行回购，提升了股东回报。在当时，该手段还不像今天这样被广泛使用，甚至被滥用。在此期间，作为分权管理的积极支持者，斯特里茨从表现不佳的罗尔斯顿·普瑞纳资产中精心打造了四家他认为会发展得更好的新上市公司——拉尔、农标、劲量和宝氏。斯特里茨担任每一个被分拆公司的主席，同时他也一直是罗尔斯顿·普瑞纳的掌舵者，直到 2001 年底，当他得到了一份他认为无法拒绝的宠物食品行业整合要约。瑞士食品巨头雀巢的出价比罗尔斯顿·普瑞纳开盘前的交易价高出 36%。重要的是，雀巢承诺圣路易斯将成为雀巢新的合并后宠物食品业务的总部。对于这一高达 100 亿美元"熊抱式"的现金出价，斯特里茨同意了。在他任职期间，罗尔斯顿·普瑞纳的税前利润率从 9% 扩大到 15%，股本回报率增加了一倍以上，而投资该公司的 1 美元最终变成了 57 美元。

并非出自名门

斯特里茨从小在阿肯色州西北部的祖父母家长大。他说自己成长的地方非常乡村，以至从该地区出来的可能性"不比同额赌注高"。斯特里茨补充道，即使离开了，"你也不会有什么成就"。如果最终成为一名乡村律师或五金店老板，他就会被认为取得了巨大的成功。但是，斯特里茨毫不掩饰地说，好运和随机性改变了他的人生。在州立大学读了两年后，斯特里茨退学了。他参加了海军航空学员计划，成了一名海军飞行员，并且被任命为所在中队的法律官。后来，他参加了位于罗德岛纽波特的 JAG 军团海军司法学校的培训，并和同学们进行了模拟法庭训练，同学中还包括几名哈佛大学法学院的毕业生。斯特里茨回忆道："在一些模拟法庭中，我站在哈佛毕业生的反方，并取得了胜利。凭借那次经历，以及离开海军后在西北大学读商学的经历，我开始意识到，自己可以胜任任何级别的竞争。"

斯特里茨描述自己是一个"从童年时代就阅读各类书籍的痴迷读者"。他说，在海军服役时，自己的文学口味发生了变化。他在图书馆花了大量时间，阅读组织架构方面的书。他回忆自己"学习了各种系统如何工作的书，从海军人员局手册，到如何改进商业组织"。当斯特里茨退伍后来到西北大学学习时，他对系统组织设计的关注进一步加强了。"这是我生命中另一个重要的垫脚石。当我回首时，我想：'哦，天啊，我日益积累的在各种情况下与各类人打交道的复杂经验，是应对经理人为股东创造价值必须面对的无数挑战的完美准备。'"

斯特里茨回忆道："我来自与众不同的背景。我现在可以坐在这个非常棒的办公室里，看着窗外美丽花园的唯一原因，就是我有一种直觉，即每当我进入一个新地方，我都要问自己：'这里发生了什么？这些人在干什么？'我总会试着去考察这里的环境，并决定自己应如何行动。"斯特里茨继续说，他意识到"法律、规则和指导方针都是基于分析的。'这里发生了什么？周围的环境是什么？'如果你严格地依照某种固定的规则模式度日，你会很辛苦，因为生活中并没有太多固定的东西，甚至法律都可以变化。现实是主观的，道德也是文化的，并非一成不变。所以，你必须具备非凡的批判分析能力。当然首先，你必须足够好运，能拥有一系列基因或遗传的批判分析能力。随着时间的推移，你要学会如何适应、改变和与现实同步。不仅如此，甚至你还需要领先于环境，到达将要到达的任何地方"。

斯特里茨还将他的成功归因于毕生对战略和概率的欣赏。这是他早期通过参与竞争性游戏而获得并培养的能力。"在高中，虽然我时常外出打工，但我还是抽时间玩了很多扑克游戏。我下国际象棋，还经常打桥牌，包括复式桥牌。"在这些游戏里，"相对表现更为重要，而非最好成绩"。事实上，他认为在阿肯色州大学获得复式桥牌赛冠军，是他"早年生活中取得的巨大成就之一"。斯特里茨也常将扑克桌上学到的技能，包括计算赔率、察言观色以及在成功概率性大时下巨注等，与优秀的资本分配者所需要的技能进行比较。他表示，技能组合在风险套利领域同样至关重要。"对于未来的套利者而言，最佳、最有意义的游戏莫过于扑克牌了。我认为扑克游戏需要套利者具备所需的所有技能：能够分析，能计算牌的概率，能读懂他人的性格，能揣测 CEO 和董事会将做些什么，此外，你还必须有资金管理的技能。"

抓住机会

斯特里茨于 1963 年加入了罗尔斯顿·普瑞纳的营销部门。此前，他曾短暂地在品食乐里工作过，并在一家公司为罗尔斯顿·普瑞纳做过广告工作。他对罗尔斯顿·普瑞纳当时的潜力瞠目结舌。"几乎就像1850年有人驾着大篷马车到垦荒前沿说：'天啊，看看这片土地，这可以都是我的，我立个桩就可以划出土地。'我意识到，这家公司有如此多的机会，如果我们能做些事情。"斯特里茨补充道，"那时候，罗尔斯顿·普瑞纳仍被创始家族成员管理着。""罗尔斯顿·普瑞纳是一个很棒的家族企业，慈父般的。我希望所有的公司都能像它一样。"斯特里茨说："比如，1938年担任奥地利总理的库尔特·冯·许士尼格在圣路易斯大学任教。我想跟他学习历史。于是，我申请了他的硕士课程并获得了学位。而这一切都是罗尔斯顿·普瑞纳出的钱。虽然这个学位与业务无关，但我从中吸取了宝贵的经验。我为此很感谢唐纳德·丹福思。他当时是管理公司的第二代创始家族成员，在我看来，他是一位有天分的家长式领导者，但并未获得认可。后来，他被几个职业经理人赶下台，他们称他不称职。"

另外，斯特里茨很快承认，罗尔斯顿·普瑞纳在第三代家族控制期间，非常"混乱"，组织一塌糊涂。管理层受到内部斗争的影响，被一些"绝对的办公室政治家"主导，而这些人并不精于管理。"事实上，如果他们在管理方面能得到C-，我都会感到惊讶。"他接着直言不讳地承认道，罗尔斯顿·普瑞纳在官僚主义浅滩航行所面临的艰难挑战，几乎使他的早期职业生涯完结。"这些关于谁获得大项目，谁获得下一份工作，谁成为老板之类的达尔文式斗争，是最困难的部分。事实上，有一段时间，我被放在考察试用名单中。他们把我叫过去说，'我们不确定你是否适合这份工作'。这让我很担心，于是我改变了一些挑刺的行为——有人把这些行为称作愤世嫉俗，而我称之为现实主义。不过，这有时令人反感，于是我学会适时抑制自己。"

斯特里茨继续说，罗尔斯顿·普瑞纳的其他人意识到，"我有以不同的方式看待事物的能力，我称之为'移民优势'。我不会被机构的假设阻碍，并可以给大家一个全新的视角。我也掌握着足够的人际关系技巧，使自己不被解雇"。最终，他以自己的方式进入了罗尔斯顿·普瑞纳最高管理层。他说在那20多年里，首先也是最重要的，他学会了在"获得公司给你的重大职责前,必须能够与人相处。另一个重要教训是,必须不断分析,再分析。你必须拥有完整的分析技能,使自己能挑战被给予的假定,创造体面的业绩,并在谈判中创造双赢,以实现变革"。他强调说:"我是一个双赢的谈判者,而不是单赢的。这两者之间有巨大的差别。我在10岁或12岁的时候就发现,当你不会受到太大伤害时,还是让对方获胜更好,而不是继续往死里砍价。"

为什么呢?斯特里茨已经拥有超过50年的管理经验和无数的成功并购经验,他坚定地认为,无论你是买家、卖家、业主、套利者还是外部的激进投资人,"没有任何东西是固定的,任何事情都发生在一定背景下,而且没有两个交易是相同的。因此,参与游戏的人或机构必须具有批判分析能力,能够想象出各种可能的结果。他或她还必须了解投标人和标的公司的机构背景与人员个性"。

剪枝去叶

在成为罗尔斯顿·普瑞纳的CEO之后,斯特里茨最常用的工具就是"修枝剪刀",而且对剪掉的部分毫不留情。1983年,首先被剪掉的是这家圣路易斯公司的圣路易斯蓝色曲棍球队以及棋盘穹顶竞技场。斯特里茨作为集团副总时曾分管的玩偶匣餐厅也在1985年被出售。然后在1986年,农场动物饲料业务——普瑞纳牧场也被出售了,这也是威廉·H.丹福思于1894年创立公司时的基础业务。斯特里茨也尝试着收购了一些公司。1984年,他购买了大陆烘焙,这家烘焙公司拥有神奇面包和主妇小吃等品牌。1986年,他收购了埃弗雷迪电池公司。烘焙业务比斯特里茨预期的更难扭转,主妇小吃在1995年被卖给州际饼干公司,最终于2004年破产。然而,重新命名为劲量的电池业务,成为斯特里茨2000年最受称赞的分拆之一。

"大公司的问题是,它们已在多个部门的基础上建立了集权的指挥系统。因此,与一个分拆出来的独立公司相比,它们不创新,适应性差,缺乏创造力。分拆后的公司有更好的激励措施,其经理人会更主动地思考工作。这些经理们与多年停滞不前的公司,例如宝洁公司的一个产品经理相比,更为投入,而且会参与更多工作。"斯特里茨解释说,"有一段时间,宝洁公司是一个典范。当我在1960年或1961年第一次进入这行时，它被认为是其他公司的管理典范。但随着时间的推移，它的管理层领导不力，使公司变成了一个缺乏适应力的'恐龙'。宝洁最近表现出了这样的迹象。这听起来很具批判性，其实也许我也不应该这样说，因为如果你把自己放到他们的位置，设身处地，也许真实情况会与看上去不同。但是，创建一个全新的组织则可以消除很多以前拖后腿的东西。"

斯特里茨能够快速地算出一个企业的价值以及如何提升这个价值，该技能在他合理化罗尔斯顿·普瑞纳的运营时，起到了无法估量的作用。然而，颇具个性的是，他并不承认自己有非凡的能力。"你只需要一份当年的损益表就可以快速简单地推断它的价值了。再给我两三年企业的业务情况介绍，以及明年或更长时间的计划，我就可以在一个小时内确定企业的好坏。"一旦掌握了企业的潜在价值，接下来，斯特里茨的惯常做法就是去实现它，无论是在罗尔斯顿·普瑞纳的企业结构下还是在该结构之外。当他发现市场愿意为这家有问题的企业提供有吸引力的价格时，他就会把它卖掉。但是，经常地，当斯特里茨认为一个表现不佳企业的长期价值远超出售可能带来的即时回报时，他会选择分拆。"我是分拆的大信徒，"他解释说，"首先，从税收角度看，这对股东更有利。其次，这也是可以实现更好经营业绩结果的最佳重组方式。"

1994年，他做的第一次分拆是拉尔控股，一个集谷物、婴儿食品、饼干，甚至滑雪胜地等各类生意于一体的系列组合。斯特里茨说这是他喜欢分拆的一个"完美例子"。"拉尔控股是一组最初深埋在罗尔斯顿·普瑞纳集团内部的财产。从管理层级看，它要下沉三到四级，是一个市场份额低、回报低、不重要的业余爱好业务。你拿它该怎么办？我在罗尔斯顿·普瑞纳内部试过很多方法，但没有一个奏效。所以我最后说：'好吧，我们还是把它分拆上市吧。'"斯特里茨承认，他不是第一个说服董事会将资产分拆给股东组成新公司的CEO。"不同之处是我将其视为创建新的组织模式的一种方式。分拆后我继续担任拉尔控股董事长，选派管理层，将公司的资源分配到应该做的事情上。我成功的关键，在于为拉尔控股及其他分拆公司都选择了非常优秀的经理。"他继续说，"这样的经理有若干个，但我特别想到了三个，他们分别是劲量的帕特·马尔卡希，农标的比尔·阿姆斯特朗，还有最重要的，宝氏集团的罗布·维塔莱。我在投资的一个早期企业中遇见罗布。与他一起工作时，我发现他是我在公司经营和董事会任职中，遇到的最有才华的经理。我想说的是，当你经营一家复杂的企业时，选择优秀经理人的艺术对成功是至关重要的。"

分拆成"金"

当斯特里茨于1994年开始做拉尔控股的分拆时，他回忆道："这项业务当时的实际价值仅几亿美元，但最终以50亿或60亿美元的价格出售。"同样，他指出，2012年他把宝氏集团从拉尔控股中分拆上市，到目前已经创造了"另外40亿美元到50亿美元的市值，而且游戏仍在继续"。斯特里茨解释说，分拆的魔力源于新公司从旧公司中解放出来。"抛弃了旧的组织结构，为一家新公司创造一个全新的组织结构，拥有不同的股东和不同心态的公司结构。"斯特里茨说，"这就像一个小孩找到了神灯，轻轻地擦了一下，突然间就创造了惊人的转变。"他继续说："我选择了一些在罗尔斯顿·普瑞纳组织里看似非常普通的人，然而，他们的性格在分拆后都改变了。看到这一切真的令人高兴。这包括那些在分拆之前，根据我在会议中的观察，能力令人看不上的人。但当把他们放在新的不同环境中时，他们都变成了难以置信的优秀经理人。他们如果没有改变，倒会令我很吃惊。这使我成为分拆上市的忠实粉丝。"

斯特里茨坚持认为，这些转变很大程度上与经理在新公司的薪水无关。"这不是金钱的刺激。我认为现在社会过度夸大了奖金的作用，例如，一个人现在可以赚一百万美元，而不是之前的五万、五千美元，他就能怎样之类的。"犹豫了一下后，斯特里茨补充道："不，这与新的情形完全抓住了他们的心智有关。他们对这件事日思夜想，他们会在半夜突然醒来。他们现在承受着很大的压力，为确保成功而感到焦虑。但人们就是喜欢负责任，喜欢自己管事儿。他们也希望退出官僚企业的游戏。我一次又一次地看到这种现象，在比奇纳特婴儿食品，在科罗拉多的基斯通滑雪胜地，甚至在圣路易斯的蓝色曲棍球队，都多次发生过。"

1998年，斯特里茨安排了罗尔斯顿·普瑞纳的第二次分拆。这家名为农标的公司是一系列国际动物饲料企业的集合。该公司在两年前出售威廉·H.丹福思的国内动物饲料业务——普瑞纳牧场时期被保留了。斯特里茨说："它包括了菲律宾的一家大企业，还有韩国的一家以及海外另外三十多家不错的公司，都是从旧的国内动物饲料业务中衍生出来的。我认为其市场价值在5亿美元左右，我们就试图卖掉它，但没有人想要。于是我想，'我来吧，我来当它的CEO'。这符合我当时的个人计划，所以我就把它分拆了。实际上，我的最终目标是将拉尔控股和农标平等合并，但我无法实现。几年后，我们成功宣布了平等合并，但当时我们犯了一个错误：我们给农标定了每股39美元的公允交换价值。这时，有一家投行去了明尼苏达州，说服了嘉吉公司（Cargill，当时年收入就超过500亿美元的私营农产品巨头）用竞标的方式进行收购。一天早上，我收到了嘉吉CEO的电话，他说：'我们将向农标提出要约。'经过数次尝试，我仍无法避免他们'熊抱式'的收购。嘉吉公司最初的出价是每股50美元，最后我们获得了55美元，而且我让董事会迅速通过了银色降落伞[①]，根据该计划，收购后所有的员工即使在农标只工作一天，也能获得一年的工资。于是到2000年底，农标被收购了。没错，当时的银行家服务水平很差。但我只能怪自己。如果我当时像现在一样有水平，我就不会让这样的事情发生。"

更大的游戏

"长话短说，"斯特里茨继续说道，"从我的角度来看，那是做得非常糟糕的一笔交易。但这个经历对我进行拉尔控股与康纳格的交易非常有帮助。如果你做过两三次交易，你就能回过头来进行比较和情形模拟，这是

[①] 降落伞是抵御恶意收购的一种策略，一般分金、银、锡三种，依次针对高级管理者、中层管理者和一般员工。金色降落伞是指当一家美国上市公司的控股权发生变化时，目标公司的高管层若被解职，通常会得到一次性的巨额退休金（解职费）、股票选择权收入或额外津贴。银色降落伞，主要是向中层管理人员提供的同类保证，金额会少些，在本书中是指12个月的工资补偿。锡色降落伞，是指目标公司的员工若在公司被收购后两年内被解雇的话，可领取一定金额的员工遣散费。——译者注

很大的优势。对我而言，从农标获取的经验是非常有价值的。"他解释说，失去农标的启示是："'熊抱式'收购的问题，是它只抓住了企业当时静止的市场价值，但忽略了管理层的想象力、创造力所能产生的潜在价值，以及企业随着时间推移而改变适应的能力。特别是，如果你考虑出售企业的税收成本。在我看来，多数情况下，你都会选择和激进投资者、套利者以及试图'熊抱式'收购的投标人说：'不，请你离开这里。'"

他继续说，这种行为是假设"生命不是动态的，是静态不变的。你拿走钱，因为最终价格比银行家来时的价格每股多了 10 美元。但银行家是有利益冲突的。他们想做这笔交易。总会有套利者在推动这笔交易，他们唯一的责任是为其投资者赚更多的钱，哪怕是 1 美元——除此之外，再没有任何更多的责任了。这些人都对我或其他的 CEO 没有太多尊重。他们无法看到整个森林。他们扮演的角色也很奇怪"。

斯特里茨接下来并未在套利者身上花太多时间。"套利者服务于自己的目的，"他说，"这一点我能理解，毕竟这是他们的游戏。但在规模更大的游戏中，他们只是扮演小角色。因此，我对套利者们没有太多的个人同情或认知。"回想起嘉吉攻击农标时，那些排起队来与他作对的人，斯特里茨把最严厉的评价留给了律师，不过他承认："作为法律顾问，他们只扮演了有限的角色，尽管这的确是重要的角色。"他回忆道："当时有一位在并购领域非常知名的律师，把董事会成员们都吓坏了。他说，'你们对股东负有责任。既然你们已经获得了每股 50 美元的出价，而对等合并协议声明的价值是每股 39 美元，你们就应该接受更高的出价'。当时，还有一位激进投资者也在搅起事端。但是，我承担董事会决定接受嘉吉报价的责任——每次想到这件事我都感到很遗憾。我有时从睡梦中醒来，想到曾经的经历，农标交易经常就是其中之一。我会对自己说，天啊，当时我做得实在太糟糕了，应该为此而感到羞耻。"

然后，斯特里茨稍微原谅了一下自己说："现实情况是，任何未曾参与过并购游戏的 CEO，在公司成为标的时都处于极大的劣势。因为他不理解自己突如其来、被迫参与的游戏，就像扑克桌上的新手一样。如果你要赚钱，你必须在牌桌上至少有两三个记号。而反复玩游戏的老手们——

银行家和律师——对这个游戏了如指掌。"但是，斯特里茨问道："如果我甚至都无法拼写'套利者'这个单词，我怎么可能了解这个游戏？股票快速集中到某些人的手里，计算无非就是关于时间和回报、概率和信息。通常情况下，这并不服务于社会或者所有的利益相关方，而只服务于少数人的目的。"

斯特里茨迅速补充说："这听起来像是道德主义的声明，而我其实是最不擅长于此的人。"他重申道："抽象地讲，并购和套利的确有助于长期资源有效配置。"他也承认，恶意收购可以唤醒昏昏欲睡的公司管理层，为他们敲响警钟。他们会说："等等，我们可能做错了什么，也许我们最好改正这个错误，这对我们是一种拖累。"

尽管如此，斯特里茨依然坚信，优秀的管理层和董事会不仅可以更好地服务长期股东的利益，而且可以更好地关注其他对公司命运举足轻重的相关方的利益。"你还应该考虑员工和社区的利益"，即便这很少进入并购交易的谈判。通常情况是这样的，斯特里茨指出："银行家找到你说，好吧，他们向你提供了85美元，但你可以把这个价格升到90美元。银行家的主要工作是赚取佣金，他们希望交易成功，而这可能不符合所有公司股东的利益。可以肯定的是，投资银行家扮演着至关重要的角色，好的投资银行家非常宝贵，并且可以被长期培养。我的观点是，CEO必须善于使用银行家。我可以想象这样的场景：律师从一开始就很高兴[①]，银行家正在获得他们的佣金，而最高级别的管理层已准备好金色降落伞。我的确从那笔交易中赚了很多钱，但如果一直控制着农标，我们会随着时间的推移而做得更好。我们可以把公司的价值翻两到三倍。"

及时行乐的反对者

平心而论，斯特里茨承认："我不喜欢为实现激进投资者的眼前利益而出售企业。我不认为在美国，企业资本主义或股东拥有的资本主义大格局下，这是令人钦佩的行为。有这么多玩家在吃这块美味的'馅饼'。这

[①] 因为律师的收费模式往往是按小时收费。——译者注

里有长期股东,他们有自己的利益诉求,这是一种情形;还有机构基金经理,他们服务于当地消防部门、工会和教师协会,这些投资者是拥有税盾的,这又是一种情形。但是,如果为了获利而立即出售退出,股东(在税收方面)的处理将是完全一样的。而他们在拿到钱后,只是把钱转投到别的东西上,获得自己的投资利益。另外,还有其他利益与交易本身相关的人,包括投资银行家、律师和套利者。"

斯特里茨强调:"一切都与环境相关,所以你必须能够解读环境。也许有时候你的确应该卖给别人。但每一笔交易都是不同的。有时是一点点不同,而有时则是完全不同。最重要但经常被低估的是,管理层的想象力。当你在分析战略选项,寻找问题的答案时,想象力是一种真正的优势——你能排除掉怪异选项。同时分析出我们到底能做什么,我们可做成的概率是多少。"然后,他带着一点讽刺意味地说:"当然,你需要把自己的个人利益刨除在外。"

这让斯特里茨想到康纳格从 2011 年至 2013 年收购拉尔控股的那场战役。他认为那是自己职业生涯中最值得记忆的"杰作"。"这就像你研究了一辈子才烤出来的蛋糕。你不可能做得更好。"斯特里茨说,"非常有趣的是,情况每天都在变化。康纳格提出一个出价,然后会进一步提高。我想大多数套利者做了错误的押注,他们认为拉尔控股会以中等价格被卖掉,即比初始报价高 3~4 美元。他们之所以这么猜测,可能是由于我在此之前对农标的错误处理,他们可能并未计算两个不同报价对长期股东的巨大影响。因此,当我在拉尔控股任期即将结束前说'不'时,也许有华尔街人赔了一些钱,但故事并未就此结束,康纳格又再次回来了,并最终买下了拉尔控股,他们[1]犯了一个巨大错误。"

永远不会结束

斯特里茨沉思道:"整个事件是一个很好的案例,但最终的教训是,游戏永远不会结束,一切仍在继续,一切仍在发展。最终,康纳格在新任

---

[1] 指那些提前退出股权离开交易的人。——译者注

CEO 的领导下取得了惊人的复苏。那个推动了收购交易的老 CEO 退休了。这年头机构的记忆是如此短暂，在一场游戏结束后，那扇门被关闭，没有人会真的再认出你，或关心你在公司历史上曾扮演过的角色。这就是残酷的现实。你永远不能宣布胜利。进化仍在继续。"

斯特里茨再次聚焦项目的细节，他说："我从农标项目学到的一点非常重要，对我处理康纳格项目很有帮助。这一点来自公司律师给我的建议报告，即在收购中采取'只说不'的防御策略。在 20 世纪 80 年代，有个著名的法院判例，证明被并购者可以'只说不'。所有的其他防御手段，包括分期分级董事会[①]、签署有冲突的合同等都只是权宜之计。'只说不'确实是唯一的长期可行防守策略。如果你想保持独立，就可以使用该策略，前提是，董事会必须相信你就是那个能带领他们赚更多钱的人。但华尔街对'只说不'的防御策略存在偏见。很多情况其实最后都归结到人与人之间的化学反应——'我规模比你大'——这几乎就回到了动物行为。在董事会上，你会看到这种行为以主导权的形式表现出来，而在'熊抱式'收购中，更是显露无遗。"

在接到康纳格 CEO 加里·罗德金的第一个电话后，斯特里茨迅速让拉尔控股的法律团队研究各种可行的恶意收购防御策略。"我向董事们分发法律文件，说明如果可以证明公司的长期价值超过现在价值，则可以'只说不'。当然，证明是基于假设的，你可以适当'操纵'假设，但我们希望这些分析令人信服。在农标项目中，我没有使用'只说不'的策略。但对拉尔控股而言，或者据我猜测——对于任何受到类似攻击的公司，你都可能让银行家来预测公司未来的收益，以证明公司的长期价值是 X，而不是对方提出的可怜价格 Y。如此，当外面的律师进入董事会并试图吓唬他们，让他们想'哎呀，我对此没有任何权益，我需要履行对股东的责任等'的时候，一个坚强的 CEO 可以叫律师打住，别再闹了。同时，在

[①] 分期分级董事会其典型做法就是在公司章程中规定，董事会分成若干组，每一组有不同的任期，以使每年都有一组董事任期届满，每年也只有任期届满的董事被改选。公司章程往往还同时规定董事在任职期间不得被无故解任，并可以就董事的解职问题设置绝对多数条款，规定必须一定比例股东出席股东大会且取得参加会议的绝对多数股东同意才能解除董事。——译者注

更冷静的情况下与董事们沟通，说服他们坚持住，等待一个更好的长期回报，即使当时外部的出价大于企业的市价，如果你客观地进行了测算。"

长线游戏

在坚决反对康纳格"熊抱式"收购时，斯特里茨扮演了"意志坚定"的 CEO 角色，并领导了董事会。他承认："毫无疑问，拉尔控股是一个此类情况的典型案例。"但也并非就稳操胜券，斯特里茨补充道："我推迟了与罗德金的会面，不断地找理由争取时间，让拉尔控股从他们手中挣脱出来。我让投资银行家参与其中。然后，瑞士信贷向董事会推荐了一个完全不同的交易。尽管我是拉尔控股的董事长，但公司的联合 CEO 也反对我的分拆计划。他们建议把公司卖给一个私募股权集团，这个集团则会把垃圾融资加到公司上。当谈判正在进行期间，公司股东结构发生了重大转变，长期股东将股份卖给了套利者。对 CEO 来说，问题再次回到了这一点，你必须有一个独立的心态，并愿意为了'只说不'而投入你自己、你的声誉，以及你对相关利益方、公司和员工的领导力。你必须愿意对他们说：'我已经搞明白了，而且我要这样做。如果股价短期受损，跌了 10 美元或 15 美元甚至 20 美元，就这样吧。长期而言，我们将创造更多的价值。'"

他继续说："我不愿意用丘吉尔的名言'我最好的时刻'（my finest hour）来形容，但这是我多年来做得最漂亮的一件事。因为宝氏集团的后续成功及其组织模式，是我们 40 多年来潜心研究企业应该如何组织的结果。它是私募股权公司模式的变体。在宝氏集团，有类似 KKR 模式的好处，即以资产收益最大化为目标和标准，并快乐地去实施，但同时又拥有作为股东的灵活性。所以，投资者不必支付 2% 的管理费和 20% 的超额收益分成，也没有十年左右的锁定期，私募股权基金只是租用资产一段时间，宝氏则可以代代相传。这是有差别的，而且总有一天会有回报。"

斯特里茨提到，"据我所知，约翰·保尔森是拉尔控股重要仓位的持有者和套利者。但他并未在 2011 年我们让康纳格离开时，卖掉拉尔的股份。不过我确信，当康纳格第一次出现时，他曾希望我以每股 98 美元的价格迅速出售。但他不是简单的套利者，他坚持了下来。我想这是一个研究能力的问题。很多套利者，依照他们内部约定的模式，在交易没有发生时就退出了。保尔森做了大量的信息收集工作，进行了估值，并留了下来，在分拆后成为宝氏集团的大股东。事实上，他甚至专程飞过来，到我家吃晚饭，还给了我一些关于销售麦片的建议。我说：'约翰，你不需要管这些。'后来，我在纽约和他吃过一次早餐。我怀疑他现在已经出清宝氏的股份了，但他至少持有了一段时间。所以，套利者是不同的"。

就短期收益而言，许多快速买入公告交易的套利者的税收情况比大多数投资者更有利，斯特里茨承认："但对长期股东而言，老实说，'熊抱式'收购对他们不利。而且可以确定的是，它对公司的多数管理人员和员工不利。他们会被'协同效应'化，这真是一个无用的术语，资本主义的阴暗面。在计算价值时，我们总是包含'协同效应'，我们曾经按 EBITDA 的六倍购买一些公司，但现在价格是 EBITDA 的十倍、十二倍或十四倍。而'协同效应'是抽象的，当涉及现实生活的血肉之躯时，并非有趣。作为公司的领导者，你还对在那里工作的人负有责任，而不仅仅是对即时'股东价值'负有责任。所以，我不喜欢那些除了几个发生在特拉华州案例之外一无所有的外来人，他们走进来说：'你们有这个的责任。'我心里的第一反应是'离开这里'。他们只是没好好想一想，或者还没想明白，他们出于自己的短期利益，试图完全从股东的角度，去做假设对公司有利的事情。他们只是不缴纳税款、快速滚动资金的机构股东。平心而论，根据他们的角色，他们只能提供一些可供参考的观点。决策应该由董事会来制定，并希望是在一位才华横溢的 CEO 的领导下，决定如何回应类似情况。毕竟局外人对公司潜力的了解很有限。"

事实上，斯特里茨观察到，"可以确定，企业并购交易中许多参与者起的作用很有限。进行交易时，在阿肯色州琼斯伯勒生产线工作的领班收到了解雇通知书，他的孩子还在阿肯色州立大学教师学院或其他地方学习，所以，他的一生都改变了。我知道，从理论上讲，也许我说的太重了。也许'创造性破坏'是经济力量的源泉，使我们可以利用有限的资源，获得最高的生产力。但从人类的角度来看，这是经济'游戏'的悲情所在"。

斯特里茨认为:"在微观基础上,我享受了好运、福气,成功参与了企业资本配置的决策。一个老生常谈的问题是,当有人进来向你报价时,你会拿钱并离去吗?找到正确的答案,远比一味听取试图主导过程的律师要难得多。'你对股东负有最终负责的义务',这完全是扯淡。这恰恰是放弃了自己的责任,或是对自己作为经理人可怜素质的确认。"然而,这位 CEO 对突遭"熊抱式"恶意收购的公司管理层所处的窘境,表示同情。"大多数普通管理者来自销售、财务或运营部门,没有任何并购经验。我曾经历过他们的处境,并为此度过很多不眠之夜。当 CEO 面临这样的提议 ——'哎呀,我给你每股 100 美元而你公司只值每股 90 美元',在很多情况下,他会考虑自己的处境。可能他将退休,想到'我将会有一个巨大的发薪日,并准备好了金色降落伞,我会在佛罗里达买个房子,我太太已经准备好了'。所以,他会考虑自己个人的方面,然后说:'好吧,是你逼我这样做的。'他们把公司扔进灌木丛,自己则一路笑着去银行取钱。"

斯特里茨非常清楚,CEO 必须依靠自己的顾问,而不是别人的顾问。斯特里茨补充说,他们必须能够准确地辨别顾问的动机。他回忆道,有一次,在康纳格首次公布拉尔控股计划不久的一天早上,他接到了一个"突如其来"的电话。"是我之前合作过的一位银行家。他说:'嗨,我明天会在城里。'于是我说:'那你过来吧,我们一起喝咖啡。'于是第二天他搭乘专车来我家,说'路过来打个招呼'。我们喝了咖啡。但当后来我反思他的问题时,感觉他在揣测如果他们那样报价,我会如何反应。果然,他所在的公司其实是为康纳格工作的。这是游戏的一部分。但对这一点,人们需要时间才能理解。"斯特里茨补充说,"回顾许多经历,无论是我服务过的董事会,还是经营管理过的公司,我无法告诉你,有多少次我希望可以重来一遍。'如果那样做情况会怎样'的问题令人悲伤地反复涌现。"

自力更生

斯特里茨的结论是:CEO 必须依靠自己的能力和知识,这很难。"大多数企业管理人员并没有经历过并购交易。很多时候,你会看到他们犯错。不只是关于公司的现值算错，如果从长远的角度来看，他们还会犯更大的错误，例如，忘记考虑全现金要约的长期或短期资本利得税。因此，结果往往是股东财富问题并没有被很好地回答。通常情况下，如果你从单个股东的角度来计算，持有股票会更有利，假设一个优秀、具有适应力的管理团队，随着时间的推移，创造了资本利得。"他补充说，"我无法告诉你，我犯了多少次这样的错误，套现并实现资本利得收益，然后眼看着公司价值越做越大。这是基于我在许多公司董事会任职，所看到的许多交易买卖决策的经验。"

斯特里茨认为，恶意交易的风险特别高。"我敢说，如果你用那些被'熊抱式'收购的公司，过去25年、30或50年的股价表现做一个指数，并深入比较如果它们保持独立它们可能会怎样，你会说：'好吧，它们如果独立，可能会做得更好。'它们会自我调整，董事会可能直接换掉CEO并引入一个变革性的人物。然而不幸的是，大多数现在的董事会没这个能力。在过去的30年里，我们看到了从过度依赖并让CEO领导的董事会到所谓独立董事会的变革。发明了'首席董事'一词的人，并未给资本主义制度带来任何好处。我们使用以前的旧系统，即依靠CEO及其经理们来领导公司，比现在依靠独立董事组成的独立董事会更好。现在有一套新的规则，但当你深入研究时，会发现它们严重束缚了管理层的手脚，阻碍了CEO考虑公司更大的利益与业务的可持续性，而只专注于可立即达成的交易。"

舍弃眼前的利益

斯特里茨将自己长期创造股东价值的惊人纪录归功于运气，以及"舍弃眼前利益"。即使他作为公司董事长兼CEO，仍需要他有足够强大的行动力和说服力来带动董事会前行。

斯特里茨解释说："这是一个长期价值是什么的问题。你几乎可以说，无论在计算长期价值现值时使用了什么算法，都是半猜半算、绝对主观的。所以，这需要有承担风险的意愿，押注我们可使资产在不同的方式下运作，且随着时间的推移最终会成功。这需要你自信地说：'我们可以做到。我们不会接受眼前的支付，并退休前往佛罗里达。'我们将从长计议，使人们获益。每当我在这儿或那儿遇见人对我说'我真的很感激你，做了这些事情。我和我太太现在过着美好的生活，都是因为那次美妙的经历'时，我都会有一些满足感。但是，我的职业生涯大部分成功归于运气。我觉得我不值得太多赞扬，因为我只是在正确的时间和地点出现，并愿意承担计算过的风险，而我们也越来越具有适应性和创造性。"不过，斯特里茨承认，那些快乐的碰面很容易，尤其是相对于偶尔"面对——不是直接的，而是通过肢体语言就可以解读出的——那些职业生涯被我做过的事情毁掉的人们。那简直令人心碎。我想重复一遍，我犯过错误，做过一些我希望可以重来的选择"。

为了证明"熊抱式"收购可能在短期内阻碍良好资产的发展潜力，斯特里茨指出了宝氏集团自分拆上市以来估值的大幅度上升。他重申："静态的'熊抱式'收购者会认为，根据今天的市值，你就值这么多钱。但这并非现实，实际上，游戏在不断变化。"当康纳格首次对拉尔的私标食品业务表示兴趣时，它同时也对拉尔的谷物业务表示没有兴趣。在对康纳格的出价"只说不"之后，斯特里茨迅速控制了局势，并把价值被低估的谷物业务分拆给拉尔控股的股东，还担任了新独立出来的宝氏集团的董事长。

对斯特里茨而言，"从那以后，宝氏创造的价值都是基于管理层的专长、创造力、创新和适应性，而这些都是'只说不'防御策略的结果。最后，就像父亲或母亲说：'没问题，孩子们，我们会没事的。'如果董事会相信管理层可以随着环境不断变化，给公司带来必要的变革，这表明他们信任与信心的跃升。管理者素质中，真正最重要的是创造力，可以产生新想法和替代方案，并选出最可行的那一个然后聘请其他合格的人，去实现这些想法和方案。我的意思是，优秀的管理是一门艺术，而人们对此还不够重视。在宝氏，我最大的管理成就，是选择了罗布·维塔莱作为领导者，正如我之前所说的，他创造了公司伟大的成就。"尽管如此，斯特里茨强调："最容易变化的变量是随机性和运气，我想强调一下，一切都是情形化的，没有任何可以依赖的规则。所以，批判性的分析思维是关键。

尽管最后我们很高兴看到了好的结果，但其实在过程中，可能出现不同结果的概率也是蛮大的。"

"我们这些人，成为百分之一或千分之一最成功的人，毕生如此，其实是由于出生、成长在正确国家的正确发展阶段，我们足够幸运，获得了超额财富，这与我们自己并没有太大的直接关系，我们只是正好赶上了好的时机，并且'远射'中的。尽管困难重重，我们最终还是幸运地成功了，必须谨记这一点。所以，你应该尽可能地谦虚谨慎。谦虚没有止境。"

斯特里茨继续反思，他再次强调："现在推动一切的管理层原则是'提升股东价值'。很少有人质疑这一点。但我记得当我回到西北大学并问：'管理公司的人的最终责任是什么？'我听到的答案——尽管后来可能因我个人的经验而有所扭曲——是双重性的。你对股东负有责任，是的，但你也对你的经理、各业务部门的负责人、与你一起工作的合伙人及员工同样也负有责任。然后，即使是更小程度上，你对社区也负有责任，包括对环境以及生存和生活都依靠当地公司的人。我一直笃信这一点，不过不好意思我需要承认，我有时并没有这样做。但每当我单纯地依据短期股东利益行事时，我都会感到后悔。"

更大的问题，斯特里茨认为"是整个体系的目的到底是什么。我们这个国家有 3 亿左右的人口，我们努力为每个人提供工作。如果有人无所事事，他们会制造出各种各样的麻烦。所以，我们尽力创建一个可以给人人创造就业机会的体系。为此，从长远的角度，我怀疑企业以追求最大的生产率为驱动力——企业事实上也是这么做的——并非正确的答案。应该有一个对整个社会而言，更好的模式。尽管有时候它的生产率不像原来那样高，但是，与此同时，它为每一个人提供了更好的生活"。对斯特里茨而言，他专注于提高股东价值，但是为了所有"股东"的长期利益。他现在仍这样做，在今天，这已是物以稀为贵了。

第 19 章

保罗·蒙特罗内

当出了问题,有两种类型的人。
有人指责别人,还有人看着镜子。我是那个照镜子的人

我总是喜欢说,当出了问题,有两种类型的人。有人指责别人,还有人看着镜子。我是那个照镜子的人。如果出了什么问题,我不会责怪任何人。我会看着镜子问:"我做错了什么?"或者"我从中学到了什么?"又或者"如果我要再做一次,我会有什么不同?"我承担个人责任。然后我不断学习。

76 岁的保罗·蒙特罗内,满头银丝,今天的身材和半个世纪前作为一名青年后备役军官训练队学员时一样高挑、笔直,言语间流露出一种只有拥有丰富经验才具有的权威性。在漫长而曲折的商业生涯中,包括无数的战略合并、收购、资产剥离、分拆和公司重组,甚至包括在这一过程中的几起破产事件,以及公司内部爆发性的增长和行业领先的电子商务扩张,使蒙特罗内所获得的胜利远远超过挫折。自 1991 年底,他作为 CEO,将

飞世尔科学世界公司从享誉世界的实验室工具供应商亨利集团中剥离出来，直到 2006 年与赛默电气合并，创立了赛默飞世尔科技公司，蒙特罗内负责执行了一系列几乎无穷无尽的交易。这些交易将一家曾被华尔街嘲笑为"丁曼的走狗"（dingman's dogs）的公司转变为服务科学界的全球巨头。

在 1991 年蒙特罗内接管飞世尔公司时，它还是一家表现不佳的美国试管、离心机等产品的制造商和经销商。但到 2006 年与赛默合并时，飞世尔科学世界公司的业务已经遍及全球，是向 150 多个国家研究、测试和临床实验室供应 60 多万种产品和服务的主导供应商。公司的年销售额从 7.6 亿美元上升到约 60 亿美元。在蒙特罗内任职的 15 年里，飞世尔公司的股权价值从约 2 亿美元飙升到 120 亿美元，股东年复合回报率高达 26%。

飞世尔科学世界公司的起源可以追溯到 1902 年匹兹堡的一个年轻工程师组织，该组织是该地区第一家实验室设备的商业供应商。创始人切斯特·飞世尔和他的儿子们在接下来的大约 80 年的时间里很自豪地经营着这家公司（并于 1965 年将其上市）。但在 1981 年，联合公司吞并了飞世尔科学世界公司，而且很快又把注意力转向了去吞并更大的"鱼"。随后，这家实验室产品供应商经历了长达十年的管理动荡，并受到了股东联合公司的善意忽视。而联合公司在急于证明自己实力的小爱德华·L. 亨尼西的领导下，决心从联合公司的根基——商用化学品和石油生产商，多元化成为华尔街并购狂潮鼎盛时期的一个重要参与者。在随后的交易中，最引人注目的是联合公司 1983 年以 18 亿美元的价格作为白衣骑士收购了本迪克斯公司。这是一笔让套利者最后相当满意的交易。它把本迪克斯从"反噬防御"①中拯救了出来。当时马丁·玛丽埃塔公司不顾一切地采取行动，要从本迪克斯主席威廉·阿吉发起的成功登上"头条"但充满丑闻的恶意收购中拯救出来。

---

① 反噬防御是指在反收购中，目标公司以收购袭击者的方式，来回应其对自己的收购企图。公司在遭到收购袭击的时候，不是被动地防守，而是以攻为守、以进为退，反过来提出收购，或者以出让本公司的部分利益，包括出让部分股权为条件，策动与公司关系密切的友邦公司出面收购，以达到围魏救赵的效果。——译者注

然后，在 1985 年尘埃落定之前，联合公司与信号公司进行了价值 50 亿美元的大规模合并。这项交易使航空航天成为新更名为联合信号（然后是霍尼韦尔）的这家综合性企业集团中最大的业务部门。但它也使联合信号的高管层成为媒体、投资者和员工议论纷纷的焦点，因为这三个企业巨头，聚集在一个拼凑起来的屋檐下。他们没有一个是害羞的人，或者说是善茬。

高管层阴谋

与亨尼西（其新头衔是联合信号公司的董事长兼 CEO）共处高管层的是信号公司的董事长、传奇的综合性集团大亨福雷斯特·N. 沙姆韦，担任合并后公司的副董事长。另一位是迈克尔·D. 丁曼，一位昔日的投资银行家，当时是信号公司的总裁，在华尔街，他作为管理层的"耳语者"而享有极高的声誉。亨尼西邀请丁曼担任联合信号的总裁，并承诺在五年内离职，让丁曼成为联合信号的 CEO。丁曼在华尔街广受追捧，因为他是市场营销和做交易的"老手"。人们普遍认为，是他引发了这场由私下对话转向谈判并最终导致合并的联合信号交易。

就在两年前，丁曼才成功地将他花了 12 年时间建立的新罕布什尔州制造公司维尔贝莱特-弗莱（Wheelabrator-Frye）与信号公司合并，进行了价值 15 亿美元的低溢价股票互换。这项交易由两位 CEO（同时又是多年老友）策划，将维尔贝莱特-弗莱装入信号，让沙姆韦的过度多元化控股公司一举收购了丁曼著名的"神话般的管理团队"。在因并购而疯狂的 20 世纪 80 年代，这桩罕见的低溢价交易，令华尔街投机者和套利者一度因传言而追高两家公司股价，最终结局却只有咕哝着舔舐自己的伤口。

因此，对于联合信号高管层内斗的广泛预期可能需要由三位巨头高管的显赫声誉来解释。但也有这样的原因，即亨尼西在营救本迪克斯的谈判中，曾同意让本迪克斯的阿吉成为联合公司的总裁，尽管其目的可能只是在几天后把他赶走。更重要的是，尽管截至当时，亨尼西忽略了诸多执行细节且未受到惩罚，但他依然成功地篡夺了董事会的特权，得以承诺丁曼作为公司 CEO。

当时并没有得到广泛认可的是，在这种不稳定的高管组合中，实际上还有第四位令人生畏的高管——保罗·蒙特罗内。从本质上讲，当时他是丁曼的秘密武器，是丁曼的财务与业务僚机。20世纪60年代末，作为金融学博士，他曾在五角大楼担任罗伯特·麦克纳马拉的智囊之一，完成了后备军官训练队的现役任务。自1970年以来，他一直担任丁曼的首席财务官和非官方的第二号人物。当维尔贝莱特与信号公司合并后，这两位高管带领整个管理团队从新罕布什尔州撤离到信号公司位于圣地亚哥拉荷亚的总部。蒙特罗内和后来被丁曼解雇的总裁一起被任命为公司的共同执行副总裁。随后，当亨尼西和丁曼开始谈判联合公司与信号公司的合并时，蒙特罗内在谈判桌上起到了重要的作用。

"外界无人知晓，"蒙特罗内回忆道，"这项协议在谈判早期就破裂了。然后，亨尼西伸出橄榄枝，试图招募我担任联合公司的总裁，以减轻阿吉惨败的后果。我同意和他见面。但我重点谈了我想做的最主要的事，就是让联合公司和信号公司合并项目起死回生，我做到了。"如同蒙特罗内所回忆的，"我说：'爱德华，如果你想聘用我，最好的办法就是完成合并。'他问：'我们能完成吗？阻力很大。'我说：'我想我们能成功，只需做些调整即可。'因此，我悄悄地重新启动了亨尼西、丁曼和沙姆韦之间的讨论，最终促成了联合公司与信号公司的合并，帮助项目回到正轨"。

然而，当新的联合信号公司组织结构图出来时，蒙特罗内的新职位看起来只是一个横向的平移，这正是他想要的。蒙特罗内解释说："这三位CEO非常有权势，在某种程度上，我是促成所有这些交易的中间人。我和他们每个人都有很好的关系。有趣的是，当联合公司和信号公司合并后，三个人都还在，他们想让我担任首席运营官。"蒙特罗内很坚决，他说："不，我不会接受那份工作。我不会为那三个做大交易的人工作。我已至少为他们中的两个工作过，以这样或那样的方式。我知道成功的机会是零。"第一波士顿的明星并购银行家布鲁斯·瓦瑟斯坦，曾为此项目工作过，他表示不相信。他记得瓦瑟斯坦告诉他："我不相信，你拒绝了那份工作？你可以成为整个这件大事的首席运营官。"蒙特罗内记得他的回答是："布鲁斯，算了吧。我不想站在前线，所有的将军都站在我身后，看着我，并督促我。"他详细地说："我意识到他们之间会争斗不已，如果我是首席运营官，会夹在他们中间。所以我站在一边，让别人来做。"

事实证明，这是一个巧妙的举动。尽管蒙特罗内和许多观众所预期的高管层肥皂剧结局，发生了戏剧性的转变：由于这些交易大师同在一个屋檐下，又一笔轰动一时的交易发生了。1985年秋，在正式被任命为联合信号总裁一个月后，据说丁曼曾在一次秘密的董事会上自愿放弃这一职位。相反，他要领导一个35亿美元的资产组合，包括35家公司，雇用了大约25 000人，涉及行业从基础的纯碱，到联合信号准备放弃的房地产。事实证明，在把他精心建立起来的化工巨头与信号公司巨大的航空航天与工程核心资产进行了50亿美元的合并后，亨尼西决定进行戏剧性的转型，即将联合信号集中在三个行业：航空航天、电子和化工。不管亨尼西对丁曼这样做是感到惊讶，还是为自己可以巧妙地操纵他这么做而高兴，经常吹嘘自己具有扭转局面能力的丁曼，除了对管理环境的改进而感到高兴之外，从未对外公开表示过什么。他全力以赴地策划这次剥离，并将剥离资产命名为"亨利集团"，借此对一个因赛艇比赛而闻名的英国小镇表示敬意。但华尔街却冷嘲热讽，称之为"丁曼的走狗"。这里面只有一个"小差错"，那就是保罗·蒙特罗内。

惊险的逃逸

毫无疑问，亨尼西很高兴能让丁曼——这个在困难运行中的协调者——离开他的势力范围，但在联合公司与信号公司的谈判中，亨尼西对蒙特罗内的印象十分深刻，甚至当蒙特罗内拒绝担任首席运营官后，他仍希望蒙特罗内和"母体"公司在一起。"亨尼西知道自己的董事会有问题，"蒙特罗内说，"在他放弃了阿吉和丁曼作为继任者之后。因此，尽管他同意让丁曼做分拆，但他希望我最终作为总裁留在联合信号公司。当时我觉得自己是公司的人质，但最终还是同意和爱德华一起完成这笔交易。"因此，当亨尼西允许丁曼将一支庞大忠诚的管理团队移到亨利集团时，蒙特罗内惹人注目地不在其中。事实上，直到次年3月，亨利集团分拆计划的细节在美国证券交易委员会备案后，人们才理解是丁曼和蒙特罗内持续的幕后游说最终说服了亨尼西。随后，蒙特罗内以总裁的身份任职亨利集团，并获得了新罕布什尔橡树——丁曼所设立的增加其股权的控股机构——49%的股份。

说蒙特罗内开心是轻描淡写。他曾在《纽约时报》的一篇文章中说，自己被留在联合信号是一次"情感创伤"，尽管他已决意要克服。很显然，亨尼西并非唯一欣赏蒙特罗内作为管理者的人。在他离任联合信号之前，《财富》杂志把蒙特罗内评为40多岁的全美十大CEO之一。当他最终成为亨利集团总裁时，他告诉《纽约时报》，继续与丁曼合作和领导新组织的挑战对他而言已远超预期。"每个人都梦想要成为自己的老板，但我认为这过于理想主义了。迈克尔和我之间已经足够了解彼此，所以如果没有梦想世界，这已是我能得到的最好的了。"

回首往事，蒙特罗内说："我了解丁曼，知道他能应对我，我也能应对他。"他继续说："迈克尔除了拥有出色的向华尔街营销的天才能力外，他还是一个优秀的战略家。他深知运营和财务控制的重要性，他真的知道控制是多么重要。我们是一个很好的团队。我们可以相互补充。"

早期的时光

在回顾他在20世纪70年代与丁曼的一些早期经验时，蒙特罗内阐述道："我们收购了维尔贝莱特，一家小型的工业清洁公司，生产用于清洁研磨擦拭工业设备的机器。后来，我们与时俱进地把它变成了一家环保公司。但首先，我们必须从其股东权益公司旗下重新组织维尔贝莱特-弗莱。"丁曼在1968年拨出50多万美元，与一个合伙人一起收购了这家陷入困境的老式封闭式投资公司。蒙特罗内解释说，在先前的管理下，权益公司收购控股权，而不仅是投资于上市公司，因此与证券监管机构发生了冲突。所以，直到1970年底，丁曼才获得美国证券交易委员会的批准，把权益公司重新注册为运营公司。但他并没有浪费多少时间。他把权益公司与另外三家他持有或控制大量股份的公司合并了，其中两家分别是维尔贝莱特和弗莱。蒙特罗内说："我认为自1971年那次合并以来，再也没有四方合并了。但很明显，当时迈克尔只从华尔街带了一个人——史蒂夫·舒尔曼，所以他需要重新组建一个管理团队。"

1971 年 6 月，蒙特罗内被聘为当时还叫权益公司的高级副总裁和首席财务官，当时丁曼开始了整个运作，并在维尔贝莱特 - 弗莱担任类似职位。他继续说："1970 年通过了《清洁空气法》，具有战略眼光的迈克尔意识到，附着在车轮研磨机上的'织物过滤系统'（如果没有它，工厂中会产生大量灰尘）本质上是一种空气污染控制装置。于是迈克尔说：'嘿，我们要成为一家环保公司，因为我们在空气污染领域已占有一席之地。'之后，我们进入了水污染领域，然后是垃圾能源领域。"事实上，"这都源于迈克尔的战略眼光。"蒙特罗内重申道，这创造了两个人在 1983 年以 15 亿美元卖给信号公司的这家公司。"我从一位伟大的战略家那里学到他的先见之明，而当时没有其他人有这样的眼光。"

"丁曼的走狗"

1986 年 8 月，在信号与维尔贝莱特合并不到三年的时间，投资者们纷纷押注其战略愿景，在亨利集团的 IPO 中，他们向这只"丁曼的走狗"，即包括维尔贝莱特在内的联合信号公司，注入了约 12 亿美元的惊人资金。亨利集团的 IPO 是截至当时美国最大的工业 IPO，尽管有的成员公司仍然亏损，而且根据发行文件，募集资金也将用于未指明的未来收购。事实上，一个月后，亨利集团即以 1.63 亿美元收购了 IMED 公司——一家为医院提供静脉输液泵送系统的制造商，以扩大其科学研发业务。

丁曼和蒙特罗内早期在亨利集团的主要工作是把公司组织成三个主要部门：飞世尔科学、维尔贝莱特技术和一个包括所有其他制造业的部门。随后在这三个领域进行了大量的战略收购和少数股权剥离，包括次年即进行的不到 700 万股的维尔贝莱特技术 IPO，筹集了 1.19 亿美元。这只是亨利集团系列交易中的第一笔。丁曼基本上是把它作为孵化器，进行创新性交易，以最大化股东价值，同时增加丁曼及其忠诚执行团队所持有的股权。企业通过向公众出售少数股权的方式，把各业务独立上市，实现各业务的独立估值，同时为其他投资筹集现金。从所有迹象看，投资者和经销商们都喜欢这种方式，愿意支付溢价，与亨利集团分享经营剥离单线业务的机会，并承担风险。

蒙特罗内在 20 世纪 80 年代末同时担任维尔贝莱特技术的董事长兼 CEO 以及亨利集团的总裁。随着维尔贝莱特从亨利集团中分拆上市，其更加专注于废物能源业务，并逐步成为废物工业一个更大的"玩家"。蒙特罗内一直在思考公司战略并建立关系，他很快决定，行业领先的废物管理公司可以成为公司一个很好、有协同效应的合作伙伴。"所以我们瞄准了他们，"蒙特罗内说，"我们逐步变得足够强大，以至他们不得不注意到我们。"他还让维尔贝莱特在一些项目上与废物管理公司合作，并邀请其主要高管参加企业拓展活动，建立关系，直到这家废物行业巨头最终决定收购维尔贝莱特，通过 1990 年的一笔交易，使其成为自己的控股子公司。1987 年至 1990 年，在蒙特罗内的领导下，维尔贝莱特的年度股东回报率达到了 22%。蒙特罗内说："我们大部分的交易，是长期跟踪的目标，我们总是在制定战略。"

靠自己

第二年，当飞世尔科学从亨利集团分拆出来时，蒙特罗内担任 CEO 一职。蒙特罗内终于成了一家亨利集团和丁曼只持有少量衍生股权（在特定条件下，可选择购买公司 15% 的股份）的公司的掌舵人。蒙特罗内开始有条不紊地实现自己建立全球科学供应巨头的战略愿景。蒙特罗内说，他的战略能力很快体现在对飞世尔营销口号的改变上。"刚开始的时候，飞世尔把自己描述为'北美最古老和最大的科学产品分销商'，就这样。"他解构了这个口号。"嗯嗯，最古老：很好；最大的：也不错；分销商：不怎么样；北美：也不怎么样。我们决定换个口号。于是，我们称自己为'服务科学的世界领袖'（The world leader in serving science）。当我们第一次把这个口号抛出来时，我想我会听到惠普、IBM 或一帮大公司说：'你怎么能称自己是世界领袖？是我们在为科学服务。'但没有一家公司说一句闲话。唯一的反对来自美国证券交易委员会，他们说：'如果你们要做这个声明，必须向我们证明你们是世界领袖。'所以，我们把这句话从我们备案的公告文件中删去了。但是，'服务科学的世界领袖'仍然成了我们营销的广告语。"

蒙特罗内解释说，新的广告语对飞世尔科学的战略影响意义深远，因为它将公司专注于全球，并且"明确地说，我们不仅是一个分销商，还将尽一切努力为客户服务。这成为我们建立公司的宗旨，之后每一步都朝着这个方向尽可能地努力"。"我内心其实是一个小推销员。"在宾夕法尼亚州斯克兰顿长大的蒙特罗内解释道，他以优异的成绩毕业于当地的教会学院斯克兰顿大学，是有资格发表年级告别致辞的学生，获得过预备役军官奖学金，参加了各种各样的活动，但他最喜欢的大学兼职工作是挨家挨户地卖书，在这项工作中，他很快学会了确立正确战略的价值，以及建立与客户直接联系的价值。

"那时有一套书叫《西方世界的伟大著作》(Great Books of the Western World)，我想拥有一套。如果我挨家挨户地卖掉足够的书，我自己就能得到一套。于是我成为他们最好的销售员之一。我喜欢推销。在那些日子，你真的可以敲门。但现在，如果你敲门，可能会有人朝你开枪，我们的社会已经改变了许多。以前，当你敲门时，人们会开门，并以礼相待。我学到了很多关于销售的知识，我们有一整套背诵的销售说辞，有六到八个'达成交易的结束语'——你会依次地尝试每一个，直到成功。当你试到最后一句，其实就是礼貌地表达我理解你不想买这些书，这意味着你将一辈子做傻子——这有些侮辱人，但这是最后通过羞辱令他们购买的办法。如果这也失败了，这单生意就完全失败了。它教会了我很多关于销售心理学的知识，并教会我如何达成交易，如何在心理上诱导客户。"

蒙特罗内说，《西方世界的伟大著作》由不列颠百科图书公司的一个部门负责，他很快学会了利用公司的销售工具。"你可以先付一元，得到一份已经购买过不列颠百科全书的人的名单，然后你可以支付两元，得到回应广告小册子的人的名单。我立刻用列表进行了试验。"从中可以看出蒙特罗内的销售策略，他说："好吧，我先买两元的名单，因为他们是最有可能感兴趣的人。此外，不列颠百科全书的购买者名单也相当不错。我不再随便敲门。花一到两元作为线索是值得的，因为我们的销售佣金很好。"对蒙特罗内来说，这些经历的教育意义显而易见。"广告是有用的。人们可以完全被一次销售活动吸引。我被震住了，我知道什么？我只是个大学生。但它有效，最后我很成功。"

早期"现实测验"

然后，"一件愚蠢的事出现了。"蒙特罗内说，但这提供了另一个宝贵的经验。"我是一个兼职销售员，还在上大学。那时他们雇了一个新的销售经理，他不想要任何兼职人员。当时，我作为只收佣金的销售代表，没有给他产生任何成本，除非我卖出书。而且我是区域内最好的销售员。但当他负责销售后，他居然开除了我！这是一个让人无法理解的愚蠢商业举措。尽管如此，销售图书的经历告诉我，如果这是商业销售运作的方式，我会做得不错。"

由于不急于从大学直接进入企业或军队，也负担不起 MBA 的学费，蒙特罗内重新捡起了他的联系人和关系。蒙特罗内说："现在，人们管它叫建立社交网络，但当时它只是我建立的工作关系。"一位他以前的教授认识哥伦比亚大学的人，听说哥伦比亚大学的金融学博士可以申请奖学金。这位教授鼓励他申请。蒙特罗内说："我从未想过自己要成为一名学者，尽管我对研究和分析十分着迷，尤其是对运筹学很着迷。而运筹学当时正成为一个新兴的领域。"

三年后，蒙特罗内获得博士学位，面对即将到来的兵役，他又一次被幸运眷顾。"哥伦比亚大学的一位教授认识阿兰·恩托文，当时阿兰已经离开了兰德公司，正在五角大楼做运筹学研究，他向我伸出了橄榄枝。直到今天，当我见到那位教授时，他总是说：'蒙特罗内，我救了你，让你免于经历越战。'我从哥伦比亚大学毕业后，带着我在运筹学方面的所有成果，而麦克纳马拉的五角大楼的一个好去处在等待着我。"蒙特罗内被分配到国防部长办公室进行系统分析，他做战时模拟、成本效率和物流方面的研究。"我做非常先进的计算机工作。五角大楼的地下室里充满了没人见过的巨大的计算机，而且都连接在一起。"今天，蒙特罗内摇了摇头，当时他还没有抓住那些连接在一起的计算机引发的技术革命。"我真傻。我只知道它们是大的计算机器，而且可能越来越大。当时是 20 世纪 60 年代末，直到 1976 年苹果公司才成立。"此外，他的主要使命已经完成。"我服役结束时是一名上尉。我服务于我的国家，而且有点奇怪的是，我为纳税人节省了数十亿美元，但除了在后备役军官训练队之外，我从未穿过制服。"

学以致用

尽管如此，蒙特罗内依然认为，早期的销售和军事经验对他很有帮助。"我一直喜欢与客户保持联系，了解他们的心态，即使是当 CEO 的时候。"事实上，他补充道："2006 年我决定出售飞世尔科学的一个原因是飞世尔变得如此庞大，我很难保持与客户的直接接触，很难走到客户面前，发现事情的真相。"蒙特罗内说："我很同情那些大公司。CEO 变成了管理员，人力资源与董事成为办事机器，管理层非常依赖一线员工了解正在发生的事情。在大公司里，不可能每个人都成为'本垒打'明星，会有一些表现不佳的人和优秀的人混在一起，我不喜欢这样。"当飞世尔的销售队伍超过 1 500 人时，蒙特罗内还努力与客户保持一些直接联系。"我意识到这就像管理一支军队，所以我找到了一本旧时的军事手册。我需要整个公司组织上下通畅，军队在很多组织方面令人印象深刻，尽管在某些方面不怎么样，我意识到，我必须重新发现将军是如何及时了解前线发生了什么的，因为我失去了与客户的直接联系。"蒙特罗内总结道，将军们在总部利用无线电从前线获得汇报。"因此，在每个销售区域，我们都增加了一名管理员，他们从销售人员那里收集信息，并将信息反馈给飞世尔的高管。这样，管理层的人就能看到客户到底在干什么，尤其是竞争对手在干什么。但企业规模越大，就越难做到。"

不过，蒙特罗内认为，CEO 的首要职责依然是创造价值。"如果你为某个东西支付了过高的价格，你就不会创造价值。而就算没有多付，你仍然需要能够执行完成。"他承认在自己的管理下，飞世尔仍不时会遇到执行的问题。"我们会做一笔交易，并称'这能节省成本，我们可以在六个月或十二个月内完成它'，但我们却无法完成。华尔街会很生气，股价也会下跌。所以我们的股票不会直线上涨，而是曲折前进。"蒙特罗内观察到，华尔街喜欢关注短期。"但我从不过分担心短期结果。我和大投资者以及基本面分析师（如果还有）保持着联系，这样他们就大致知道企业的发展状况。你的股票在短期内总有可能下跌。但如果你在一段时间内做得不错，你将再次处于所在行业的顶端，投资者会原谅你。"

蒙特罗内说，尽管自己并不否认其价值，他"从来不是商业顾问、管理宝典之类的粉丝"。但他确实剪下了《华尔街日报》的一篇专栏文章（最初发表于 1993 年 10 月 21 日），是管理大师彼得·德鲁克写的文章，题目是"五大致命的商业罪过"（The Five deadly Business Sins）。他说，每当飞世尔收购了一家新公司或引入一个新的管理团队成员，"我总是在会上分发这篇文章，然后对大家说：'读读吧。'德鲁克列举的致命罪过之一是'在高毛利的祭坛上礼拜'；另一个是投资今天，而饥饿明天。"蒙特罗内惊叹道，"这是扼杀企业的两种典型方法。通用汽车和柯达就是两个例子。"

蒙特罗内继续说："上市公司尤其容易受到高毛利崇拜的影响。今天，这就是为什么我喜欢有一家私人（即非上市）公司和上市公司竞争。上市公司担心每股收益，他们不得不担心短期投资者及其他这些类似的事情，至少这部分驱动了 CEO 的工作。然而，一家非上市公司则可以说：'天啊，这里有一个机会！为了这个机会，我可以牺牲今年的盈利。'然后，它就可以超过上市公司。"

上市公司的忧伤

更麻烦的是，蒙特罗内认为，"过程"对很多大型上市公司来说，成为比回报更重要的事。"对我而言，现在成为上市公司的唯一理由是，能得到一个额外的估值倍数，并因此获得更低的借贷成本。但如果你只是一家勉强支撑的普通公司，那我的理念是，上市其实是一件坏事。"他补充道，如今的公司有更多的机会利用杠杆，而结构化融资使它们可以在不放弃股权的情况下筹集资金，甚至比他管理飞世尔科学时还容易。"这是一个很大的变化。而税法的修订没有跟上。"蒙特罗内说，在他的职业生涯早期，他努力获得投资级信用评级，以得到较低的借贷成本。"但可笑的是，随着垃圾债券市场的发展，我甚至不想成为投资级公司。后来，我总是把自己公司（例如飞世尔）的债券比率指标，保持在比投资级要求低的水平。我不想冒险因为某一个收购而突然被降级。然后，突然间，每个人都会问，这家公司怎么了？"

这正是蒙特罗内用于其位于新罕布什尔州的信托和联合家族办公室视角信托投资的一个见解。"我们做的事情之一就是垃圾债券。这不是泛泛的投资组合，是非常有选择性的，基于深入的研究和分析。但时不时我们会看到个别问题，并说：'这真的应该是投资级别，但它是垃圾债券。'于是我们会寻找原因。我会给公司的首席财务官打电话，通常他会说：'我们不想成为投资级的公司。'我对此表示理解，但这意味着投资机会，一只被低评级的债券。"

蒙特罗内说，要在企业中获得良好的长期回报，首先需要运气。"除此之外，我对现在想从事的行业选择标准有三个：我想成为一个大行业的一分子，我希望顺势而为，我不想与中国人竞争。"他继续说道，"这不是说，当你逆风行事时，你无法赚到很多钱。但这样你必须有一个出类拔萃的战略，而这很不容易。"他愉快地记得，飞世尔科学拥有理想公司的三个方框。"我们在一个巨大的行业，我们有风在背后助力——医疗、健康、科学等。我们也没有那么多竞争。我们一开始只是一个经销商，因此，并没有与任何外国公司竞争。分销是一个本地业务。我们逐渐进入制造业，那里有国外竞争。但那是欧洲，不是亚洲。事实上，是我们领导了进军亚洲的行动。自从我们确定了目标成为行业内越来越大的公司之后，我们一直非常仔细地跟踪行业发展。我们一直在制定战略。对采取的每一步，我们都认真制定战略，并确保增加价值，而这需要有严格的纪律约束，"蒙特罗内继续说，"每一次你为某件事支付过高的费用，或做任何疯狂的事情，都会让你倒退，然后需要一段时间才能赶上。"

为说明系统运营研究方面的早期经验是如何影响自己在整个职业生涯中的分析方法，蒙特罗内用飞世尔多元化进入有机化学品作为例子。他说："虽然我们收购飞世尔时，它还是一个分销商，但它同时也为一些客户生产无机化学品。"在接手飞世尔之后，蒙特罗内立即着手分析如何发展业务。"我们开始认真分析我们强大的客户群，研究如何提高对他们的市场渗透力。那怎么做呢？当然，一个有效的办法就是也向他们分销有机化学品。这个行业的领导者是西格玛－奥德里奇。他们做直营，没有分销队伍，市场地位强，品牌强。我们与他们会面并说：'嘿，我们很乐意分销你们的产品。'但他们的回答基本是：'我们不需要你们，我们自己做得很好。'之后又试了几次，但都没用。"但蒙特罗内没有放弃，而是寻找西格玛－奥德里奇在全球有机化学品领域的竞争对手。"我们找到了强生公司在欧洲的一家生产有机化学品的子公司。该子公司并不符合强生的战略。于是我们想尽办法，买下了它，开始了飞世尔有机化学品的生产和销售。"

这对我们是一个标志性的事件。蒙特罗内证实，因为这次收购增强了"我们的最大资产——渠道的力量。作为经销商，我们是客户业务中一个有价值的因素。在我们的行业中，飞世尔的品牌很强，而我们通过提供更多的产品和服务，使它进一步增强。而且，我们并不害怕进入制造业，我们必须这样做，才能获得分销产品的机会。那些直销公司，会遇到飞世尔这样一个强有力的竞争对手，即便我们不能销售它们的产品。我们进入有机化学品领域，严重地影响了西格玛－奥德里奇。他们不得不组建一支销售队伍，这改变了他们做生意的方式。不管怎样，我们都站到了西格玛－奥德里奇的客户的面前，而这些客户一直在找寻替代产品。西格玛－奥德里奇在有机化学领域如此之强大，以至它的客户都觉得它没有对手。当我们带着强有力的产品突然出现在客户面前时，我们的名字在产品上，再加上飞世尔的声誉，我们的产品就会一击中的。西格玛－奥德里奇低估了我们渠道的力量，把自己束缚在高毛利的祭坛上"。最终，西格玛－奥德里奇屈服了，他们将分销商加入了他们的销售业务。

专注回报

蒙特罗内还把他在飞世尔的成功归因于"不削减管理费用"，尽管他此前还担任过首席财务官。他说："我其实很喜欢管理钱。"他将这一洞见，归因于臭名昭著的可口可乐推出新可乐惨败的事后分析。从这个事件中，可口可乐学会了市场营销开支应被视作投资，而并非费用支出。"所以，我把所有的管理费用视作投资，无论是市场营销、研究、人员或其他方面，只要有回报，"他重复道，"仅把管理费用最小化是不够的。你必须把钱投入那些能产生回报的方面。回报最大的投资是在人身上。科技公司对此十分了解，这就是为什么它们把所有的投资都放在人身上。"然后他又说："当然，我并不浪费钱。我一直坚持的理念是，你必须有强有力的财务控制，以确保这是一个好投资。"

蒙特罗内重申，一个优秀的CEO总是在制定战略。"你必须预先思考公司在发生什么，行业在发生什么，其他地方在发生什么，你要永远关注竞争对手的情况。"事实上，他在飞世尔创造了一个岗位，按照岗位描述，但并不优雅地被称作："我需要看到所有的动向，竞争对手、客户、任何新的事情、新的交易，无论大小，但凡是创新的事儿。"他让自己的"左右手"兼合伙人保罗·梅斯特负责此事。"我告诉他们，如果有事情发生，而我们并不知道，你们就倒霉了。我的想法是对周围发生的事有所了解，而不只是局限在我们公司内部。这成了我们整个动力系统的一部分。"这种方式数次证明了它的价值，蒙特罗内说，尤其是"在互联网繁荣时期，人们不断地向技术扔钱时，我注意到一家华尔街投资的技术公司，并意识到'我们不能忽视它'。它本可以在我们的行业中做到像亚马逊那样开始供应图书并建造仓库，让巴诺和鲍德斯那样的老牌书店一败涂地"。

蒙特罗内解释说："这是一个网上采购系统，用于采购科学仪器、医疗健康产品，华尔街为其开发投入了大量资金。"蒙特罗内回忆说，作为一家上市公司，飞世尔科学承担不起与华尔街相匹配的资金。因此，"我们召集了另外七家在科学和医疗保健领域从事各种分销和供应业务的公司，并让它们同意共同出资建立一个新的实体，基本上是做同样的事"。蒙特罗内说，如果这些公司单独尝试为这个项目提供融资，它们的盈利会被拖累。"所以我们每家都出了一点儿。我们雇用了一批技术人员，来开发一种至少和华尔街资助的那家公司一样好的竞争性技术。最终，我们基本上把这家公司搞垮了。这家公司无法筹集到下一轮资金，因为我们都已经建立了市场地位、业务关系和类同的技术。"蒙特罗内总结道，新企业的使命完成了，分销商股东们解散了它。"我们分享了新技术，有些使用了，有些没有使用。但我们必须从战略上攻击竞争对手的采购系统，以保护我们的业务。"

战略终局

蒙特罗内一直在制定战略，以使他的公司脱颖而出，与众不同。他还是一个永不倦怠的社交网络建立者。从维尔贝莱特时代开始，蒙特罗内一直在邀请他的商业伙伴，不是去打高尔夫，而是在他新罕布什尔湖畔豪宅中，参加一个一年一度的保龄球比赛。这个内部聚会多年来吸引了地产巨头、最高法院法官以及华尔街和企业的管理层参加。这些关系在他和他的团队开始关注赛默电气作为收购标的时，具有极大的意义与价值。"我们邀请其 CEO 马尔金·德克斯参加了保龄球年度比赛。"蒙特罗内解释说飞世尔已经是一些赛默电气产品的经销商，所以邀请他并没有引起人们的注意。"这种情况持续了几年，"蒙特罗内指出，"所以到了快开始交易的时候，我们并不陌生，不是'冷电话'，我们当时已经有了一些关系，建立了一些信任。"虽然在2006年的交易中，规模小一些的赛默电气最终实际上以收购者的身份完成交易，但飞世尔是煽动者，蒙特罗内坚定地表示："当时，我们还有其他两到三个战略协同的机会。但我们最终选择了赛默电气而不是其他公司，是由于我们要提高自己的估值。"

蒙特罗内说，在那时他已经清楚地认识到，股票市场的特征已经发生了巨大的转变。他回忆道，在早期，"分析师还会来和我们交谈。但在我们经营飞世尔的最近几年里，几乎从未有分析师来拜访。这是一个新的时代，一个建模的时代"。在蒙特罗内的实践眼光中，这其实对管理层希望与其他公司在市场估值倍数上区分开来的意愿，产生了微妙但有害的影响。"亨利集团或维尔贝莱特的一个显著特点在于丁曼。我们的股票，由于迈克尔与其他人不同，总会有一个估值倍数的溢价。近些年，当华尔街转向按照行业分类的模式后，出现了新的估值方式。这意味着，飞世尔作为单个公司的所作所为不再重要，几乎没有任何事情会对我们的估值倍数有很大影响。我们被集中到一个行业中，得到这个行业的市盈率。事实上，如果有回报，会被业绩不佳的公司分享。如果你业绩不好，你的股票可能会暂时下跌。然后，只要你业绩有所回升，估值倍数就立即回到行业范围之内。"

蒙特罗内对这一模式感到困惑与失望，他决心在最后一笔交易中，让飞世尔从华尔街的估值瘦身衣中挣脱出来。他的想法是利用华尔街按照行业估值的方式，扭转建模者对飞世尔的估值。"赛默电气只有我们的一半大小，但却有更高的估值倍数，因为它被认为是一家技术公司。因此，不是我们收购了它，而是它收购了我们。"蒙特罗内补充道，"这是一个高风险的交易——从我们向它出售，由它的管理层进行交易执行的角度看。尽管当时我们的许多股东都是短期投资者，像套利者之类的，但我们仍然有许多长期投资者，而我们谈判的是免税换股交易，意味着他们将获得合并公司的股份作为对价。所以，我们必须有相当高的信心，相信合并真的会发生，合并后公司估值倍数会有所上升，成本节省和协同效应也会实现。因此，我们留在董事会上，由保罗·梅斯特担任主席，我们需要对赛默电气了解更多。"蒙特罗内补充说："当时我正要退出股份。但并不希望忠实的股东认为我们在抛弃他们。"

该策略的效果甚至比蒙特罗内想象的还要好。"一直存在的问题是，仅仅通过合并，我们可否凭借飞世尔两倍于赛默电气的盈利，让市场按照赛默电气的估值倍数对飞世尔进行估值？我对董事会说：'他们可能会给我们一半。'但我错了。他们给了我们整个估值倍数，而不是一半。这是我最震惊的事情。建模者进来，把飞世尔的盈利加上赛默电气的盈利，然后用赛默电气的高估值倍数去估算合并后的盈利。因此，飞世尔盈利贡献的估值倍数上升再上升！行业的估值倍数起到了重要作用。所有的那些ETF等，都只是助燃剂。"

蒙特罗内耸了耸肩说："我的意思是，这既对也错。在当今世界，是资本主义在起作用，所以你需要做的就是资本化，并利用它们。"

第20章

彼得·麦考斯兰

风险套利者和激进投资者都是投资于一项潜在交易，而我们则是与交易做斗争的人

一些套利者公开表示他们追求短期利润。他们中的一些人有着华丽的办公室，来自高盛，就像埃里克·明迪奇创立了伊顿公园资本公司那样。接着是约翰·保尔森。我喜欢和保尔森先生聊天，因为他似乎在听我说，但第二天，他们会说不把票投给我们。我还认识一些其他的套利者，也是相当一致的。有几个试图参与全球包装天然气行业，或特拉华州公司法的讨论，比如伊顿公园的人。但这些都是诡计。这些谈话只是试图找到一个弱点来给我们施加压力。在这个过程中，有一些套利者很糟糕，没有特别出色的，但有一些还可以。可是当投票到来的时候，你会知道他们都不好。套利者和激进投资者都是投资于一项潜在的交易，而我们则是与交易做斗争的人……在我们的案例中，套利者遇到了一家真正做长期运营的公司。

很明显，彼得·麦考斯兰并不高度认可华尔街的套利者和激进投资者。这也许有点奇怪，他是受过专业培训的律师，曾经营一家专门从事并购的律所。事实上，如果你知道，麦考斯兰不仅是通过有机增长，而且是通过执掌公司33年间所做的近500次收购交易，方才建立了自己的公司，那你会觉得更加奇怪。很可能，如果你知道，麦考斯兰在2015年底通过103亿美元的并购交易卖掉了自己的公司，个人财富因此增加了10亿美元，那你会认为他对华尔街的蔑视是荒谬的。

这笔交易，包括承接28亿美元的债务，使麦考斯兰1982年成立的这家公司总企业价值达到134亿美元。这比包装天然气分销行业内任何公司组合的EBITDA估值倍数都要高出一倍，无论在交易前还是交易后。该价格是公司董事会四年前拒绝的一次臭名昭著的要约收购价格的两倍多。而且，就股价衡量指标而言，这宗交易价格，比交易公布前一个月公司平均股价高出了50%以上，比公司52周最高股价高出20%以上。对那些1986年公司IPO时购买了公司股票，并长期持有的少数幸运股东而言，麦考斯兰创立的公司实现了惊人的13 000%的累计回报，而标准普尔500指数在这一期间的回报为700%。当然，麦考斯兰本人也是公司引人注目的长期持有者之一。

这位现年67岁的公司高管偶尔打领结、穿卡其套装，和家人在费城附近450英亩（约4046.86平方米）的庄园过着农场主的生活。他一年中的大部分时间住在佛罗里达，偶尔也在南塔基特岛的住处避暑。尽管有本篇开场白中他的那段话，但麦考斯兰不是个怪人，也并非不能取悦之人，而且远不是这样。30年前，麦考斯兰将一家年销售额仅300万美元的康涅狄格州工业天然气分销商以500万美元买下来，经过30年的精心培育，建成了包装天然气领域的主导公司艾加斯，年收入达55亿美元。麦考斯兰解释说，他从没想过卖掉它。在经过一场为抵御华尔街"严重低估"合并要约而进行的史诗级战斗后，"我曾想我能回到非执行主席的位置，艾加斯则保持独立。但这种可能性很小"。

绘制作战图

总部位于宾夕法尼亚州拉德诺的艾加斯是美国工业、医疗和特种气体加气罐以及各种相关产品和服务的主要供应商。2009年至2011年，艾加斯成了21世纪最漫长、肮脏、延时但被击退的恶意收购活动之一的并购目标。同样位于宾夕法尼亚州的工业气体和特种材料的大宗生产商和分销商，空气产品公司的管理层开始了投机性的敌对行动，当时艾加斯的股价仍在48美元左右徘徊，而在金融危机前，其股价可轻松地超过60美元。这家总部位于宾夕法尼亚州艾伦镇的空气产品公司有时是艾加斯的供应商，有时是竞争对手，它长期垂涎于艾加斯突出的分销平台，包括1 400多个网点以及关系深厚、遍布全美的过百万客户。

但长期以来，两家公司既是朋友也是敌人。"他们无法说服我他们是好公司，"麦考斯兰说，"我认识他们太久了。他们的文化与我们的文化是对立的。好在结局不错，一切都好。但还是经历了一个很长的痛苦过程，我们有时开电话会直到早上四点，有时整晚都在看材料。但我们不会接受不战而败。我全身心地投入这场战斗中。"

在艾加斯董事会决定就空气产品公司不受欢迎的要约展开一场激战后，接下来长达18个月的收购传奇几乎囊括了该类产品的所有方面。追求方的代表是摩根大通、克拉夫斯-斯温和穆尔律师事务所（简称为克拉夫斯律师事务所），而高盛、美国银行、瓦赫特尔-利普顿-罗尔斯顿·普瑞纳公司和卡茨律师事务所（简称为利普顿律师事务所）则代表了目标方。最初的秘密报价被完全拒绝，而随后以更低价格进行的公开要约也被拒绝了。要约收购已获全部融资，于是报价从每股60美元，分三次被抬高到70美元。伴随着无数次关于卑鄙品格和卑鄙行为的尖刻指责，一场代理权竞争，成功地取代了艾加斯董事会的三名成员，甚至瞬间让麦考斯兰下台，但紧接着的是空气产品公司精心挑选的董事却站到艾加斯一边的讽刺结局。此次恶意收购还包括几项独立分析，将艾加斯的价值固定为每股78美元，以及诸多特拉华州大法官法庭的诉讼和反诉，其中一项被上诉至该州最高法院，在恶意收购宣布一年多后，一项长达158页的判决，不情愿地支持了艾加斯董事会使用毒丸计划阻止收购，并确认了艾加斯董事会有义务拒绝其认为不充分的收购。最后，空气产品公司两手空空，铩羽而归。两年后，激进投资者比尔·阿克曼的潘兴广场资本管理公司收购了股价下跌的空气产品公司，并替代了其CEO。

与此同时，麦考斯兰和艾加斯又重新开始了业务。在公司2011年年度报告中，创始人麦考斯兰写道：

当你终于摆脱了堵塞的交通，看到前方开阔的道路时，你会有一种感觉。这不仅是一种解脱。当你重新掌控自己的命运时，这是一种乐观和自由的感觉。这就是今天我们艾加斯所在的位置。全球经济衰退和空气产品公司对我们公司不成功的恶意收购都被甩在我们的后视镜里，我们回到了属于自己的位置，实现了一个行业内难以比拟、充满期许的运营模式，增长平台与企业文化。

然而，2015年初，山雨欲来风满楼。麦考斯兰忧心地看到，杰出的激进投资者——保尔·辛格的埃利奥特管理公司持有了艾加斯股票很大的头寸，尽管麦考斯兰应付了来自空气产品公司不断地私下询问。麦考斯兰预感到不祥之兆，在艾加斯董事会的支持下，他迅速地悄然展开行动，"寻找一家能给予艾加斯合适估值的好公司，同样重要的是，也相信公司的文化和发展潜力"。麦考斯兰很快发现了法国的液化空气公司作为收购者。麦考斯兰说，他喜欢的不仅是这笔交易130多亿美元的估值，而且"液化空气公司说，艾加斯只会失去4~5个工作岗位，所有的协同效应都来自液化空气公司在休斯敦的工厂，在那里大约有800人将被解雇。他们还把零售和包装业务，转移到了艾加斯的拉德诺总部，使我们现有55亿美元的销售额再增加20亿美元。他们仍将在休斯敦运营他们的大型管道系统，但我们将在这里经营更大的大宗和包装天然气业务。我们很骄傲液化空气公司采用了我们的商业模式、我们的平台并继续雇用我们的员工，而液化空气公司对这一切也非常满意。在一定程度上，这抵消了艾加斯不再是独立运行的公司所带来的失望"。

信任问题

麦考斯兰反思道:"我不想说,激进投资者并没有帮助扭转一些糟糕的公司,这些公司的董事会没有在应该取代管理层的时候挺身而出,或是错误地批准了糟糕的收购。你很难谴责所有的激进主义。但我一直认为,'一刀切'既不适于公司治理,也不适于激进主义。也许空气产品公司就需要有一个比尔·阿克曼这样的人,以扭转公司的局面,那些管理层为股东做了这么长时间的差劲工作。但是,艾加斯这样的公司,即使当时股价不景气,但依然每年为股东产生了18%的复利回报。我们应该获得达标的好处,即如果管理层多年来达到了一定的业绩水平,股东们应该给予管理层信任。"

他解释说:"有时候,我们的股价比整体市场或大盘股跌得多。我们是周期性行业内的一只小盘股,后来成为中盘股。但我们总比整体市场反弹得多,而且我们的回报很稳定。我是说,我们的同一家店燃气销售或气缸出租收入从来没有下降过,而这占据了我们营业收入的2/3,是我们业务的真正驱动力。直到2008年的大衰退。当时,天然气销售和气缸租金收入下降了14%。然而,截至2010年3月31日财政年度——尽管该年几乎是大衰退中的最糟糕的时期——我们来自经营活动的现金流创下了新高。"麦考斯兰说:"艾加斯大幅度削减了开支,这在以前是很少有的,因为我们一直都遵循严格的开支原则,我们也从未有过裁员之类的举措。但在金融危机中,我们裁员了大约10%,削减了运营资本和资本支出,偿还了债务。而我们的气缸租金源源不断地流进来,这是这个业务非常好的方面之一。"

麦考斯兰很快强调,在金融危机期间艾加斯的强劲现金流表现和随后财政年度盈利的大幅度反弹——尽管他们不得不分心处理空气产品公司的恶意收购,且因此产生不少开支——但这一切成绩既不是自动而来的,也不是偶然的。"这向你展示了我们的同事有多棒。他们是由公司首席运营官迈克·莫里尼尼率领的。我对他们说:'嗨,我们将集中精力回击空气产品公司。由你们来管理公司,实现盈利。你们控制自己能控制的事,我们也将竭尽全力。'而他们则接受了挑战,表现超出预期。他们太棒了。

在我们取得胜利之后，我确保他们知道自己是功臣。在遭受恶意收购的过程中，我们许多早期股东离开了，是艾加斯的团队为那些留下来的股东保护了公司。他们知道这一点很重要，因为他们为此付出了很多。"

麦考斯兰说，业绩反弹是公司"长期开发业务模式和经营理念"的回报。同时，也是多年发展与培育"非集权、创业式管理架构与'决策贴近客户'扁平组织的回报"。麦考斯兰骄傲地补充道，艾加斯在压力下的业绩表现证明了"经过多年的反复尝试，我们在公司愿景、业绩目标和薪酬体系方面的挂钩与一致性做得很好。我们薪酬体系杠杆系数很高，其可变部分比业内其他公司高许多。这意味着，如果业绩表现前 400 名的员工获得当年的全额奖金，他们将获得相当于年薪一半的现金奖金。另外，我们有一个并非只专注于管理层的股票期权计划，这与多数大公司的期权计划不同。相反，它深入公司基层，获得股票期权的员工会觉得自己是公司所有者"。此外，麦考斯兰说，业绩反弹是过去 30 年努力的结果。在这期间，艾加斯一直致力于"更好地满足客户需求，建立与客户的最佳界面"，并开发多种渠道，包括外部销售、内部销售支持、电话销售、电子商务、邮寄目录、媒体营销、战略性大客户计划等。"我们有不同的工艺专家，可以帮助食品冷冻设备制造商、钢铁制造商或焊工开展工作。我们有人数众多的焊接工艺组。我们有供应链专家。我们花了很长时间研究如何与客户进行互动。我们花很长时间进行了 480 次收购，并标准化和改进它们的业务流程。"同时，艾加斯还在内部开发了小型散装天然气项目、全国性配送中心、耐用商品复杂的物流体系与全国性特种产品平台等。他说，这家公司实质上已成为一家一流的运营公司。

非凡的尽职调查

即使在不断整合的行业中，艾加斯在 30 多年内收购了 480 家公司，这也是十分惊人的节奏，而且这些公司并非都很小。除了诸多独立罐装气分销商外，随着时间的推移，还包括：竞争对手清教徒班尼特、BOC（比欧西气体集团）、林德集团、空气产品公司的包装天然气业务、安全产品电话销售公司 IPCO、设备租赁公司 Red-D-Arc，以及林德的美国散装天然气业务。麦考斯兰解释说，作为一名年轻的并购律师，"我的信条是，企业家决定是否收购一家公司，但我的工作是确保价格是对的。约定的价格可能是5 000万美元"。他接着说："但是如果你承担所有的或包括负债，真实价格最终可能会高出很多。或者，如果公司的商业行为不当，可能会有迫在眉睫的诉讼。所以，当我启动艾加斯的收购计划时，核心原则之一就是要确保我们的尽职调查做得非常非常好。同时在起草合同时要非常小心，即如果后来真的又发现了什么，负债或义务需要由出售方承担。我们在所有交易中都做到了这一点。"

如果需要验证，艾加斯的确在这方面非常严格。例如，大多数进行多次收购的公司在年报中会逐年出现连续不断的"非经常性"事项和拨备核销，但艾加斯的财务报表却从未有核销。麦考斯兰说："在我们卖掉一家叫拉特兰工具的公司后，我们进行过一次大的核销。我们买它时，曾认为它和我们的业务在一起会很契合，但实际上并非如此。这是我们犯过的唯一大的错误。在很多年中，我们获得了很多收益，所以在公司整个的历史中，我们的 GAAP[①] 盈利和调整后盈利之间的差额不到2%。"为进行比较，他半开玩笑地举例说，在"野蛮人"空气产品公司的报表里，GAAP 准则下盈利和调整后盈利之间的差异是"四到五成"。麦考斯兰指出，许多投资者"认为特殊事项并不重要，但实际上，随着时间的推移，它们会非常重要"。

这位艾加斯创始人欣然承认："公司是股东拥有的，所以，你必须认真经营，从而使他们的投资最终增值。"但是，他警告说："如果你不用心经营客户，并好好照顾他们——对员工也是一样，那么几年内你可能做得很好，但长远而言，你不会创造价值。这就是你会遇到的长期和短期利益权衡的问题，而投资界往往更关注短期利益。投资者有持续的压力，因为他们的薪水是基于短期的结果。在华尔街，有很多赚快钱的专家，他们期望成百万上千万地快速赚钱。"

[①] Generally Accepted Accounting Principles，一般公认的会计原则，是美国现行主流会计准则。——译者注

保守的价值观

任何参观麦考斯兰家族在费城的农场的游客都会认为，他的价值偏好坚定地站在长期价值的一边。农场主楼是一座经过精心修复的乡村别墅，由镀金时代[①]的建筑师霍勒斯·特鲁姆鲍尔（因主持费城艺术博物馆、纽约晚报大厦、哈佛大学威德纳纪念图书馆等设计而闻名）所设计。麦考斯兰说，虽然这处房产的原始结构可以追溯到 1764 年，并于 19 世纪 30 年代扩建，"但当乔治·威德纳于 1912 年买下这处房产时，特鲁姆鲍尔被请来重建了整座房子，并使它变得很特别"。这位著名的建筑师还在这处房产建造了室内网球场，以及马厩和羊棚。但威德纳，这位费城极其富有的有轨电车和铁路巨头的后代，并没有福气充分享受这一切。因为他登上了泰坦尼克号。

这座物业不仅有悠久的历史，它的地理位置也非同寻常。距离充满高楼大厦的市中心只有 15 英里，离繁华的主干道不过几分钟，周围环绕着近 450 英亩（约 1.82 平方千米）的田园和森林、牧场和草地，长期以来被称为"埃尔登海姆农场"——自殖民时代以来，这片土地就一直用于农业。麦考斯兰解释说："当时这块地要被卖给开发商并分割。于是，在 2009 年，我和我的妻子决定把它买下来，并使其得以保存。"这块土地涉及当地的一个保护基金会。为完成这项交易，麦考斯兰同意将农场的大部分永久保留为开放空间。2015 年，他们把它作为信托给了成年子女，而老麦考斯兰夫妇则搬到了佛罗里达。年青一代把这里作为农场来经营，在社区推广"让人们与食物来源重新连接"的理念。这里经营时令水果、蔬菜和草药，并在农场的展台上出售。这里还有优质牲畜、摩根马、散养鸡和养蜂场。

从某种意义上说，这是真实生活的展示，正是这种老式、真正保守的价值观，在 20 世纪 80 年代早期吸引麦考斯兰从事瓶装天然气业务。"我曾

[①] 1873 年，马克·吐温出版了小说《镀金时代》。人们用镀金时代来形容从南北战争结束，到 20 世纪初的那一段美国历史。南北战争为美国资本主义发展扫清了道路，加上不断涌入的移民和西部新发现的矿藏，这一时期美国的工业化极速发展，国家财富迅速增长。——译者注

在一家工业天然气公司做律师。我很喜欢这项业务。它的主要资产是几乎永远耐用的高压铬合金钢瓶，我们还在使用一些20世纪初的罐子。它的其他资产是低温容器，可以使用30～50年。它们没有活动部件，很少移动，只需要增加一些运营资金。这是一个不错的生意。我之所以喜欢这个行业，也因为这是一个进步缓慢的行业，你不必走出去，并击出一个全垒打。"这个比喻让麦考斯兰想起了他曾向艾加斯同事灌输的态度："这个生意就是要踏上垒，至于你是如何上垒的并不重要，你只要一次击球，一次走步，一次被投球击中。有时你必须跑出本垒，而有时你能打出安打，只要你击中。"他补充说："这种渐进主义对我很有吸引力，你可以一步一个脚印，直到达到目标。这种做事方式很有趣，它使我产生了'化学反应'。"

"不感兴趣"

麦考斯兰继续说道："另一个吸引我的地方是艾加斯极其多样化的客户群。"其中包括医院、医护和牙科诊所，焊接工，制冷剂、氨气、工艺化学品和特殊化学品的工业用户。"为了应对多样性，我们开发了一种非常分散的业务模式，赋予同客户打交道的一线人员很大的自主权和责任。在很大程度上，这是家本地企业。你在当地的表现，最终决定你是否成功。例如，如果你的客户服务做得很好，解决了客户的问题，使客户更加成功，他们会更愿意接受提价。要做到这一点，你必须培养喜欢自主和有责任感，同时愿意承担后果的人。他们也愿意传达上市公司与股东打交道所需传递出去的信息。因此，建立我们的商业模式和经营理念花费了很长时间。"

麦考斯兰明确表示，当空气产品公司打来电话时，他一点也不想将企业卖给他们。"首先，我们有巨大的增长潜力。当时，我们正成为一家运营公司，并准备在所有收购的企业中，推出我们第一个企业软件系统——SAP。我们有很多工作要做，也有信心为股东创造很多价值。其次，在金融危机中，我们的股价已跌至40美元的低点。因此，空气产品公司出价的时机非常具有投机性。我们当然不想以一个很低的价格加上溢价30%～40%出售。这样的价格远低于我们之前二级市场交易的价格水平。最后，我们对空气产品公司也非常了解，但并不喜欢他们。长期以来，它们在大宗天然气销售和大宗管道业务（以吨计）领域都表现出色。2002年初，当他们把自己的包装天然气业务卖给我们时，他们表现得像是帮了我们一个忙。但事实上，是他们自己经营不善。无论如何，我们做了那笔交易，因为意识到它在我们手里可能很有价值，尤其是它在高端特种气体方面的销售不错。在那个时候，空气产品公司一直是我们的供应商之一，在我们收购了它的包装气体业务之后，它成了我们最大的供应商。这是交易的一部分，我们还要给它更多的生意。"

然而，和谐的供应商与客户关系并不是从频繁的交易中演变而来的。麦考斯兰阐述道："它在20世纪90年代中后期就对我们很不好，所以我们在俄克拉何马州和阿肯色州建造了几座空分厂，以取代我们从空气产品公司中采购的一些散装供应。"麦考斯兰回忆，在这些散装天然气设备投入运行后，"空气产品公司的另一个大客户"决定把艾加斯作为供应商。他沉思着说："这对它来说就像是发出了警报。"但艾加斯并没有进入空气产品公司所在的散装天然气市场的意图。"我们感兴趣的是收购更多的包装天然气业务，这是我们的强项。此外，我们还有大量的构建全国性平台的工作要做。"

麦考斯兰继续说："在2002年收购了空气产品公司的包装天然气业务之后，我们在2004年收购了BOC集团的包装天然气业务，在2007年又收购了林德集团的包装天然气业务。"而最后一笔交易直接将艾加斯在散装天然气市场的份额提高到了10%，使其成为空气产品公司一个相当大的直接竞争对手，尽管这并非有意之举，同时，也使艾加斯成为美国仅有的两家垂直一体化天然气供应商之一。麦考斯兰解释说："林德并不想出售其包装天然气业务，但联邦贸易委员会要求它剥离散装气业务，以获得联邦贸易委员会对收购BOC的批准，而林德知道联邦贸易委员会会同意我们作为它的散装业务的买家。所以，我们告诉他们，我们只有同时购买包装业务，才会收购散装业务。他们在收购中欠下了大量债务，因此他们同意了。"结果，2010年开始，艾加斯在全国范围内运营了16家散装天然气空分设备，并生产了大约30%自己销售的天然气，直接成为空气产品公司的眼中钉。

麦考斯兰说，空气产品公司在2009年10月中旬首次提出了幕后收购计划，当时该公司的CEO约翰·E.麦克格莱德口头向他出价每股60美元，全部以股票支付。这是艾加斯董事会无法承受的"侮辱性"收购计划，他们立即拒绝。一个多月后，麦克格莱德主动给麦考斯兰写了一封信，重复了同样的出价。当然艾加斯董事会拒绝了这一提议。12月中旬，麦克格莱德又出价，每股62美元，支付对价包括现金和股票。麦考斯兰和艾加斯董事会再次予以否决。这些出价都是私下提出的，在圣诞节期间并没有新的消息。2010年1月4日，麦考斯兰给麦克格莱德发了一封信，重申他的出价"严重低估"了艾加斯的价值。但是，空气产品公司并未接受"只说不"作为其出价的答案。2月4日，空气产品公司的CEO回复了一封正式"未被邀请"的信函，将艾加斯报价降低至每股60美元，但全部是现金交易。麦克格莱德于第二天早上向公众公布了这封信，同时告诉媒体，如果这个提议被拒绝，他准备发动一场敌对的"代理权斗争"，鉴于他先前几次私下的出价都被拒绝了。

斗争开始

麦考斯兰轻蔑地指出，麦克格莱德的"低球"公开出价，甚至比艾加斯在大衰退前的股票交易价格还要低，尽管比发出这封信前艾加斯43.53美元的收盘价高出38%。包括债务在内，空气产品公司的总出价约70亿美元。这位艾加斯创始人补充道："我知道我们的时机并不好，只是我不会束手就擒，艾加斯董事会全力支持我。"在24小时内，双方都提起了诉讼。2月4日晚，空气产品公司向特拉华州法院提起诉讼，指控麦考斯兰不正当地阻止其董事会考虑其投标，试图"保护自己"。第二天下午，艾加斯在宾夕法尼亚州法院起诉空气产品公司的律师事务所克拉夫斯，指控其存在利益冲突和违反保密规定。麦考斯兰承认："克拉夫斯律师事务所一直是空气产品公司的长期律师，但他们也做了我们十年的融资律师，做了艾加斯的20笔交易。事实上，我们分析的结论是，空气产品公司在克拉夫斯律师事务所代表我们发行债券期间，与克拉夫斯律师事务所策划对我们的恶意收购。在克拉夫斯律师事务所得到债券发行的付费后，他们对我们说：'好吧，我们再也不能为你工作了。'所以，我们起诉了他们。当然，我不被允许告诉你任何有关和解条款的信息，除非获得艾加斯董事会的批准。"他补充说。

2月9日，艾加斯正式拒绝了每股60美元现金的出价。两天后，空气产品公司启动了一场已全部融资的每股60美元的要约收购，这场恶战才刚刚开始。一周后，空气产品公司修改了其在特拉华州的诉讼，称艾加斯董事会抵抗收购提议，没有履行董事会为股东真诚服务的义务。它还试图反驳艾加斯对克拉夫斯律师事务所利益冲突的"不诚实"指控，并暗示艾加斯的主要投资银行高盛近期曾为空气产品公司提供服务，因此也存在利益冲突。

恶劣的袭击

麦考斯兰，即使在六年后仍表现出愤怒，叙述了随后而至的"恶劣袭击"。他说，第二天早上他醒来，看到《纽约时报》的一则头条新闻，标题是："艾加斯的负责人在想什么？"2010年2月12日，史蒂文·达维多夫·所罗门和彼得·J.亨宁撰写的《纽约时报》的报道明显是从空气产品公司向特拉华州法院提交的法律文件中直接摘抄出来的。该报道说，麦考斯兰的对手声称，麦考斯兰在1月5日行使了购买30万股艾加斯股票的期权，违反了其诚信受托责任。并接着说，这发生在"艾加斯第二次拒绝空气产品公司的友好收购建议后的第二天"。然后，作者仔细计算了该故事所描述的麦考斯兰获得的"立即未实现收益"，并认为"行使这些选择权当然从税务角度会使他受益，但看起来很像内幕交易。当麦考斯兰先生行使选择权时，他掌握着关于艾加斯的重要非公开信息……"该文章补充说，"根据最高法院对'恰雷利亚对美国'案的判决中提出的所谓'经典'内幕交易理论，在持有关于公司未来计划或前景的机密信息时，进行公司股票交易的公司高管或董事，违反了对股东的诚信受托责任。在一次特别不合适的拦截后，美国著名的四分卫球手布雷特·法夫雷[①]也曾被质问同

[①] 布雷特·法夫雷，生于1969年，NFL（美国国家橄榄球联盟）四分卫，被认为是NFL历史上出色的四分卫之一。——译者注

样的问题：'他在想什么？'"

"内幕交易！"麦考斯兰惊叫道，"新闻机构都说'麦考斯兰被控内幕交易'，我的孩子们都读了！实际情况是这样的。我在与艾加斯总法律顾问和利普顿律师事务所就行使期权进行了确认之后——当然，这些期权本来就是我的——把对应的股份预留了下来。我所做的就是支付固定的行权价格，然后让公司发行股份给我。我这么做是因为我要有更多的选票。我没有卖股票！"麦考斯兰用律师的口吻重申了自己的清白，他解释说："有联邦判例法说明，仅行使期权并不是内幕交易。空气产品公司非常谨慎，他们在法庭文件中并没有说我违反了内幕交易规则。他们只是说我是公司内部人员，并且行使了期权。他们的写法故意让媒体产生兴趣，其间还热络地与《纽约时报》的《交易教授》专栏作家密切合作。这就是他们的'打法'。他们认为我是老顽固，永远不会卖掉自己的'孩子'，我控制了董事会。就是这些事儿。这些年，我为股东们做了不少工作，而空气产品公司则认为，在强压下我们会屈服。"

艾加斯进行还击，正式拒绝了2月22日空气产品公司"严重低估和高度机会主义"的收购要约，同时也谴责了收购方的"人身攻击和欺骗性声明"。空气产品公司进行相应还击，双方开始了一场全方位、多层次的战争。这场战争大约拖延了一年，令许多以短期回报为导向的华尔街套利者感到沮丧。麦考斯兰承认："即使我们自己的顾问，也认为我们独立生存的机会很小。他们说：'空气产品公司可能得不到你，但这样一来，你挺过整个过程并独立生存的机会很小。'《纽约时报》的《交易教授》专栏同意这一观点，并表示，'需要奇迹'才可以使艾加斯作为一家独立公司生存下去。"

落入套利者手中

然而，艾加斯的创始人并没有被吓倒。也许是天真吧，他认为，艾加斯20多年来"创造的巨大股东价值"和透明的沟通记录将使其在这场斗争中与投资者保持良好的关系。相反，他观察到，随着空气产品公司迅速地孤立艾加斯，正如《纽约时报》专栏作家所称的那样，收购者"采取策略，巧妙地操纵收购价格，把艾加斯将近一半的股份转移到套利者的手中，构成了一个强大的愿意接受其要约收购的股东基础"。麦考斯兰没有兜圈子。"空气产品公司的首席财务官保罗·赫克会告诉风险套利者，他将提高出价，但他不会告诉他们具体数目。很明显，他希望他们购买越来越多的股票，并且他在操纵这些套利者。事实上，联邦证券法是禁止投标人进行有选择性的私下披露的。但每次他提高出价，更多的老股东会卖出，套利者则会占更大的股东比例。所以很快，60%的股东换成了短期资金。很多看基本面的基金都按出价退出了。他们认为自己很聪明，可以随时重新配置资金，投给其他机会，获得盈利。按照出价退出，可以提升他们的季度业绩。"

艾加斯和麦考斯兰在前期的法律大战中出师不利。3月，特拉华州负责该案的大法官威廉·B.钱德勒三世根据空气产品公司的要求，在诉讼中设定了一个暂定的审判日期，这对艾加斯选择召开年度股东会议的时间造成了严重限制。随后，艾加斯将其年度会议设定在9月15日。到5月中旬，空气产品公司已向艾加斯董事会提交了任命董事的议案，包括按照他们的意愿更换3名董事。最重要的是迫使艾加斯——其19名董事会成员交错任职，在每一次年度会议上可有3个席位被选出——把2011年的年度股东会议提前到1月，也就是2010年年度股东会议之后的四个月。实际上，这一变化将使空气产品公司，有机会快速获得艾加斯董事会2/3的席位。这段时间的斗争，跨越了整个漫长而炎热的夏天，双方都在提出新的诉讼及反诉，都在讨好套利者，当时套利者已经持有了艾加斯的大多数股份。

麦考斯兰承认，由于艾加斯涌入这么多"热钱"股东，"毫无疑问，大多数股东希望公司出售，并不希望我们继续战斗。但是，董事会代表了所有股东，而其结构包括了交错条款"。在这场收购战中，麦考斯兰为捍卫艾加斯的交错董事会结构付出了相当大的代价，但他仍然坚持不懈。"有人说交错董事会是反民主的，对股东不友善，这都是胡说八道。美国参议院就像一个交错的董事会，每两年有1/3的席位在选举中获得。参议院的情况和特拉华州公司法允许交错董事会的例子，都是考虑民众希望董事会维持一定延续性的治理结构的案例。"

作为股东的套利者

麦考斯兰并不否认，与空气产品公司的战斗付出了代价。"这不是我生命中的好时光。我觉得我们受到了相当不公平的对待，因为我们的股东并不忠诚，尽管多年来我们为他们创造了非常好的回报。我觉得我们的股东应该忠于我们，而不是把股票出售给套利者。这是最令人失望的事情。我是说，套利者就是套利者。尽管我们竭力说服他们，并有着伟大的投资故事，但我们并不期待从他们那里获得真正的忠诚。事实上，每当应他们要求而不得不见面的时候，总是令人沮丧。但我们的顾问告诉我，必须这样做，因为这些套利者已经成为我们的股东。所以我们不得不花很多时间和他们打电话。他们中有些人真的很糟糕。他们吹牛、威胁和哄骗人。我们试图认真对待每个人，希望能和他们讲道理。但套利者和激进投资者已经对交易投入太大，他们不会听我们的长期增长计划。然而，我必须说，在那个非常紧张的时期，有一件事情很特别——留下来的艾加斯董事会是如何应对的。尽管他们承受着巨大的压力，但他们的表现依然令人难以置信得出色，尤其是后来成为董事会主席的约翰·范·罗登和率领管理团队会见套利者的李·托马斯。所有留下来的董事会成员，都为这次防守反击做出了贡献，都为艾加斯的股东做了出色的工作。"

麦考斯兰回忆说，那年夏天，"我去了纽约大约十次。我们试图说服那些大型、有影响力的激进投资者，例如伊顿公园和保尔森公司，来支持我们。我们还会在我们代理律师的办公室，见一些规模较小的套利者，一次可能见十家。我们有几个董事会成员，参加了其中一两次会议。这些会议消耗了我很多时间。我会说：'嘿，看，我知道你是一个套利基金，但你刚刚投资了一家伟大的公司。'尽管如此，他们中没有一个人投票支持我们。他们会和我们讨论商业模式、毒丸计划和交错董事会；他们会告诉我们，我们的竞争对手正在变得更强；他们会谈论我们可能的结果。但他们真正想做的是给我们施加更多的压力，找到我们的弱点"。

他接着说："他们想播下怀疑、恐惧的种子。我曾收到信，指责我对股东犯下所能想象的最严重罪过。"有一件事仍然令他恼火。"有一次我们去见一个人，据说他出类拔萃，是套利界的教父。他在会议中表现得十分和蔼可亲。之后，他写了一封关于我如何对待股东的可怕信件。这真的激怒了我。我再也没有回应过。"麦考斯兰耸耸肩说："的确，这封信本不应让我感到惊讶，因为一开始这就是一场战斗。但我以前从未被卷入过恶意交易。我以为可以和一些套利者讲道理。让他们看到，进行中的一切实在太疯狂了。这是一家年均复合回报率达到 18% 的公司，是世界上最佳市场的最大独立包装天然气公司。如果它要出售，为什么不卖个最好的价格，为什么要在股价低迷的时候，把它交给恶意竞购者？我就是这样理解的。尽管听着合情合理，但他们都没有投我们的票。"

虚伪的机构

令麦考斯兰吃惊的是，公司股东中的指数基金，都会或多或少自动投票给套利者一方。"现在，我会把指数基金放到套利者一类，也许是放在套利者中最好的那一端，但仍属于套利者。"艾加斯的创始人接着说，"例如，我们去见了一位十分重要、倍受尊重的机构投资者，试图让他的指数基金为我们投票。我以前见过这家公司的董事长兼 CEO。艾加斯有一项 401（k）[①] 计划通过他们管理，规模大约 10 亿美元。于是，他们的高管叫来了负责人和大约 30 名其他人员，我们进行了游说。但他们没有投我们的票。他们投票支持罢免我作为董事长，并且告诉我他们会在股东会上实施。我问：'为什么？我们每年为股东创造 18% 的年均复合收益率，我们一直完全保持透明，从未发生过丑闻，从未修改过盈利数据。我们是完美的诚信受托人。'然后我补充道：'此外，这是一笔坏买卖。'"

麦考斯兰继续说："这家机构的公司治理主管说：'好吧，我们是指数基金，这意味着我们持有空气产品公司的股票比持有艾加斯的更多。对你来说，这是一笔坏交易，对他们而言，就是一笔好交易，因此对我们的股东而言，这就是一笔好交易。'我认为：'这样做也许今天对你有帮助，甚至明天对你也有帮助，但如果你不奖励好的治理结构，你怎么能期待好的治理结构？从长远看，你怎么能期待管理层为像你这样的股东拼命工

[①] 401（k）是美国特殊退休储蓄计划，源自美国 1978 年通过的《国内收入法》中的（section401K）条款，可以享受税收减免。——译者注

作？'而指数基金的主管却认为：'如果有强盗把你抢了，也没关系，只要我们拥有公司的一部分，我们就会从中受益更多。'"

麦考斯兰几乎没有停下来喘口气，继续说道："那里充斥着不言而喻的虚伪。他们有一整套庞大的公司治理系统，遵循纯粹的短视主义。整个系统都被破坏了，尽管它促进了交易。这些机构投资者持有的头寸意味着，当一家大公司欲并购小公司时，如果这笔交易对大公司而言看着有利，他们就会不顾一切地投赞成票。这毫无意义，因为它只是促进交易，这也就是套利者的全部——它们投资于一个即将完成的交易，而不是投资于一家公司的长期前景。这真的很可悲，因为它完全不符合经营企业最重要的两方面——客户和合作伙伴——的要求，也即长期的承诺。"

随着9月15日股东大会的到来，以及初步投票统计分析显示空气产品公司即将胜出，艾加斯抛出了新手段。公司宣布，如果股东投票否决了空气产品公司的合并提议，它将在明年6月召开自己的年度会议，对取消董事会的交错制度进行投票，并选举董事会的多数成员。艾加斯还向特拉华州法院提交了文件，声称空气产品公司的法律修正案没有通过法律审查。麦考斯兰解释说，艾加斯一直都在为时间而战，"只要我们还有交错董事会，我们就至少还有几个季度的时间，可以用盈利的增长跑赢空气产品公司的低价收购要约"。

投票败北

结果很快出来了。根据投票统计，"快钱"赢了。空气产品公司的候选董事们被选上，麦考斯兰暂时离开自己的岗位。公司章程修正案，包括提前召开艾加斯的下次年度股东会议的修正案也通过了。麦考斯兰回忆道："这是低谷，我们当时失去了对董事会和整个局势的控制。"虽然他受到了很大的打击，但并没有投降。空气产品公司通过的章程修正案有一个漏洞，就是允许艾加斯董事会增加一个新的席位。这可以使麦考斯兰重新回到董事会——尽管不是担任主席——只要麦考斯兰能通过"全国认可公司治理专家"的适合性验证。"为此，我们不得不向律师支付10万美元，让他证明，我何时成立公司、管理公司、担任董事会主席以及曾在其他几家上市公司董事会任职,等等,即我具备资格!我们的股东,包括一些非常大的机构股东,居然投票赞成!怎么会有这么荒唐的事情?他们其实只是想把公司卖掉。"

在股东代表投票三周后,特拉华州大法官法庭支持了新的章程。当时对艾加斯团队来说,前景是十分黯淡的。麦考斯兰说:"这四个月是一年的最低点。实际上,我们必须在2010年会议之后的四个月左右,即在我们的财政年度结束之前,举行下一次年度会议。"法院的裁决是基于艾加斯章程中所谓的"模棱两可"。"但那太愚蠢了,"麦考斯兰抗议道,"空气产品公司在其自身章程中使用了完全相同的语言,并在其他的公开文件中表示,这意味着三年的董事会任期。但他们的律师们提出了这个理论,该理论在特拉华州的法律界一直被认为是为削弱交错董事会结构提供的收购保护而采用的惯用手段。"

华尔街卖方分析师在当年早些时候曾招致麦考斯兰的愤怒,他们中的一些人放弃了对成为收购目标的艾加斯研究覆盖,"理由是他们只关注那些根据基本面进行交易的公司。我不断要求他们,'看看我们的盈利',但都无济于事。如果要深入研究,理解收购出价的理由,标的公司的潜力是什么,以及需要多长时间——其价值可以超过出价,这些是很繁重的工作"。尽管有几位分析师对价格表示了初步的疑虑,但麦考斯兰仍记忆犹新的是,"没有一个人跟我们说这家公司的价值超过了出价。而且,他们中的大多数也覆盖空气产品公司(并发表关于它的研究报告)"。

扭转乾坤

不过,麦考斯兰和艾加斯投资者关系主管杰伊·沃利仍坚持自己的想法。他们在代理权投票失败后,曾通过电话试图说服分析师,"试图让他们蒙羞,以重新覆盖我们,因为我们的盈利持续增长"。麦考斯兰说,经过三周的电话沟通,他们终于说服了三位分析师发布关于艾加斯的研究报告,"其中两位分析师的报告,包含了对艾加斯的股价目标价,并且目标价高于空气产品公司的出价。一旦这些报告发布,其他人会跟进。但当时已经离最终裁决只有大约90天了"。不过,时机是偶然的。艾加斯的法律团队设法将分析师的分析报告提交给特拉华州法院。麦考斯兰回忆说："以作为证据证明，有人对公司股票出更高的12个月目标价。甚至有一家出到90美元左右。"

与此同时，艾加斯立即向特拉华州最高法院提出上诉，要求法院做出暂停空气产品公司的章程变更决定。而且，至关重要的是，麦考斯兰、他的法律团队和艾加斯剩下的长期董事，都去做董事会新人的工作。麦考斯兰回忆道："我们把他们逼入死角。他们不想站在我们这边，但到了10月的最后一周，他们已经别无选择了。"

空气产品公司向每位提名董事支付10万美元，让他们同意在代理权争夺战中代表艾加斯董事会。但最终，新当选的董事会成员与艾加斯剩下的连任董事会成员投票结果一致，认为空气产品公司每股65.50美元的新出价仍"严重不足"。正如一则新闻报道所说，对一些交易导向的对冲基金而言，艾加斯董事会的投票最可能导致"心脏病发作"。但麦考斯兰兴奋地把它归功于利普顿律师事务所的"极佳建议"。他解释说："三位新董事坚持要有自己的律师，所以我们给他们配了自己的律师。然后，他们坚持要增加一个新的投资银行家。新来的银行家瑞士信贷的估值更高，每股78美元，超过了我们现有的两个。面对这样的事实，一位新董事说：'我们必须保护这家公司。'"

然后，艾加斯董事会向空气产品公司CEO发了一封类似最后通牒的函，表示"我们非常感兴趣地阅读了您和您的首席财务官的证词……空气产品公司正试图以尽可能低的价格收购艾加斯。与之相反，我们的义务是寻求尽可能高的价格……我们董事会的每一位成员都认为，艾加斯的价值在任何交易中显著超过每股70美元。我方现在写信告知贵方，如果空气产品公司为我方提供充分理由，使我们相信下面的谈判将导致与上述估值一致的价格进行交易，我方董事会一致同意授权与空气产品公司展开谈判"。接下来的一周，艾加斯法律团队让董事会跟进一项公开声明，声称艾加斯的价值至少为每股78美元。这样做并不是为了公布具体估值数字，麦考斯兰解释道："而是要向法院明确表示，我们不仅是在说不，而且我们没有说永不出售。"

几周前，华尔街许多人和金融评论员都对艾加斯失去投票代理权感到惊讶。最终，11月23日，特拉华州最高法院以5:0推翻了下级法院关于章程的裁定。麦考斯兰如获重释地说道，他们决定，"交错董事会是特拉华州法令的产物，原来的艾加斯章程规定董事会的任期为三年。下级法院的判决被坚决驳回"。

然而，法律纠纷仍在继续，诉讼的焦点转向了艾加斯毒丸计划的有效性，以及董事会是否有权在认为收购要约出价不足的情况下，拒绝赎回毒丸。12月3日，大法官法庭敦促艾加斯和空气产品公司提交更多的论据，暗示目前的主要问题是价格问题。六天后，空气产品公司公布了对艾加斯每股70美元的"最佳和最终"报价。麦考斯兰解释说，提高出价是对手的一种策略，如果收购方威胁放弃一项向目标公司股东溢价收购的交易，他们就会用这个策略迫使法院控制标的毒丸措施。艾加斯的董事会依然毫不动摇。12月22日，艾加斯（包括由空气产品公司提名的三名新董事）一致拒绝了每股70美元的出价，称其"不够"，并重申艾加斯至少每股价值78美元。

正义之轮

球又被打回到球场上。1月25日将为此事举行一次"小审判"。但直到2011年2月15日，距艾加斯和空气产品公司发生第一次冲突的18个月后，钱德勒法官才发布了他的冗长的决定。麦考斯兰说："他不愿意承认我们的'毒丸'是有效的，但他不得不这样做，因为他必须依照先例。所以他写了一份150页的意见书，有514个脚注——为了遵循先例！他不仅判决有效，而且还写道，艾加斯董事会成员是'典型的诚信受托人'，这非常好。"空气产品公司的麦克格莱德就艾加斯"根深蒂固"的董事会发表了一份尖刻的声明，最后总结道，"我们决定撤回我们的报价，继续走自己的路"。艾加斯的法律顾问在利普顿律师事务所庆祝胜利，"为整个获胜的团队制作了有'天使翅膀'和'团队奇迹'的漂亮帽子"，麦考斯兰回忆道。

艾加斯创始人感谢他的律师，"令人惊叹的董事会和团队伙伴"，以及自己的幸运。"我和你讲，当我在投票代理权的竞争中失败后，我和另外两位董事被赶出董事会，如果当时空气产品公司将出价提高到 75 美元，我们的董事会就可能会接受它。"他回忆道，"我们有银行家的意见，如果他们提高了价格，我们就必须考虑。"他们本应该能够收购成功的，因为他们非常需要我们。最终，艾加斯以每股 143 美元的价格被收购，比空气产品公司的"最佳和最终价"的两倍还多。

麦考斯兰和艾加斯董事会是如何完成这笔"顶级"交易，给这个传奇故事增添了更多的诡计和巧妙的色彩。具有讽刺意味的是，这一机遇部分源于空气产品公司如果对艾加斯的收购失败将陷入困境。麦考斯兰总结道："他们继续公布不良的业绩和特殊减值，股价下跌了很多。华尔街讨厌他们。然后，比尔·阿克曼买了 10% 的股份，没有经过代理权争夺，他们就给了他 3 个董事会席位。重组后的董事会解雇了 CEO，并聘请了我认识 30 年的塞弗拉·卡西米（昵称塞菲）担任招聘委员会的负责人，因为他曾在英国氧气公司任职，对这个行业很熟悉。他接受这个工作后，我们在埃尔登海姆农场吃了晚饭。然后，塞菲任命自己为空气产品公司的新CEO。塞菲担任 CEO 的那天，给我打了电话。几周后，他飞到南塔基特来看我。我们还一起吃了午饭。"

聚餐

麦考斯兰回忆说，这后来成了惯例。"大约一年的时间，每隔两三个月，塞菲就会请我吃晚饭，说他有新的事情要讨论。2015 年春，他突然打电话给我，约我在费城市中心的里滕豪斯酒店吃'紧急'午餐。我们刚坐下来，他就说：'彼得，你将失去你的公司。'"艾加斯的创始人继续说："塞菲告诉我，激进投资者埃利奥特管理公司的保尔·辛格来访问他。辛格告诉他，'麦考斯兰已经筋疲力尽，他的成长期结束了'，并说'他想让我买艾加斯'。塞菲补充说，辛格还告诉他，自己有成堆的机构投资者追在后面。"麦考斯兰回答说："好吧，我希望你让他离开。"但塞菲回答说，"不，我和他见了一个小时。"麦考斯兰问道："嗯，你告诉他你不想收购艾加斯吗？"然后塞菲承认他曾说："如果艾加斯出售，我们会感兴趣的。"麦考斯兰回忆自己回敬说:"哦,谢谢,塞菲!"他摇摇头,补充说道:"塞菲本应该是我的朋友。"

但麦考斯兰已经知道辛格在建仓持有艾加斯。"有一位行业内的 CEO 早些时候打电话给我,告诉我辛格来见他,也给出了同样的论调:'麦考斯兰根深蒂固,是个糟糕的经理人。'"但这位行业领袖告诉麦考斯兰:"我让辛格醒悟,我告诉他,麦考斯兰是业内最好的管理者之一。"由于之前收到预警,麦考斯兰在里滕豪斯告诉塞菲:"听着,我不怕辛格。"第二周,辛格的埃利奥特管理层向美国证券交易委员会提交了 2015 年第一季度的 13F 表格,显示其持有艾加斯大量股份。"但是,很快,他们卖掉了。"在第二季度使麦考斯兰惊奇的是,"卖掉了。我不知道为什么,但他们损失很小,尽管他们之前买了很多股份"。

然而,他的这位老朋友并没有那么容易气馁。"塞菲又打电话给我约了几次见面,并提了一个方案,股票换股票,没有溢价。我说:'我们不需要你的股票,塞菲,而且我们永远不会无溢价出售。'"麦考斯兰回忆道,随后又开了几次会,"最终他出价到较小的溢价,15% 或 20%,但仍是换股交易,而且他说要分拆或出售的两个非天然气部门。于是,我知道自己还有时间。"

麦考斯兰悄悄地开始工作。"我谈了大约十家不同的潜在买方。液化空气公司十分感兴趣。我们分享了一些公开信息,但按照与公众不同的角度进行分析,这令他们很兴奋。"空气产品公司也很忙。麦考斯兰继续说:"塞菲给我打电话,又请我吃晚饭。他带了份投资银行的材料,有一页显示我们两家公司股东结构的重合度高达 86%。他说:'彼得,你的股东想要这个。'意思是,'我会立即投入他们的怀抱。'我说:'好吧,塞菲,你说过你永远不会做一个恶意收购。'他回答说:'是的,我不想做恶意收购。'"

麦考斯兰说,这次晚餐后,他回来"与董事会和我们的律师再次进行了磋商。与此同时,液化空气公司与我们做交易的兴趣在快速升温"。于是,他打电话给塞菲,又一次拖延时间,告诉他艾加斯的董事会将于 11 月初在亚利桑那聚会,届时将讨论他的出价。当塞菲对这一承诺表示怀疑时,麦考斯兰告诉他:"塞菲,在过去一年半的时间里你告诉我的每件事,我都带到了董事会进行讨论。"塞菲同意再等等。

秘密会晤

　　麦考斯兰全力以赴，安排了一支来液化空气公司的五人小组"与我和团队在农场度过一天半的时间。他们很感兴趣。但我必须确保在液化空气公司和艾加斯走到一起前，空气产品公司不会发动任何事情，因为这可能使液化空气公司退却。外国公司一般不喜欢有争议的交易。于是我打电话给塞菲说：'我需要给我的董事会更多关于你说的3亿美元协同效应的信息。'塞菲建议在里滕豪斯共进午餐，我们同意在亚利桑那艾加斯董事会之前的周五见面。塞菲说，他想带上他的律师和主管空气产品公司气体业务的人。于是，我们周五早上十点到那儿，听他们的陈述。原指望会议开到午餐时间。但很快证明，那3亿美元成本节省的协同效应实际上只有2亿美元，另外1亿美元来自销售增加的协同效应。我们问了几个问题，会议45分钟就结束了"。麦考斯兰补充道，当他的团队起身准备离开时，"塞菲问：'午餐怎么办？'他看起来很震惊。前一周，比尔·阿克曼的瓦伦特[①]交易出了问题，否则塞菲可能会和阿克曼一起来追我们。他看起来很担忧，于是我说：'我们要去亚利桑那开会了。'"

　　麦考斯兰解释说，塞菲不知道的是，他一直在为亚利桑那的艾加斯董事会做准备，并进行了大量旅行。"前一周我在罗马参加国际氧气制造商协会会议。在欧洲期间，我见到行业的其他CEO，包括去巴黎秘密会见了液化空气公司CEO伯努瓦·波捷。我早就认识他了，但这次我们想谈谈我们的交易。然后，我在接下来的周四——与空气产品公司午餐前一天——去了纽约，并与液化空气公司的二号人物皮埃尔·杜福尔实际上达成了交易。所以，当我们在周五见到空气产品公司时，我们实际上已与液化空气公司达成了原则上的协议。唯一的问题是，律师们能否在我们召开亚利桑那董事会前，及时地写出文件。当然，他们做到了，我们在亚利桑那签署了与液化空气公司的协议。"

---

① 一家加拿大制药企业。——译者注

麦考斯兰回忆说:"这是巨大的进展。经过一年半的搜寻,我们终于找到一个好的交易,因为我们认为我们不可能躲过两次子弹。而这一切都在很短时间内以发生的一系列会议和事件而告终。主要条款是在没有任何投行或律师的情况下谈成的。我们与液化空气公司高管们就这一切悄悄地达成了共识。"麦考斯兰承认,他和同事们眼看着艾加斯消失在液化空气公司中有些惆怅,但他也承认:"他们中的很多人都变得很富有——这是对他们多年来难以置信的努力和奉献精神的奖励。价格对我们忠诚的股东来说则是一个非常令人愉快的惊喜和回报,它是空气产品公司'最佳和最终'价格的两倍多!"

他们逆袭成功部分归功于精巧狡黠的设计,部分归功于运气,麦考斯兰沉思道。艾加斯是唯一一家规模庞大,几乎全部在美国运营的工业天然气公司。他注意到,业内的四家全球性跨国公司都在大力投资新兴市场,尤其是亚洲,"但做得都不好"。"开拓中国市场一败涂地。南美洲也一直走下坡路。巴西曾是很好的经济体,现在一团糟。相反,我们是一个如此单纯的公司。2/3 的收入来自天然气销售和租赁,很棒的平台,很棒的生意。于是,我们在美国市场的领先地位,1 400 多个网点和超过 100 万个客户,突然间变得很有吸引力——在多年只听到'美国是后工业国家,企业在离开美国'之后。不知怎的,突然间,世界发生了改变,人们说:'我们需要在美国有更多的资产。'这就是为什么我们得到了这么好的价格。"

麦考斯兰指出,另一个原因是"在这个行业中,好公司总是有更高的倍数。我想要 EBITDA 的 14 倍,因为可比交易的记录是 12.5 倍或 13 倍,而艾加斯比那家公司更好"。麦考斯兰骄傲地说道,实际上"当液化空气公司尽职调查时,他们简直不敢相信这家公司有这么干净。他们在巴黎的财务主管告诉我:'在大多数收购中,你总会发现有这样或那样的拨备。但你们公司什么都没有。'事实上,她激动地说:'我们已经收购了很多有各种各样拨备的公司,但你们的员工很优秀,资产负债表很干净,财务系统与实践也非常先进。'"

"这让我感觉很好!我想,这也让他们感觉很好!"

附录一　风险套利决策树

五个初步问题
（1）利差是多少？年化收益率是多少？
（2）有什么监管问题或障碍？
（3）合并协议的条件是什么？
（4）交易的战略理由是什么？
（5）如果交易失败了，会有什么负面结果？

公司分析
（1）谁是买方？
· 买方的财务状况如何？资产负债表、利息覆盖倍数等怎样？
· 声誉如何？以往收购的历史怎样？
· 买家的规模有多大？这次收购是否会显著改变买方的战略和结构？
· 为什么买方想要合并……是战略原因，还是财务或其他原因？
· 收购方是否持有目标公司的股票？如果是，持有多少？
（2）谁是卖方？
· 卖方财务状况如何？
· 卖方的业务性质是什么？和买方一样吗？
· 卖方合并的原因是什么？
· 卖方是否有待处理的诉讼或环境负担？

（3）合并后的公司
- 交易会使每股盈利增厚，还是摊薄？什么时候会增厚？
- 有协同效应和成本节省吗？有多少？
- 模拟财务数据看上去怎样？从战略上合理吗？

融资
（1）合并将如何融资？股票、现金还是杠杆收购？
（2）资金到位了吗？融资是一个条件吗？他们获得银行承诺了吗？
（3）他们对资金有信心吗？
（4）（如果是股票交易）将发行多少股票？稀释严重吗？

背景
（1）这笔交易是友好的还是恶意的？
（2）合并是怎么来的？谁先接触对方？
（3）是卖方自己要出售吗？如果是，为什么？
（4）有其他竞价者吗？有更高出价的可能性多大？
（5）是否进行了拍卖？什么样的拍卖？是密封信封递价，还是秘密出价投标？
（6）每一家公司的投资银行和法律顾问是谁？

条件
（1）完成合并的条件是什么？
（2）尽职调查完成了吗？还是仍是一个要求？
（3）合并是否以融资成功为条件？
（4）哪些监管部门的批准是合并的条件？
（5）目标公司需要什么投票或要约？收购者需要投票吗？
（6）在什么条件下，任一方公司可以终止合并？

监管问题

（1）哈特-斯科特-罗迪诺反垄断改进法案（Hart-Scott-Rodino Act）

· 业务有重合吗？

· 要约需要 15 个自然日；合并需要 30 个自然日

（2）联邦贸易委员会与司法部的批准

· 合并是否会反竞争？横向合并及/或垂直合并？

· 合并后公司拥有的市场份额百分比是多少？

（3）美国证券交易委员会必须批准合并投票权代理

· 这需要多久？

· 投票权代理解读：问题与回答、背景、预测、条件

（4）各州的批准

· 保险

· 公用事业

（5）特定行业批准

· 银行：美联储

· 公用事业：联邦能源监管委员会

· 通信：联邦通信委员会

（6）外国监管部门的批准

· 欧盟的批准

· 中国国家市场监督管理总局的批准

· 其他国家的批准

风险与回报问题

（1）利差是什么？年化收益率是什么？

（2）如果交易失败了股价会怎样走？负面结果是什么？

（3）交易未达成的概率是多少？哪方面可能出问题？

（4）另一个买家进入并且出价更高的概率是多少？

（5）这个交易是确定的，还是在意向书阶段，抑或是只是初步探讨？

附录二　交易案例

案例一（2017年3月）[1]

移动视觉公司（Mobileye N.V.）（交易代码 MBLY，每股价格 61.40 美元，纽交所）同意被英特尔公司（Intel Corporation）（交易代码 INTC，每股价格 36.07 美元，纳斯达克）收购。移动视觉公司开发主要用于自动驾驶系统的计算机视觉和机器学习工具。根据交易条件，移动视觉公司的股东将每股获得 63.54 美元现金，交易总估值约为 150 亿美元。

·股票代码 MBLY	$63.540
·净分红	0.000
·总收入	63.540
·购买价格（2017年3月24日）	$60.800
·加交易成本	0.005
·总成本	60.805
·毛利润[1]	$2.735

---

[1] 原文的附录二中，共列示了132个案例。中文版仅节选了其中最新的十个案例，并按照原文的顺序排列，这是原文的第123个案例。——译者注
[1] 收入减去总成本。——译者注

续表

·毛利润率[①]	4.498%
·持有期间（2017 年 8 月 15 日交易完成）	144 天
·年化回报率[②]	11.401%

案例二（2017 年 4 月）

爱克龙药业（Akorn Inc.）（股票代码 AKRX，股价 33.45 美元，纳斯达克）同意被费森尤斯（Fresenius SE & Co）（股票代码 FREGY，股价 74.41 欧元，慕尼黑）收购。爱克龙开发和生产特种仿制药。根据交易条件，爱克龙股东每股将获得 34 美元现金，交易估值约为 50 亿美元。

·股票代码 AKRX	$34.000
·净分红	0.000
·总收入	34.000
·购买价格（2017 年 4 月 24 日）	32.900
·加交易成本	0.005
·总成本	32.905
·毛利润	1.095
·毛利润率	3.328%
·持有期间（2017 年 10 月 30 日交易完成）	189 天
·年化回报率	6.427%

案例三（2017 年 5 月）

在 2017 年 4 月，C.R. 巴德公司（C.R. Bard, Inc.）（股票代码 BCR，股价 307.43 美元，纽交所）同意被 BD 公司（Becton Dickinson and Co.）（BDX，股价 189.23 美元，纽交所）收购。C.R. 巴德公司专门从事血管、

[①] 毛利润除以总成本。——译者注
[②] 毛利润率除以持有天数乘以 365 天。——译者注

泌尿、肿瘤治疗和外科医疗领域的医疗技术的开发和制造。根据交易条件，C. R. Bard 的股东每股将获得 222.93 美元现金和 0.5077 股 BD 公司的普通股，交易估值约为 240 亿美元。

·股票代码 BCR［1 BCR = 222.93 美元 + 0.5077 股 BDX（184.77 美元）］	$316.740
·净分红	−0.480
·总收入	316.260
·购买价格（2017 年 5 月 22 日）	307.260
·加交易成本	0.005
·总成本	307.265
·毛利润	8.995
·毛利润率	2.928%
·持有期间（2017 年 10 月 15 日交易完成）	146 天
·年化回报率	7.319%

案例四（2017 年 6 月）

全食超市公司（Whole Foods Market, Inc.）（股票代码 WFM，股价 42.11 美元，纳斯达克）同意被亚马逊公司（Amazon.com Inc.）（股票代码 AMZN，股价 968.00 美元，纳斯达克）收购。全食是领先的天然和有机食品超市，在美国、加拿大和英国经营约 460 家商店。根据交易条件，全食的股东将每股获得 42 美元现金，交易估值约 140 亿美元。

·股票代码 WFM	$42.000
·净分红	0.000
·总收入	42.000
·购买价格（2017 年 7 月 19 日）	41.730

续表

·加交易成本	0.005
·总成本	41.735
·毛利润	0.265
·毛利润率	0.635%
·持有期间（2017年8月31日交易完成）	43天
·年化回报率	5.390%

案例五（2017年7月）

统领钻石公司（Dominion Diamond Corporation，或DDC）（股票代码DDC，14.08美元，纽交所）同意以提高的收购条件后被华盛顿公司（The Washington Companies）收购。统领钻石拥有加拿大西北部两个主要钻石生产矿的权益。根据交易条件，统领钻石股东将每股获得14.25美元现金，交易估值约12亿美元。在2017年2月，华盛顿公司主动提出以每股13.50美元现金收购统领，这促使统领钻石启动了销售的程序。

·股票代码DDC	$14.250
·净分红	0.000
·总收入	14.250
·购买价格（2017年8月10日）	14.080
·加交易成本	0.005
·总成本	14.085
·毛利润	0.165
·毛利润率	1.172%
·持有期间（2017年10月15日交易完成）	66天
·年化回报率	6.479%

案例六（2017年8月）

凯德药业公司（Kite Pharma, Inc.）（股票代码 KITE，股价 177.90 美元，纳斯达克）同意被吉利德科学公司（Gilead Sciences, Inc.）（股票代码 GILD，股价 83.71 美元，纳斯达克）收购。凯德药业开发旨在治疗癌症患者的创新型免疫疗法。根据交易条件，凯德股东将每股获得 180 美元现金，交易估值约为 120 亿美元。

· 股票代码 KITE	$180.000
· 净分红	0.000
· 总收入	180.000
· 购买价格（2017年8月29日）	178.200
· 加交易成本	0.005
· 总成本	178.205
· 毛利润	1.795
· 毛利润率	1.007%
· 持有期间（2017年10月2日交易完成）	34 天
· 年化回报率	10.813%

案例七（2017年9月）

罗克韦尔柯林斯公司（Rockwell Collins, Inc.）（股票代码 COL，股价 130.71 美元，纽交所）同意被联合技术公司（United Technologies Corporation）（股票代码 UTX，股价 116.08 美元，纽交所）收购。罗克韦尔柯林斯为政府机构和飞机制造商提供航空电子和信息技术系统。根据交易条件，罗克韦尔柯林斯股东将每股获得 140 美元的现金和联合技术公司的普通股，受制于领口期权，交易估值约为 300 亿美元。

·股票代码 COL	$140.000
·净分红	0.990
·总收入	140.990
·购买价格（2017 年 10 月 3 日）	132.000
·加交易成本	0.005
·总成本	132.005
·毛利润	8.985
·毛利润率	6.807%
·持有期间（2018 年 6 月 30 日交易完成）	270 天
·年化回报率	9.201%

案例八（2017 年 10 月）

AAAP 公司（Advanced Accelerator Applications SA）（股票代码 AAAP，股价 81.00 美元，纳斯达克）同意被诺华制药公司（Novartis AG）（股票代码 NVS，股价 82.58 美元，纽交所）收购。AAAP 为各种医疗应用开发诊断和治疗产品。根据交易条件，AAAP 股东将每股获得 82 美元现金，交易估值约为 40 亿美元。

·股票代码 AAAP	$82.000
·净分红	0.000
·总收入	82.000
·购买价格（2017 年 10 月 30 日）	80.500
·加交易成本	0.005
·总成本	80.505
·毛利润	1.495
·毛利润率	1.857%
·持有期间（2018 年 2 月 15 日交易完成）	108 天
·年化回报率	6.276%

案例九（2017 年 11 月）

凯为半导体公司（Cavium, Inc.）（股票代码 CAVM，股价 85.48 美元，纳斯达克）同意被美满电子科技公司（Marvell Technology Group Ltd.）（股票代码 MRVL，股价 22.34 美元，纳斯达克）收购。凯为设计和开发用于网络应用的半导体。根据交易条件，凯为股东将每股获得 40 美元现金和 2.1757 股美满普通股，交易估值约为 60 亿美元。

· 股票代码 CAVM［1 CAVM = 40 美元 + 2.1757 MRVL（22.40 美元）］	$88.740
· 净分红	−0.260
· 总收入	88.480
· 购买价格（2017 年 12 月 4 日）	85.750
· 加交易成本	0.005
· 总成本	85.755
· 毛利润	2.725
· 毛利润率	3.178%
· 持有期间（2018 年 5 月 15 日交易完成）	162 天
· 年化回报率	7.160%

案例十（2017 年 12 月）

帝王娱乐集团（Regal Entertainment Group）（股票代码 RGC，股价 23.01 美元，纽交所）同意被电影世界集团（Cineworld Group plc）（股票代码 CINE LN，股价 6.01 英镑，伦敦交易所）收购。帝王娱乐集团在美国各地经营着 500 多家电影院。根据交易条件，Regal 股东将每股获得 23 美元现金，交易估值约为 40 亿美元。

· 股票代码 RGC	$23.000
· 净分红	0.220

续表

· 总收入	23.220
· 购买价格（2017年12月8日）	22.700
· 加交易成本	0.005
· 总成本	22.705
· 毛利润	0.515
· 毛利润率	2.268%
· 持有期间（2018年3月5日交易完成）	87天
· 年化回报率	9.516%

附录三　关于写作方法的说明

2015年底，马里奥·加贝利说服我，把他对风险套利未挖掘重要性（并非并购操作过程）的远见和激情，转变为金融所依赖的价值和估值的正确理解。那时，关于这本书的想法就已经有了雏形。马里奥已经有了一份希望能够采访的成功套利者短名单，以及与若干成功公司高管的对话，并且与套利者的观点进行比较的想法。他认为这些高管作为并购交易的另一方，对并购套利行为会有不同的想法。我们合作完善了《并购大师》的受访名单，然后马里奥利用自己相当强大的说服力使他们同意参与该项目。

这本书主要基于我在2016年2月至2017年6月间，对每位"并购大师"开诚布公的个人访谈，通常在他们的办公室里。这些初始对话都持续了一个多小时。在多数情况下，进行了两个小时以上，并且都保留了数码录音。

马里奥和我共同起草了一份关于受访者职业生涯和并购套利方法的问题清单，我们希望所有受访者都回答这些问题。在会面前，我会把这份清单发给每位并购大师，以帮助他们整理自己的想法。这份清单还有助于松散地组织所有围绕风险套利相同问题和主题的单独采访。但我们对这份清单并没有盲从。大多数访谈是一对一的。有几个受访者要求财务、法律或媒体人员参加我们的会议，以补充他们的记忆，但实际上很少会问到他们。在采访时，我的角色是通过开放式问题促进对话，然后倾听。根据需要，我会进行后续问题探讨或调整谈话方向。但总体而言，我基本上是让每一位并购大师进行他自己的叙述。

在每次采访前，加贝利并购套利团队会提供给我关于受访者的宝贵背景信息，通常包括对他们最近投资活动的见解，以及关于他们可能愿意讨论哪些交易的建议。我的采访准备工作则主要包括回顾每位并购大师公开履历的关键节点，主要通过搜寻电子版本的往期《华尔街日报》《巴伦周刊》《福布斯》《财富》等，尤其是《纽约时报》，回顾当时他们的名字登上头条的交易。就盖伊·怀瑟-普拉特，基思·穆尔和卡伦·费尔曼而言，我拜读了他们自己写的关于风险套利和职业生涯的书。我还重读了雷吉娜·M.皮塔罗所写的《交易》一书。

在我对每位并购大师的初始采访完成后，录音会由专业人员转录成文字，然后我的主体工作就开始了。首先，我会听录音来确认和纠正转录的文字。然后，我会重新组织这些意识流式的对话录音记录，以形成连贯一体的资料，准确反映我们采访对象的生活和职业故事。我的写作风格，不可避免地，很明显是报道性的，毕竟我拥有西北大学麦迪尔新闻学院[①]的学位，担任了25年的《巴伦周刊》作家与执行编辑，以及迄今已做了近20年独立投资杂志《韦林在华尔街》（最初叫"韦林@威登"）的编辑和出版人。

本书遵从新闻写作的最佳传统，使用了大量引用。这些都是被采访者的原话，准确呈现了初次访谈及不时的短暂后续访谈中对话的片段（都被录音、转录和验证）。这并非说，语言完全没有被重新组织或梳理，因为需要更清晰地表达，或纠正事实性的错误（姓名、日期等）——当后续事实调查证明受访者的确记错了，并得到受访者的允许。

是的，每次访谈都要在网上和图书馆进行大量的后续研究，以验证叙述的准确性，或更加全面地描述并更新华尔街在什么环境下发生了这些具体交易。如果在深入研究中，从当时新闻报道或其他作者写的华尔街历史中找出一些具体细节，那么这些作者或文章的名字会在正文中被提及。

[①] 全美最优秀的新闻学院之一。——译者注

最后，事实上，一个宝贵的资源和节省时间的工具来自一套私人整理的收集册。其中包含了大约 30 个满满的按时间顺序剪贴的专注于风险套利业务的册子。自 20 世纪 60 年代末，盖伊·怀瑟 - 普拉特加入他父亲的怀瑟 - 普拉特公司以后，就一直在收集、整理和维护这个收集册系列。盖伊非常善良地允许我在他康涅狄格州办公室的储藏室暨图书馆里，花了无数个小时研读这些电子时代到来之前的卷宗，了解华尔街交易的历史记录。在本书用到盖伊"宝藏"中的材料时，都说明了它们的原始出处。谢谢你，盖伊。

凯特·韦林

2018 年 5 月

缩略语与华尔街术语

10-K 美国证券交易委员会备案的企业年度财务报告

10-Q 美国证券交易委员会备案的企业季度财务报告

13D 任何个人或机构持有公司证券超过 5% 受益权后的 10 日内必须向美国证券交易委员会提交的表格

13F 美国证券交易委员会要求机构投资经理每季度提交的一份表格,该表格要求投资者列出其持仓超过 1 亿美元的受监管证券的名称和规模

A$ 澳大利亚元

AUM 管理资产规模

BA 文学学士

Basis point 基点,一个百分点的百分之一,主要用来描述利率的差异

BC 波士顿学院

Bear hug 熊抱,未获邀请但价格丰厚的收购要约,其对目标公司股东而言,有潜在不可抗拒的吸引力,以至管理层除了建议股东接受之外别无选择

Big Board 主板,纽约股票交易所的别称

Bips 基点的华尔街俚语

BKN AU 澳大利亚采矿设备供应商布兰肯的股票代码

CEO 首席执行官

CFA 特许金融分析师

CFO 首席财务官

CIO 首席投资官

CLO 抵押贷款义务，抵押贷款义务是一种证券化形式的衍生产品，在这种形式下，来自多个中型和大型企业贷款的付款汇集在一起，并以不同等级份额的形式销售给不同类别的投资者

Convergence trade 汇合交易，套利的一种形式。购买一项资产的远期合同，用于未来交割，以更高的价格出售一个类似资产的远期合同，并期望从两者价格的最终趋同而获利

COO 首席运营官

DA 辖区律师

DIP Loan 债务人持有贷款，债务人持有融资（通常是在破产案悬而未决期间授予的，被视作优先于公司的所有其他债务、股权或其他证券的融资。换言之，当一家破产公司的债务得到偿还或清算时，DIP 贷款的持有人通常会走在最前面，最先得到偿还

DIY 自己做

DJIA 道琼斯工业指数平均值，或"道琼斯指数"，有些过时的"市场"简略表达方式

DLJ 唐纳森，勒夫金＆詹雷特公司，简称DLJ，曾是华尔街著名投行，后被瑞士信贷公司合并

DOJ 美国司法部

EBITDA 息税折旧摊销前盈利

ETE 能源转让股权的股票代码

ETF 交易所交易基金

EU 欧盟

FCC 联邦通信委员会

FDA 食品与药物管理局

Finco 金融公司，企业的金融子公司的通用术语

ETC 联邦贸易委员会，审核许多企业交易的联邦政府部门

GAAP 一般公认的会计原则，由财务会计准则委员会制定的标准化会计

规则，其关于盈利的规定比公司自我报告为"调整后盈利"的规定更为严格

Greenmail 绿色讹诈，类似于勒索，一家公司以溢价（以绿色美元类比），从潜在的恶意收购者手中回购自己的股票

GM 通用汽车

GMAC 通用汽车金融公司

Highly confident letter 高度信任函，由德崇证券于1983年发明的一种激进的融资工具，该工具允许其作为公司收购袭击者的客户，在债务融资完全到位之前，就推出杠杆收购出价

HNG 休斯敦天然气公司上市时的股票代码和昵称

IFB 伊万·博斯基的管理合伙企业

IPO 首次公开发行

ISS 机构股东服务公司，一家投票代理咨询公司

JD 职业法律文凭

LBO 杠杆收购

LTV 20世纪60年代的大型综合性企业集团凌特莫夫，在1986年申请破产时是美国第二大钢铁制造商

M&A 兼并收购

MBA 工商管理硕士

MO 作案手法

NYSE 纽约股票交易所，简称纽交所

NYU 纽约大学

ODP 欧迪办公的股票代码

P/E 市盈率，一种股票价格相对于其企业盈利的基本估值方法

P&G 宝洁公司

Pac-Man defense 反噬防御，类似于视频游戏中，目标公司试图通过收购潜在的敌意收购方，来扭转局面的收购防御方式

PE 私募股权

PhD 哲学博士

PM 基金组合经理

Poison pill defense 毒丸防御，一种股东权利计划形式的防御策略。在该策略中，公司董事会给予了公司股东在潜在的收购者购买达到一定数量的公司股票时，即有权以折扣价格购买额外的公司股票的权利，从而稀释潜在收购者的股份，并增加其进行任何合并的成本

prop desk 自营交易处，投资银行、经纪公司等的自营交易部门或自营交易团队

Proxy Statement 代理声明，上市公司必须向美国证券交易委员会提交的有法律约束力的最终代理声明，并须就合并或其他公司事件征求股东投票之前分发给股东。文件包括合并、管理层和董事会薪酬、潜在利益冲突及其他关于交易细节的信息

QE 量化宽松

R&D 研究与开发

REIT 房地产投资信托

S&P500 标普500指数，常用"标普指数"简化指称"市场"

SEC 美国证券交易委员会，是美国联邦政府对华尔街的监管者

subs 企业子公司

T-Bill 美国短期国库券是由美国政府支持的短期债务，到期期限不到一年，以1 000美元的整数倍出售，最高可购买500万美元，也被华尔街称为"无风险利率"

TIG 蒂德曼投资集团

TWC 时代华纳有限公司

UAL 联合大陆控股公司的股票代码（以及华尔街对该公司的长期简称），美国联合航空公司的母公司及其前身，之前，该公司曾被称作UAL Inc.，仅在1987年被短暂地称作阿莱吉斯公司

White knight 白衣骑士，某公司向另一家公司提出更高、可接受的收购要约，以将后者从潜在的恶意收购中营救出来

White shoe firm 白鞋公司，声誉卓著的老式律师事务所和投资银行公司的简称

WMB 威廉姆斯公司的股票代码

人名索引

译名	英文名
罗杰·默里	Roger Murray
本杰明·格雷厄姆	Benjamin Graham
戴维·多德	David Dodd
雷吉娜·M. 皮塔罗	Regina M. Pitaro
保罗·维奇内利	Paolo Vicinelli
盖伊·怀瑟 - 普拉特	Guy Wyser-Pratte
伊万·博斯基	Ivan Boesky
艾伦·埃布尔森	Alan Abelson
拉里·阿莫	Larry Armour
雪莉·拉佐	Shirley Lazo
詹姆斯·迪南	James Dinan
杰夫·比克斯	Jeff Bewkes
兰德尔·斯蒂芬森	Randall Stephenson
拉尔夫·罗科	Ralph Rocco
迈克尔·斯坦哈特	Michael Steinhardt

续表

译名	英文名
约翰·勒布	John Loeb
卡尔·伊坎	Carl Ichan
索尔·斯坦伯格	Saul Steinberg
T. 布恩·皮肯斯	T. Boone Pickens
爱德华·布里恩	Ed Breen
丹尼斯·科斯洛夫斯基	Dennis Koslowski
约翰·马隆	John Malone
鲍勃·迪伦	Bob Dylan
沃伦·巴菲特	Warren Buffett
杰弗里·塔尔	Jeffrey Tarr
保罗·辛格	Paul Singer
迈克尔·普莱斯	Michael Price
约翰·保尔森	John Paulson
彼得·麦考斯兰	Peter McCausland
罗伊·贝伦	Roy Behren
迈尔斯·汤普森	Myles Thompson
尤金	Eugene
格特鲁·斯坦	Gertrude Stein
弗朗西斯·斯科特·菲茨杰拉德	F. Scott Fitzgerald
哈罗德·贝奇	Harold Bache
杰米	Jamie
邦尼·拉斯克	Bunny Lasker
詹姆斯·B. 斯图尔特	James B. Stewart
罗伯特·弗里曼	Robert Freeman
基德尔·皮博迪	Kidder Peabody

续表

译名	英文名
马丁·西格尔	Martin Siegel
约翰·莱斯利	John Leslie
克拉克·克利福德	Clark Clifford
哈里·雅可布	Harry Jacobs
埃莉诺·约翰逊·特蕾西	Eleanor Johnson Tracy
理查德·罗森塔尔	Richard Rosenthal
罗伯特·鲁宾	Robert Rubin
西玛	Seema
普丽西拉·迈耶	Priscilla Meyer
马丁·利普顿	Martin Lipton
奥斯卡·怀亚特	Oscar Wyatt
M.D. 马修斯	M. D. Matthews
乔治·鲍尔	George Ball
库尔特·艾兴瓦尔德	Kurt Eichenwald
约翰·韦恩	John Wayne
维尔纳·恩格尔哈特	Werner Engelhardt
塞巴斯蒂安·弗赖塔格	Sebastian Freitag
贾森·A.斯坦塔马利亚	Jason A.Stantamaria
文森特·马蒂诺	Vincent Martino
埃里克·K.克莱蒙斯	Eric K. Clemons
沃恩·莫里尔	Vaughn Morrill
吉恩·沙利特	Gene Shalit
约翰尼·卡森	Johnny Carson
萨姆·亨特	Sam Hunter
威利·温斯坦	Willy Weinstein

续表

译名	英文名
杰克·纳什	Jack Nash
迪克·瓦伦丁	Dick Valentine
米尔顿·弗里德曼	Milton Friedman
马丁·A. 西格尔	Martin A. Siegel
格斯·利维	Gus Levy
费利克斯·罗哈廷	Felix Royhatyn
哈罗德·吉宁	Harold Geneen
马丁·格鲁斯	Martin Gruss
哈里·格雷	Harry Gray
理查德·诺维克	Richard Novick
约翰·巴德	John Bader
鲍勃·斯坦伯格	Bob Steinberg
迈克尔·塔诺普	Michael Tarnopol
威廉·斯特里兹	William Stiritz
威灵顿公爵	Duke of Wellington
李健熙	Lee Kun-hee
文在寅	Moon Jae-in
朴槿惠	Park Geun-hye
崔顺实	Choi Soon-sil
李在镕	Jay Y. Lee
佩里·梅森	Perry Mason
马蒂·茨威格	Marty Zweig
迈克·米尔肯	Mike Milken
马蒂·惠特曼	Marty Whitman
大卫·泰珀	David Tepper

续表

译名	英文名
马克斯·海涅	Max Heine
斯坦利·希夫	Stanley Schiff
汉斯·雅各布森	Hans Jacobson
刘易斯·哈德	Lewis Harder
杰夫·伊梅尔特	Jeff Immelt
塞斯·克拉曼	Seth Klarman
查理·芒格	Charlie Munger
托马斯·梅隆·埃文斯	Thomas Mellon Evans
尼克·布拉迪	Nick Brady
比尔·阿克曼	Bill Ackman
埃隆·马斯克	Elon Musk
彼得·舍恩菲尔德	Peter Schoenfeld
彼得·福克纳	Peter Faulkner
让-玛丽·梅西尔	Jean-Marie Messier
文森特·博洛雷	Vincent Bollore
里奇·比洛蒂	Rich Bilotti
格拉斯·刘易斯	Glass Lewis
克里斯·克里斯蒂	Chris Christie
格雷格·祖克曼	Greg Zuckerman
约翰·邓普顿	John Templeton
乔治·索罗斯	George Soros
埃斯·格林伯格	Ace Greenberg
利昂·利维	Leon Levy
约瑟夫·格鲁斯	Joseph Gruss
菲利普·莫里斯	Philip Morris

续表

译名	英文名
伊恩·里德	Ian Read
布伦特·桑德斯	Brent Saunders
安迪·利维里斯	Andy Liveris
鲍勃·格林希尔	Bob Greenhill
保罗·古尔德	Paul Gould
乔治·凯尔纳	George Kellner
菲尔·迪莱奥	Phil Dileo
爱德华·默克尔	Edward Merkel
卡尔·蒂德曼	Carl Tiedemann
贝比·鲁斯	Babe Ruth
斯坦·穆西尔	Stan Musial
罗杰·马里斯	Roger Maris
雅各布·卢	Jacob Lew
迈克尔·香农	Michael Shannon
弗雷德里克·W. 格林	Frederick W. Green
邦妮·L. 史密斯	Bonnie L. Smith
伯纳德·麦道夫	Bernard Madoff
卡伦·费尔曼	Karen Finerman
杰弗里·施瓦茨	Jeffrey Schwarz
卡尔文·克莱恩	Calvin Klein
温迪·费尔曼	Wendy Finerman
塞缪尔·贝尔兹伯格	Samuel Belzberg
克里斯·弗林	Chris Flynn
艾伦·B. 斯利夫卡	Alan B. Slifka
安德鲁·卡内基	Andrew Carnegie

续表

译名	英文名
约翰·莫尔海伦	John Mulheren
亚基尔·波拉克	Yakil Pollack
克林特·卡尔森	Clint Carlson
查尔斯·赫维茨	Charles Hurwitz
罗恩·许布希	Ron Huebsch
理查德·雷恩沃特	Richard Rainwater
托马斯·泰勒	Thomas Taylor
博比·费希尔	Bobby Fischer
哈罗德·西蒙斯	Harold Simmons
鲍勃·巴斯	Bob Bass
罗杰·洛温斯坦	Roger Lowenstein
亨利·克拉维斯	Henry Kravis
汤姆·李	Tom Lee
埃迪·兰珀特	Eddie Lampert
乔·拜登	Joe Biden
斯皮罗·阿格纽	Spiro Agnew
马克·拉斯里	Marc Lasry
韦斯·埃登斯	Wes Edens
阿龙·罗杰斯	Aaron Rodgers
德鲁·菲格多	Drew Figdor
卡尔·H. 蒂德曼	Carl H. Tiedemann
杰米·齐默尔曼	Jamie Zimmerman
桑德拉·戴·奥康纳	Sandra Day O'Connor
迈克尔·戈登	Michael Gordon
约翰·安吉洛	John Angelo

续表

译名	英文名
艾伦·柯蒂斯	Alan Curtis
尼尔·戈尔茨坦	Neil Goldstein
尼克·格雷纳	Nick Greiner
布赖恩·霍奇斯	Brian Hodges
菲尔·阿诺尔	Phil Arnall
保罗·祖克曼	Paul Zuckerman
基思·穆尔	Keith Moore
詹姆斯·加拉格尔	James Gallagher
艾伯特·科恩	Albert Cohen
黛安娜·沙利文	Diane Sullivan
玛莉·韦尔斯·劳伦斯	Mary Wells Lawrence
库尔特·冯·许士尼格	Kurt von Schuschnigg
唐纳德·丹福思	Donald Danforth
威廉·H.丹福思	William H.Danforth
帕特·马尔卡希	Pat Mulcahy
比尔·阿姆斯特朗	Bill Armstrong
罗布·维塔莱	Rob Vitale
加里·罗德金	Gary Rodkin
保罗·蒙特罗内	Paul Montrone
切斯特·飞世尔	Chester Fisher
小爱德华·L.亨尼西	Edward L.Hennessy, Jr.
威廉·阿吉	William Agee
福雷斯特·N.沙姆韦	Forrest N. Shumway
迈克尔·D.丁曼	Michael D. Dingman
罗伯特·麦克纳马拉	Robert Mcnamara

续表

译名	英文名
布鲁斯·瓦瑟斯坦	Bruce Wasserstein
史蒂夫·舒尔曼	Steve Shulman
阿兰·恩托文	Alain Enthoven
彼得·德鲁克	Peter Drucker
保罗·梅斯特	Paul Meister
马尔金·德克斯	Marijn Dekkers
埃里克·明迪奇	Eric Mindich
迈克·莫里尼尼	Mike Molinini
霍勒斯·特鲁姆鲍尔	Horace Trumbauer
乔治·威德纳	George Widener
约翰·E.麦克格莱德	John E. McGlade
史蒂文·达维多夫·所罗门	Steven Davidoff Solomon
彼得·J.汉宁	Peter J. Henning
布雷特·法夫雷	Brett Favre
保罗·赫克	Paul Huck
威廉·B.钱德勒三世	William B. Chandler III
约翰·范·罗登	John van Roden
李·托马斯	Lee Thomas
杰伊·沃利	Jay Worldey
塞弗拉·卡西米	Seifollah Ghasemi
伯努瓦·波捷	Benoît Potier
皮埃尔·杜福尔	Pierre Dufour
威尔斯·布鲁克	Willis Brucker
克里斯托弗·P.布卢姆斯特	Christopher P.Bloomstran
唐·博伊尔	Don Boyle

译者致谢

感谢马里奥·加贝利，他的创意、激情与资源使这部经典之作成为现实。还有马里奥创立并率领的GAMCO公司，他们为本书英文版的推出，提供了无私、强大的资源与数据支持。

更要感谢的是，这本书的执笔作者凯特·韦林。她完成了所有采访，以及更多次的后续采访与跟踪问询，最终写成这本厚重、有着"取之不尽，用之不竭"并购套利知识与故事的经典之作。

我要感谢哥伦比亚大学出版社的迈尔斯·汤普森先生，是他向我推荐了这部经典之作，我对他感激至深。

我要感谢本书的共同译者。本书由我翻译了前言，第一、三、四、五、六、七章，修改并订正了全文；恺林翻译了第八、九、十、十一、十八、十九、二十章；周梦鑫翻译了第二、十二、十三、十四、十五、十六、十七章。严俊女士翻译了附录部分。几位译者共同做了出色的工作，为这本书的最终完成做出了贡献。

我要感谢我的家人，尤其是我的爱人——旅行作家严俊女士，她不仅翻译了书中枯燥的附录部分，而且协助我对全书的文字进行了编辑与润色。可以说，在这本书上，我亏欠了她许多。

我还要用这本书纪念我的母亲。我的每一步成功与进展，如果有，都源自父母对我从小的谆谆教诲与殷殷鼓励，使我能够从美丽的家乡青岛启航，充满自信地走向世界。没有父母及亲朋好友的帮助与支持，我将一事无成。

  我要感谢我在望华资本的同事。是他们与我共同创立了望华资本，并与我一道进行了并购交易与并购套利投资的实践，取得了卓越的成绩，更使我对这本书的诸多技术与实践细节，有了第一手的判断与经验。

  我要感谢中信出版集团给予我翻译这本书的机会，还要感谢丁媛媛、何烨两位编辑的悉心支持、鼓励与精心编辑。希望这本书能成为中信出版集团在金融与经济领域的又一部经典巨作。

  谨以此书，献给所有曾经帮助过我的人！

戚克栴

作者致谢

写作本书的动力和激励均来自马里奥·加贝利。书的概念是马里奥提出的，并且他说服了我来写作。他同时确保了GAMCO投资公司在幕后为我们提供全力的资源支持。就本次合作而言，我永远欠马里奥的人情。今天，价值投资的原则已广为人知，在很大程度上是由于沃伦·巴菲特的不朽成就，使其成为耀眼的时代精神。读者可以把这本书，和我本人一样，视作我的老友马里奥·加贝利，推崇和实践的另一重大投资理念——并购套利原则和方式的经典之作。本书使我可以把华尔街对交易、交易和更多交易的"瘾"，转化成低风险、持续且与市场不相关的客户复利收益。在很长一段时间里，如何进行并购套利曾长期笼罩着神秘的面纱。但今天，正如书中的并购套利大师们所描述的那样，其基本操作方法已为人知，并进行无限演进。况且，并购的机会在成倍地增加，即使在本书写作期间也是如此。

如果没有书中的各位并购套利大师及行业领导者的慷慨合作，本书不能完成。他们每一个人都杰出且与众不同。他们花费了大量的时间来教授他们眼中的并购交易投资。我感激他们！

我尤其感谢雷吉娜·M.皮塔罗关于风险套利深入浅出的解释；感谢保罗·维奇内利，拉尔夫·罗科，威尔斯·布鲁克，以及加贝利并购套利团队的持续、随时的支持；也感谢我的好朋友、优秀的价值投资者克里斯托弗·P.布卢姆斯特对书稿的建议与评论。

如果说我对金融新闻记录或写作艺术有所了解，那全都归因于我的导师，难以比拟的专栏作家与编辑——艾伦·埃布尔森。如果书中有任何错误，那全是我的。

最后也是最重要的，如果没有我先生唐·博伊尔过去40年来对我始终如一的爱与支持，以及我们的儿子布顿恩和汤姆的爱与支持，我将无法完成这部作品。

凯特·韦林